2026 트렌드 노트

일러두기

이 책 본문에는 소셜미디어에서 무작위로 추출한 인용문이 수록되어 있으며, 별도의 출처는 표기하지 않았습니다. 출처 표기를 원하시는 경우 메일로 알려주시면 재쇄 시 반영하겠습니다. 아울러 일부 인용문은 맞춤법에 어긋나는 표현이 있으나, 소셜미디어의 생생한 어감을 살리기 위해 수정 없이 게재했음을 양해 부탁드립니다.

제일
사랑하고
싶은 것은
나

2026 트렌드 노트

박현영 · 유지현 · 조연희 · 김채윤 · 김종민 · 한다솜 · 이원희 지음

AI 시대에 트렌드 책은 왜 읽나요?

AI 시대에 트렌드 책은 왜 읽나요?

기획부터 출간까지 한 해의 반 이상을 트렌드 책 생각을 하며 사는 사람이 할 만한 질문으로 적절치 않지만, AI 서비스가 그러하듯 어떤 질문에도 보살처럼 답해보겠다. AI 추론 과정을 모델 삼아 단계적으로 접근해보자. 질문을 잘게 쪼개서, 질문의 의미를 고찰하고, 각 질문에 답하고, 성찰을 해보고, 답이 맞는지 아닌지 다시 검토하고 답해보겠다.

1단계, 질문을 잘게 쪼갠다: AI 시대인가? 트렌드 책은 무엇인가? 읽는다는 것은 왜 필요한가?

2단계, 질문의 의미를 고찰하고 각 질문에 답한다: 2020년대 중반, 지금을 AI 시대라 할 수 있을까? AI가 화두가 되는 시대, 누구나 입버릇처럼 AI를 말하는 시대, AI 서비스가 상용화되어 직장인의 일상 업무, 학생들의 과제, 살면서 겪는 사소하거나 중요한 질문을 AI에 쏟아내는 시대, 무엇보다 이러한 일상적 행위가 새롭게 시작된 때이기에 작금을 AI 시대라 할 만하다. (AI 10년사에 대해서는 1장에서 자세히 다룬다.)

두 번째 질문, 트렌드 책은 무엇인가? 다시 말하면 트렌드를 다루는 책에서 말하는 트렌드는 무엇인가? 트렌드 책은 '이 신조어 알아?', '요새 핫하다는 거기 가봤어?', '먹어봤어?'와 같은 단발성 유행이 아니라 생활 변화의 경향성을 다룬다. 특히 데이터로 트렌드를 설명하는 이 책은 트렌드 키워드를 나열하는 대신 비교적 긴 글로 트렌드를 설명한다. 한 편의 글을 통해 데이터를 읽고, 현상을 설명하고, 의미를 담고, 비즈니스 제언을 한다. 트렌드 현상은 트렌드를 이해하기 위한 예시가 될 수 있지만 트렌드 그 자체라 할 수는 없다. 트렌드는 이해되어 소화되었을 때 응용이 가능하다.

예를 들어 '텍스트힙'이라는 트렌드 현상이 있다. 책을 읽는 행위 자체가 멋지게 느껴진다는 뜻으로 한강 작가의 노벨문학상 수상, 디지털 시대의 반대급부로서 아날로그 부상과 맞물리며 "독서가 취미예요"라고 말하는 것이 앞서가는 사람처럼 느껴지게 되었다. 일차원적인 트렌드는 '텍스트힙'이라는 말을 아는 것이지만, 조금 더 나아가면 사람들은 기본적으로 희소한 것을 추구하고 이 시대에는 오히려 아날로그적인 것이 각광받는다는 사실을 이해하게 되고, 한발 더 나아가면 이런 현상을 표현하는 데 어떤 언어가 선택되었는지 시사점을 생각해볼 수 있다. '독서광'이 아니라 '텍스트힙'이라는 쉬운 영어의 조합어가 선택되었다. 이 현상에 추가적인 질문을 할 수 있다. 텍스트힙을 대표하는 한 컷의 사진은 무엇일까? 그 사진의 주인공은 누구일까? 텍스트힙의 연관 브랜드는 무엇일까? 그 사람이 우리 브랜드와 어떤 관련이 있을까? 텍스트힙을 이어받을 다음 현상은 무엇일까? 책은 단답형이 아니라 길게 설명하면서 동시에 생각하게 하고 추가적인 질문에 답할 여지를 준다. 트렌드 현상은 단답형이 될 수 있지만 트렌드를 설명하기 위해서는 비교적 긴 글, 책이 필요하다.

마지막 질문, 읽는다는 것은 왜 필요한가? 읽는 행위는 노력을 필요로 한다. 책은 시간을 들여, 눈과 손과 뇌를 움직여, 집중력과 독해력을 발휘해 읽어내야 한다. 요약된 키워드를 훑어보거나 유튜브 강의를 듣는 것보다 더 많은 시간과 노력이 필요하다. 도파민 중독, 도둑맞은 집중력 시대에 책을 읽는 것은 더 큰 투자를 요구한다. 트렌드 키워드를 알기 위해서라면 책을 읽는 것은 비효율적이다. 누군가 정리해준 몇 줄 요약을 찾아보는 것이 빠를 것이다. 하지만 트렌드를 이해하고 트렌드를 활용하기 위해서는 트렌드를 곱씹어 내 것으로 만들어야 한다. 그 곱씹는 행위가 '읽는다'이다.

트렌드를 하나만 '읽어'보자. (바쁘면 다음 문단으로 스킵!) '회식 무용론 ─ 라떼 금지 ─ 입은 다물고 지갑은 열고'─ MZ세대 운운하며 누구나 한 번쯤 들어봤음직한 트렌드지만 문자 그대로 회식을 하지 말자는 뜻은 아니다. 기존의 회식 ─ 갑자기, 회사 근처 돼지갈비집에서, 소주와 맥주를 섞어서 많이 마시는, 특정인만 계속 말하는 시끄럽고 불편한 회식 자리는 피하고 싶다고 말하는 사람들이 등장한 것이다. 오늘날 젊은 세대는 예측 가능성을 중시하고, 취향이 존중되기를 바라며, 다른 의견도 표현되는 것이 옳다고 믿는다. 미리 계획해 예측 가능하고, 법인카드의 지원으로 평소 가기 어려운 가격대의 식당에 갈 수 있고, 사장님과 직원들이 동등하게 이야기를 나눌 수 있다면 회식을 싫어할 이유는 없다. 경험 많은 사람들의 노하우를 듣고 자신의 생각과 의견도 피력하면서 서로의 입장을 이해하는 시간을 갖는 데 밥과 술이 곁들여지는 것이 회식이라면 마다할 이유가 없다. 이런 맥락을 이해하기 위해서는 트렌드 키워드를 훑어보는 것보다 트렌드 책을 '읽는' 것이 도움이 된다.

　3단계, 질문에 대해 성찰하고 다시 검토한다: 'AI 시대에 트렌드 책은 왜 읽나요?'라는 질문의 숨은 의도는 무엇인가? 이 질문은 책을 읽지 않을 사람이 한 질문이 아니라 오히려 읽는 사람이 정당성을 얻기 위해 한 질문이다. 필요성이 없음을 전제로 따져 묻는 질문이라기보다 시간을 들이는 이 고전적인 행동에 대한 물음, 확장하면 AI가 모든 것을 읽고 어떤 질문에도 답하는 시대에 인간이 할 일이 무엇인지 묻는 것이다. 그렇다, 우리는 '책을 왜 읽어?'라고 질문하면서 책을 읽고 있다. 실은 반항하고 있는 것이다. 인간보다 똑똑해지는 인공지능의 시대에 인간이 지능을 발휘해봐야 뭐하나 싶은 무용론 앞에서, 책을 쓰고 읽으며 인간성을 지키려고 항변하는 것이다. "뜨개, 필사, 축제, 프로야구, 러닝, 수영— 1980년대부터 존재했던, 디지털과 무관한, 인간이 자신의 몸을 움직여 차근차근 나아가는 또는 인간이 집단으로 모여 노래 부르는 원초적 활동이 각광받고 있다." 지금의 트렌드를 한 줄로 요약하면 이렇다. 이 한 줄의 요약을 설명하기 위해 책을 썼고, 이 한 줄의 의미를 곱씹기 위해 지금 우리는 책을 읽는다.

Contents

PART 1 인공지능과 인간다움

Chapter 1. AI 시대, 오프라인 공간의 새로운 가치

Chapter 2. 논디지털한 취미생활이 주목받는 이유

PART 3 몸과 마음의 건강

Chapter 6. 불안의 시대, 회복과 위로를 소비하다

Chapter 7. 이 시대 '집밥'의 의미

거품 빼고 딥다이브

2016년에 출간된 《2017 트렌드 노트》는 '결정장애 공화국과 추천사회'로 시작한다. 정보 과잉 시대의 서막이 열린 것이다. 정보 과잉은 과거에는 몰랐던 너무 많은 브랜드, 너무 많은 제품, 너무 많은 선택지 앞에서 실패를 겪고 싶지 않은 개인이 피로감을 느끼는 현상이다. 언어감수성 기준에서 바람직한 표현은 아니지만 개인은 '결정장애'를 겪게 되고, 이를 해결하기 위해 '추천해주세요'를 외치기 시작했다. 이는 결정을 못 하겠다는 무능의 표현이 아니라 더 좋은 선택을 하려는 욕구의 표현이자, '추천'을 주고받는 또래 커뮤니티가 존재하기에 외쳐볼 수 있는 표현이다. 이렇게 상품 선택에 대한 또래 커뮤니티의 영향력이 커지고 많은 사람들의 추천과 간증(후기)이 더해지면 미취학 아동이 있는 집의 한샘 샘키즈 수납장, 신혼부부 집들이 선물로 빌보 고블렛잔, 북유럽 스타일 인테리어에는 루이스폴센 PH5 등과 같은 이른바 '국민추천템'이 탄생한다.

그로부터 시간이 흘러 열 번째 《트렌드 노트》를 내놓는다. 그동안 강산은 어떻게 변했을까? 정보 과잉이라는 현실은 변함이 없다.

언제나 정보가 사람들을 따라다닌다. 어떤 면에서 사람들은 정보를 쫓고 있다. 너무 많은 선택지, 너무 많은 정보, 실패하고 싶지 않다는 욕구도 여전하다. 여기에 한 가지가 더해진다. 사람들이 자신의 취향을 알게 되었다. 특정 분야에 관심을 더 깊이 가지고, 다른 분야는 포기하거나 최소한의 선택을 한다. 반대로 내가 선택한 분야만큼은 과감히 투자하고 관심을 집중한다. 사람들이 집중하기로 선택한 분야는 여가의 영역에서 발현될 가능성이 높다. 작년부터 계속되었고 내년에도 계속될 러닝과 마라톤 열풍, 여기에 사용되는 운동화와 운동복, 속옷, 모자와 백팩, 가민 시계, 고글, 물통, 1그램이라도 줄여서 1초라도 기록을 단축하기 위한 장비와 각종 '템'들의 수준은 전문 선수의 그것에 버금간다.《2025 트렌드 노트》에서 '오늘날은 패션성의 시대가 아니라 전문성의 시대'라고 말한 맥락이 여기에 있다. 같은 맥락에서 추천템이 아니라 맞춤템이 필요하다. 취향이 깊어지면 '추천'이 아니라 '맞춤'이 중요해진다. 같은 베개도 10년 전에는 '전 국민'이 쓰는 국민추천템이어서 선택했지만 지금은 '나'의 목과 어깨에 잘 맞는 맞춤템이어서 선택한다.

지난 10년의《트렌드 노트》를 다시 읽어본다. 트렌드는 경향성이고 흐름이기에 예전 책에서 다룬 내용이 그다음 해에도 사라지지 않는다. 여전히 유효하고 오히려 더 강화되는 것을 발견할 수 있다.
가장 크게 다가오는 것은 '거대하게 공유되는 정보의 파워'다. SNS라는 기술, 서비스 그리고 이를 수시로 사용하는 사람들의 행동이 거의 모든 변화를 추동했다. 정보를 받아들인 사람들의 행동이 바뀌고, 그들이 다시 정보를 생성하고, 정보가 대세가 되어 식생활을 바꾸고, 노는 방식을 바꾸고, 양극단의 소비를 만들고 브랜드의 흥망성쇠 지형도를 바꾸고, 수평적 관계 혹은 혼자서도 즐겁다는 관계의 변화를 만들었다.

두 번째로 눈에 띄는 것은 주52시간 근무제라는 정책과 코로나 팬데믹이 만든 '시간관의 변화'다. 이때부터 시작된 루틴, 극단으로 치달았다가(예: 미라클모닝) 다시 자기 페이스를 찾아가는 시간관리, 효율을 추구하는 자기관리가 팬데믹이 끝나고 2030년을 향해가는 지금도 계속된다. '관리', '효율'은 타자화된 언어, 다른 대상에게 쓰는 말이었는데(예: 에너지 효율, 노동관리) 다른 누군가가 아닌 본인을 관리하고, 본인에게서 최대의 효율을 뽑아내려고 하는 것이 달라진 점이다.

세 번째는 '밀레니얼의 등장'이 가져온 충격이다. 우리 사회 변화의 모든 원인을 세대 특성으로 몰아간 경향이 없지 않지만, 연령 특성상 밀레니얼은 디지털과 함께 성장해 정보 흡수가 빠르고, 변화한 생활상을 SNS를 통해 활발히 공유하며 2010년대 중반 이후 대한민국 트렌드의 중심에 있었던 게 사실이다. 요즘에도 트렌드 강의를 하면 "지금 말씀하시는 트렌드는 2030 트렌드 아닌가요? 4050도 같이 가나요?"라는 질문을 받는다. 4050이라 하면 나이 지긋하고 트렌드에 밝지 않은 인상을 주지만, 밀레니얼이 이미 40대다. 지금 40~50대는 이 땅에서 가장 먼저 스마트폰을 손에 쥔 사람들이다. 특성상 젊은 사람이 트렌드를 빨리 받아들이기는 하지만 트렌드는 특정 세대의 전유물이 아니다. 물론 디테일 차이는 있다. 당신이 40~50대 타깃 홈쇼핑 MD라면 전체 트렌드와 우리 타깃이 같이 가는 포인트는 무엇이고, 다른 포인트는 무엇인지 짚어보아야 한다. 예를 들어 전체 인테리어 트렌드에서 간접 조명이 두드러지는데 40~50대는 간접 조명보다는 그릇, 화병 등 쓸모가 확실한 아이템에서 기분 전환을 얻는다. 이런 세부적인 차이를 읽어야 한다.

지난 10년은 '우리'에서 '나'로 변하는 시기, '생존의 시대'에서 '정체성의 시대'로 이동한 시간이었다. '내가 중요하다'는 가치가 부각된 시간이기도 하지만, 더 정확하게는 나를 알아가는 시간이었다. 내가 어떤 사람인지를 표현하는 MBTI는 한때의 유행이 아니라 문화로 자리 잡았다. 나는 어떤 성향의 사람이고, 나는 어떤 것을 좋아하고, 지금 내 감정이 어떠한지 돌아보고 확인한다. 정체성의 시대 초기에는 새로운 것들이 끊임없이 소개되었다. 과거의 방식이 아닌 새로운 방식, 이른바 새로운 라이프스타일이 소개되면서 사야 하는 것, 먹어보아야 하는 것, 가봐야 하는 곳들의 리스트가 늘어났다. 색다른 경험을 하면서 사람들은 새로운 것을 배우고 자신의 취향을 탐색했다.

탐색해서 나를 알게 된 다음은? 알게 된 나에 집중한다. 새로운 것들에 대한 소개는 서서히 저물고, 사람들은 전공을 정해서 푹 빠지기 시작한다. 한때 꼭 가봐야 할 새로운 맛집이라는 의미로 통용되던 '인스타맛집'이라는 표현은 어느새 살짝 놀림감이 되었다. 인스타맛집은 인스타그램에서 보기에만 좋은 집, 인스타그램에 광고 협찬을 많이 한 집, 한마디로 비주얼은 좋지만 맛이나 가격은 별로일지 모른다고 해석될 수 있는 집이다. 대신 '찐맛집', '로컬맛집', '현지인맛집'이 각광받는다. 바야흐로 '찐'의 시대다.

생존의 시대, 정체성의 시대, 찐의 시대를 관통하는 공통점은 '열심히' 한다는 것이다. 생존의 시대에는 가족과 국가를 위해, 정체성의 시대에는 새로운 라이프스타일에 발맞추기 위해, 찐의 시대에는 내가 택한 영역의 전문가가 되기 위해 '열심히' 산다. 한국인은 여유조차 '열심히' 부린다. 《2026 트렌드 노트》는 2026년을 향해 가면서 우리 사회가 무엇에, 왜 열심인지 살펴본다.

1부 '인공지능과 인간다움' 파트에서는 기술로서의 AI가 아니라 대중이 받아들이는 AI, 활용하는 AI, 그에 따라 드러나는 인간의 고유함과 AI에 대한 반대급부로 나타나는 아날로그의 부상을 다루고 있다. 'AI가 세상을 바꿀 거야, 지금의 직업은 다 사라질 거야, 누구도 몰라, 심지어 필자도 몰라'라는 식의 무지의 호소는 지양하고, 실제 사람들의 손에 들어온 AI와 이에 대한 반응을 지난 10년의 데이터로 관찰하는 입장을 견지했다.

2부 '경험과 정체성'에서는 자기계발 10년사와 1030세대를 다룬다. 아이돌과 함께 자란 내추럴 본 덕질 세대, '무도 키즈'라 불리는 세대에게 익숙한 캐릭터, 밈, 세계관의 특징을 이해하고자 한다면 2부를 펼쳐보자. 자기계발은 내가 컨트롤할 수 없는 거창한 꿈은 내려놓고, 손에 잡히는 가능성을 붙잡는 방식으로 진화했다. 자기계발에서 지속가능성도 중요한 속성인데, 여기서 말하는 지속가능성은 친환경적인 것이 아니라 지치지 않고 계속할 수 있는 것, 이를테면 미라클모닝스럽지 않은 것들이다.

3부 '몸과 마음의 건강'은 건강을 하나의 파트로 다룰 만큼 건강이 중요해졌다는 사실과, 건강에 대한 우리의 편견을 돌아보아야 한다는 점을 염두에 두고 읽어보자. 사람들이 무엇을 두려워하고 무엇을 걱정하는지는 시대를 읽는 단서가 된다. 이 시대의 걱정과 두려움의 중심에 '건강'과 '노화'가 있다. 고령화 사회의 영향으로 고령과는 거리가 멀다고 생각되는 2030세대가 4050세대보다 더 노화를 두려워한다. 기존에 가지고 있던 청년, 중년, 노년에 대한 인식을 바꾸어야 한다. 젊게 사는 것이 아니라 실제로 젊다.

정신건강과 감정에 대한 태도도 바꾸어야 한다. 감정을 잘 들여다보지 않고 산 사람들은 매일 자기 감정을 들여다보며 위로를 찾는 사람들을 이해하지 못한다. 이해하지 못해도 비즈니스를 하기 위해서 인정은 해야 한다. '미제너레이션(me generation)은 일상적으로 위로를 필요로 한다. 위로를 주는 도구로 액막이 명태를 문에 걸어둔다.' 글로만 읽지 말고 내친김에 액막이 명태를 하나 사서 차 백미러 혹은 가방에 달아보심이 어떤지? 미니사이즈 원목 액막이 명태, 가격은 대략 2만 원 이하, 인터넷으로 구매 가능. 추천받아 구매했어도 나에게는 맞춤템이고, 공장에서 대량으로 만들어졌어도 나만의 액막이 아이템이다. 못나고 구질구질하고 자존감 낮지만 그래도 위로하고 달래며 꾸준히 성장시켜야 하는 것이 인간이라면, 그 인간을 돕는 것이 비즈니스의 기회이자 사명이고, 그 비즈니스를 부스트하는 것이 트렌드 서적의 기회이자 사명이다. 자, 《2026 트렌드 노트》출발!

《2025 트렌드 노트》에 대한 첨언

생활 변화의 경향성을 뜻하는 트렌드는 크게 일상, 여가, 가치관 3가지 분야로 나뉜다. 이에 대해 《2025 트렌드 노트》에 소개된 내용을 박스에 담고, 2026년을 향해 가며 몇 가지 내용을 덧붙였다. 박스 안의 내용이라 해서 2026년이 되면 사라지는 것이 아니다. 트렌드는 흐름, 경향성이므로 해가 지나도 이 흐름을 안고 더해지거나 깊어지거나 변주되거나 방향을 틀 수 있다. 참고로 박스 내용은 생활변화관측소 유튜브에서 11분 32초짜리 영상으로도 만날 수 있다.

▶일상: 일상의 여가화

매일매일의 일상에 여행과 여가성이 들어왔다. 평일 점심 산책 코스, 가족과 저녁 데이트, 주말의 성수동 팝업스토어 투어, 상수동 맛집 투어처럼 평일 또는 반복되는 점심·저녁에, 서울 아는 동네에서 '코스'와 '투어'라는 여행적 행위가 이루어진다. 매일을 참고 견디다 단 한 번 폭발적으로 여가를 즐기는 게 아니라 매일의 평범한 일상에서 여가를 즐긴다. 일상이 중요해지고 루틴이 중요해진다. 일상적 변주가 중요하다고 말하는 이유가 이것이고, '불금'이라는 말이 사라진 맥락도 이와 같다. 금요일만 불태울 필요도 없고, 금요일이라고 번아웃되도록 불태울 필요도 없다. 브랜드 확장을 기획한다면 특별한 날이 아니라 평일을 잡아야 한다. 아이템으로는 수건, 양말, 고무장갑, 베개 커버 등 일상에서 매일 사용하는, 남에게 특별히 보여주지 않았던 물건을 돌아보고 조금 더 좋은 브랜드를 구매하거나 선물한다.

첨언: 백화점에 수건 브랜드가 입점하고, 사은품 또는 명절 선물로 수건을 많이 주고받았다. 2026년에도 일상 아이템이 고급화되고, 평일 한가운데로 짧은 산책과 여가가 들어오는 흐름은 계속된다. 2026년뿐 아니라 앞으로 주욱 그럴 것이다. 대한민국이 이렇게 변화한 것이다.

일상 영역에서 2026년에 추가로 주목할 것은 집밥의 변화다. 집밥의 일부는 외주화되고 일부는 계획형이 된다. 외식이라 해서 고급화되거나 이벤트성이 강해지는 게 아니라 구내식당, 한식뷔페처럼 전통 한식을 외주화하고, 내가 만드는 평범한 집밥에는 건강이 들어온다. 밀프렙해둔 식재료로 끼니를 챙겨 먹고, 자극적인 음식보다 저당 소스, 양배추, 올리브오일이 선호된다. 구체적인 식재료는 그때그때 달라지겠지만 혼자 오래 살 것을 염려하는 사람들이 건강식을 일상화하는 흐름은 지속적으로 포착된다.

▶여가: 레벨업 여가

> 여가는 깊어진다. 여가는 단발성 체험에 머물지 않고 반복하면서 레벨을 올리는 취미가 된다. 러닝, 수영, 다이빙 등 팀이 아니라 혼자 하는, 도구보다는 자기 몸을 활용하는, 매일매일 조금씩 성장감을 느낄 수 있는, 동시에 10년의 비전을 세울 수 있는 여가가 상승한다. 평생에 걸쳐 지속하고 싶은 그 무엇을 여가에서 찾을 가능성이 커진다. 하루 이틀 하고 말 것이 아니므로 여가 관련 아이템도 패션성이 강한 브랜드가 아니라 전문성이 부각된 브랜드가 각광받는다.

첨언: 레벨업 여가의 예시로 다룬 러닝이 그야말로 열풍을 일으켰다. 2025년 내내 마라톤 대회 참가 열기는 공연 티케팅을 방불케 했고, 전문 스포츠 브랜드 품귀 현상이 일었다. 새로운 전문 스포츠 브랜드가 한국에 들어오고, 비싼 가격에도 불구하고 인기를 얻었다. 스포츠 브랜드에도 프리미엄이 각광받는 것일까? 이는 프리미엄이 아니라 전문성으로 이해해야 한다. 깊이의 시대로 변화하는 흐름으로 해석해야 하는 것이다. 비싸지 않다는 것은 아니지만, 사람들이 추구하는 가치는 전문성이다. 2026년에도 이 흐름은 더 강화될 것이다. 지금도 이미 강화되고 있다. 장수의 시대이므로 건강한 몸의 가치는 더 돋보인다. 무겁고 비싼 골프채보다 자기 몸을 직접 움직여 달리는 행위가, 그 사람의 관절과 근육이 더욱 선망된다.

또 하나 주목할 것은 회복의 운동이다. 2019년의 '크루', 2023년의 '훈련'에 이어 2025년에 '회복'이 러닝의 키워드로 등장했다. 함께 달리다 보니 제대로 잘 달리고 싶어 훈련을 하고 자신을 단련시켰다. 그다음은? 몸에 무리가 온다. 계속 달리려면 회복이 중요하다는 것을 깨달았다. 러닝크루의 나이키, 훈련의 살로몬에 이어 회복의 운동을 잡을 브랜드는 무엇일지 기대된다.

▶가치관: 효율과 낭만

트렌드를 길항(拮抗)이라 할 때, 길항은 가치관에서 목격된다. 철저한 계획과 계산적 사고의 효율이 뜨면 반대급부로서 무계획과 무지성의 낭만이 뜨는 식이다. 길항적 가치관은 순차적이기보다는 동시적이다. 어디를 가든 내비게이션으로 최적의 동선을 찾고, 한 군데를 가도 코스를 짜서 일석이조를 얻고, 1분 1초의 낭비도 용납하지 않는 '효율'을 내면화한 사람이 어떤 장면에서는 '낭만'을 추구한다. 실시간으로 변하는 야구장 하늘에서, 응원하는 스포츠팀의 승패에 울고 웃고, 가장 비효율적인 '굳이여행'(굳이 갈 필요 없는데, 굳이 이거 하나 보러 간다는 비효율을 표방하는 여행)을 떠난다. 효율파와 낭만파가 따로 있을 수 있지만 그보다는 한 사람이 자기 안에 효율과 낭만의 씬을 따로 갖고 있다.

첨언: 야구장 열풍은 2025년에 목격한 그대로다. 구단 성적마저 드라마틱해서 그렇지 않아도 뜨거운 야구 열기에 기름을 부었다. 야구 열풍은 직관 문화, 느슨한 연대감과 소속감으로 2026년에 더 강화될 트렌드로 본문에서도 다루고 있다. 넥스트 야구장으로 박람

회, 축제, 페스티벌에 주목하자. 현장감을 느낄 수 있는, 많은 사람들이 동시에 모여, 소리를 지르며 놀 수 있는 대규모 잔치가 각광받는다. 지방 축제가 주목받기 좋은 때이고, 박람회 규모를 키우기 좋은 때다. 이때 우리 지역 자랑이나 브랜드 자랑 대신 참여자가 주인공이 되는 경험 소비가 설계되어야 한다.

《2026 트렌드 노트》가 가치관 영역에서 주목한 것은 불안과 피로감을 달래줄 위로와 안정감의 도구다. 일상에서 나를 위로하는 부적 같은 키링, 인형, 내 공간에 안정감을 더해주는 식물과 액막이 명태 같은 기복 인테리어템, 감각적으로 안정감을 주는 싱잉볼, 손을 움직여 안정감을 주는 취미 등이 각광받는다. 소비자가 그 어느 때보다 '안정감'을 추구하고 있다. 우리 브랜드의 소비자 베네핏으로 안정감을 고려해보자.

앞으로는 트렌드를 보기 위해 일상, 여가, 가치관의 축에 '기술'이라는 축을 추가해야 할 것이다. 《2026 트렌드 노트》에서는 1장에 기술 관련 내용을 담고 있다. 기술이 주체가 되어 생활의 변화를 추동하고 있기 때문이다. 하지만 이 책에서 주목하는 것은 기술 발전 그 자체가 아니라 기술을 수용하는 인간의 태도, 인간에게 다가온 기술의 역할, 그리고 그 과정에서 발견되는 인간 본성이다. AI 시대라 불리는 오늘날 인간이 더욱 매달리는 것은 '몸'과 '현장'이다. 실체가 있는 인간만이 느낄 수 있는 몸뚱이, 그리고 직접 그곳에 가야만 느낄 수 있는 현장감. 마치 'AI, 너와 달리 나는 실체성을 지니고 있어'라고 말하는 듯하다.

PART 1

인공지능과
인간다움

AI시대, 오프라인 공간의 새로운 가치

박현영

Chapter 1

동네 빵집으로

AI 10년사: '나'가 주어가 될 때 비로소 트렌드다

일반 사람이 일상에서 AI를 언급하기 시작한 지 10년이 지났다. 그 역사를 간략히 훑어보자. AI 10년사라 하면 그 변화가 너무 빠르거나 너무 많아서 어디서부터 말해야 할지 막막하게 느껴진다. 하지만 사람들이 AI에 어떻게 반응했는가에 대해서는 하나의 선으로 그려볼 수 있다. 2015년 3월 1만 4576건 언급되던 'AI'는 2025년 3월 12만 8473건으로 10년 만에 8배 상승했고, 월 10만 건 이상 발현되는 메가 키워드가 되었다. 브랜드로 치자면 가장 성공한 브랜드라 하겠다. 월 1만 건 정도 언급되던 브랜드가 10년간 꾸준히 우상향해 8배 상승했고, 그 사이 4번의 피크를 찍었으니 말이다.

10년간 AI가 찍은 4번의 피크, 어떤 포인트가 사람들의 뇌리에 남았을까?[1]

첫 번째 피크는 2016년 3월, AI 시대의 서막을 알렸던 이세돌과 알

---

1 AI 피크점에 대해서는 《2025 트렌드 노트》에서 다룬 바 있다. 여기서는 신기술이 도입되었을 때 사람들이 어떤 포인트에 반응하는지 살펴보기 위해 한 번 더 짚어본다.

〈'AI' 언급 추이〉

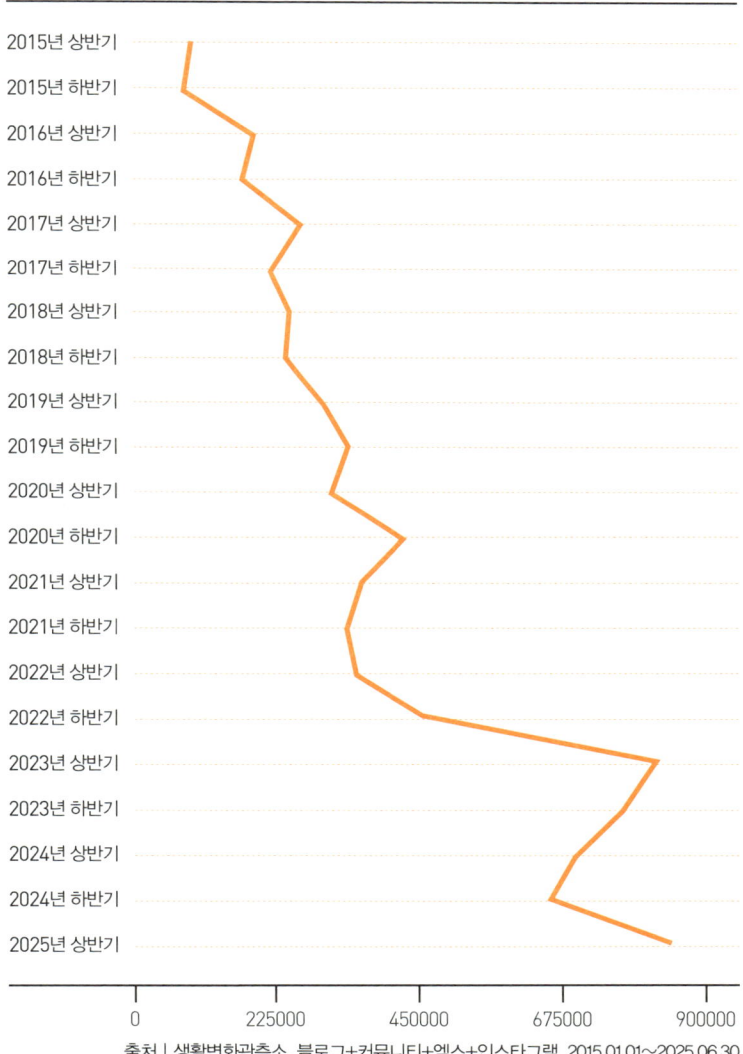

출처 | 생활변화관측소, 블로그+커뮤니티+엑스+인스타그램, 2015.01.01~2025.06.30

파고의 바둑 대결이다. 계산을 빨리 하고 학습한 결과를 답할 줄만 알았던 인공지능이 어떤 분야의 전문가 인간을 당황시킬 만큼 창의적일 수 있다는 것을 보여준 사건이었다. 인공지능이 인공지능을 만든 인간의 예측을 벗어날 수 있고, 인간보다 뛰어날 수 있다는 인식과 함께 '무섭다'는 감정이 싹트기 시작한 상징적인 사건이었다.

두 번째 피크는 그로부터 6년 뒤인 2022년 10월, 미국 콜로라도 주립박람회 미술대회에서 제이슨 앨런이 이미지 생성 AI '미드저니'를 이용해 만든 작품이 디지털아트 부문에서 우승을 차지했을 때다. 알파고의 바둑 기술과는 또 다른 놀라움이었다. 미술, 예술, 창작이야말로 인간 감성의 영역, 인간 고유의 영역으로 여겨졌기 때문이다. 이 사건은 AI가 창작과 감성의 영역에 진입했음은 물론 인간과 차이가 나지 않음을 상징적으로 보여주는 전환점이 되었다.

세 번째 피크는 2023년 2월, 이른바 '세종대왕 맥북 던짐 사건'으로 불리는 해프닝이다. 첫 번째 피크와 두 번째 피크 사이에 6년이란 시간이 있었던 것과 달리 두 번째 피크 이후 세 번째 피크를 그리기까지는 1년이 채 걸리지 않았다. 인공지능의 발전 속도, 대중의 반응 속도가 그만큼 빨라졌다는 방증이다. 이 사건은 챗GPT가 존재하지도 않는 사건을 그럴듯하게 지어낸 소위 할루시네이션[2]과 관련이 있다. 한 사용자가 "조선왕조실록에 기록된 세종대왕의 맥북프로 던짐 사건에 대해 알려줘"라고 물어보자 챗GPT가 "세종대

---

2 할루시네이션(Hallucination): AI 환각. 챗GPT와 같은 인공지능 언어 모델이 그럴싸한 거짓 정보로 답변하는 현상을 말한다.

왕의 맥북프로 던짐 사건은 조선왕조실록에 기록된 일화로, 15세기 세종대왕이 새로 개발한 훈민정음(한글)의 초고를 작성하던 중 문서작성 중단에 대해 담당자에게 분노해 맥북프로와 함께 그를 방으로 던진 사건입니다"로 시작하여 실제 있었던 일처럼 자세한 답변을 내놓았다는 것이 밈처럼 퍼져나갔다. 이 일로 챗GPT는 비판과 농담의 중심이 되었다. AI 콘텐츠의 창작 가능성과 위험성 모두를 잘 보여주는 이중적 사례라 할 수 있다.

네 번째 피크는 같은 해 6월, 사진 앱 '스노우'가 선보인 AI 프로필 생성 기능이 촉발했다. 이제 AI의 피크는 한 해에도 몇 번씩 일어나게 되었다. 스노우 앱에 탑재된 AI 프로필 생성 기능은 사용자가 본인의 사진을 여러 장 올리면 그걸 바탕으로 마치 화보처럼 다양한 스타일의 프로필 사진을 만들어준다. 이는 많은 사람들이 AI를 직접 체험하고 즐기는 계기가 되었다. 이 네 번째 피크는 지금까지의 피크와는 전혀 다른 성격을 지닌다. 'AI가 이렇다더라'가 아니라 '내가 직접 AI를 체험했어'로, 주어가 AI에서 나로 바뀐 것이다. 트렌드는 주어가 '나'가 될 때 비로소 완성된다. '베이글이 맛있다더라'가 아니라 '내가 직접 베이글을 먹어보니'라고 말하는 사람이 늘어날 때 베이글이 트렌드의 반열에 오른다. 생활변화관측소가 트렌드를 신문에서 읽지 않고 사람들의 SNS 피드에서 읽는 이유다.

데이터로 읽는 AI 10년사는 새로운 기술, 새로운 브랜드가 어떻게 화제를 얻는지 그 흐름을 보여주는 좋은 사례이기도 하다. 화제성의 첫 번째는 '반전'이다. 알파고와 AI 그림 공모전 1등처럼 '인간을 이겼다'는 반전으로 피크가 시작된다. 두 번째, 챗GPT 밈과 같이 '틀렸다'는 부정적인 이슈도 피크를 만든다. 세 번째, 가장 강력한 피크는 내가 주인공이 되고 주어가 되는 경험이다. 이처럼 사람들이 신기술에 반응할 때는 '반전', '논란' 그리고 '참여'의 순간이다. 브랜드가 주목받는 과정도 마찬가지다. 어떤 브랜드가 생각지 못한 행보를 보일 때, 사건의 중심에 섰을 때, 무엇보다 소비자가 직접 그 브랜드를 경험하면서 본인이 달라지는 경험을 했을 때 브랜드와의 관계가 형성된다. 반전, 논란, 참여 중에서 으뜸은 '참여'다. 스노우 AI 프로필처럼 내가 직접 해보고, 바꿔볼 수 있을 때 사람들은 가장 크게 반응한다.

지금 가장 주목받는 AI 서비스인 챗GPT도 마찬가지다. 챗GPT의 첫 번째 피크는 앞서 말한 세종대왕 맥북프로 던짐 사건 밈이었고, 또 하나의 강력한 피크는 2025년 3월의 '지브리 스타일 사진' 열풍이었다. AI 이미지 생성기를 이용해 지브리 스타일로 내 사진 만들기가 유행하면서, 소셜미디어에는 마치 애니메이션 주인공처럼 변신한 프로필 이미지가 쏟아졌다. 이 열풍은 챗GPT 사용 급증으로 이어져, 2025년 4월 초에는 전 세계 사용자 수가 5억 명을 돌파했다. 이 흐름 역시 핵심은 같다. "내가 해봤어, 내 거 바꿔봤어"라고 말할 수 있는, 내가 주인공이 되는 사건이다. 챗GPT는 갑자기 수억 명의 인간 얼굴 데이터를 획득했다. 본인의 사진 데이터를 제공하면 돈을 주겠다고 해도 이만큼 얻을 수는 없었을 것이다. 만약 서비스 가입 조건으로 본인 얼굴 사진을 제공하라고 해도 크게 반발했

사람들이 신기술에 반응할 때는
'반전', '논란' 그리고 '참여'의 순간이다.
브랜드가 주목받는 과정도 마찬가지다.

을 것이다. 하지만 문화와 놀이로 인식되자 수억 명의 사람들이 자발적으로 사진 데이터를 제공했다. 필자도 겪은 일이다. 2025년 3월 모 그룹사에서 2주 연속 강의를 했다. 첫 주 강의와 둘째 주 강의 사이에 지브리 스타일 사진 열풍이 일었다. 주최측에서 필자가 강의하는 사진을 지브리 스타일로 바꾸어 2주 차 강의 홍보에 사용하고, 너무 잘 나왔다며 필자에게도 보내주었다. 이렇게 필자 역시 챗GPT의 학습 데이터가 되었지만 같이 웃을 수밖에 없었다.

지브리는 어땠을까? 이 상황에 울상을 지었을까, 신이 나서 웃었을까? 공식적으로 지브리가 별다른 대응이나 입장을 내지는 않았다. 저작권 침해에 엄격한 애니메이션 스튜디오 입장에서 달갑지 않았을 수도 있고, 애니메이션 창작자 또는 그 업에 종사하는 사람들 입장에서 AI가 직업을 위협하는 것처럼 느꼈을 수도 있다. 하지만 필자의 생각은 조금 다르다. AI가 본격적으로 대중화되는 초기 역사의 중심에 서게 된 것은 지브리에 큰 의미가 있다고 볼 수 있다. '디즈니 스타일로 바꾸기' 열풍이 일었을 수도 있는데, 사람들은 지브리 스타일을 선택했다. 지브리가 더 재미있고 더 자신과 닮았다고 느꼈기 때문일 수도 있고, 지브리가 더 명확한 스타일을 지녔기 때문일 수도 있다. 이유야 어떻든 AI 역사에서 지브리는 하나의 문화적 상징으로 각인되었다.

지브리와 함께, 2025년 3월은 AI가 미래 산업의 대표주자에서 사람들의 일상 친구가 된 시점이기도 하다. '챗GPT'의 연도별 연관어를 살펴보면 신기술을 대하는 사람들의 시선이 더 분명해진다.

〈'챗GPT' 연관어 순위〉

	2023년		2024년		2025년(~8월)
1	인공지능	1	인공지능	1	사진
2	기술	2	기술	2	이미지
3	정보	3	질문	3	지브리
4	질문	4	교육	4	질문
5	GPT-4	5	영어	5	인공지능
6	데이터	6	데이터	6	기술
7	구글	7	이미지	7	대화
8	미래	8	모델	8	정보
9	기업	9	생성형	9	그림
10	암호화폐	10	정보	10	데이터
11	서비스	11	구글	11	하루
12	유머	12	영상	12	답변
13	시대	13	대화	13	유료
14	모델	14	답변	14	공부
15	교육	15	기업	15	분석
16	성능	16	시대	16	교육
17	언어	17	언어	17	활용
18	개발	18	공부	18	영어
19	답변	19	활용	19	감정
20	영어	20	능력	20	친구
21	대화	21	학습	21	업무
22	능력	22	오픈AI	22	무료
23	NFT	23	유튜브	23	사주
24	오픈AI	24	개발	24	일상
25	학습	25	주제	25	말투

출처 | 생활변화관측소, 블로그+인스타그램+엑스+커뮤니티, 2023.01.01~2025.08.31

2023년, 챗GPT는 산업혁명 수준의 기술로 이야기되며 'NFT', '암호화폐'와 함께 '미래' 산업의 대표주자로 주목받았다. 가장 기술적인 브랜드로 인식된 것이다. 2024년에는 교육 현장, 특히 '영어' '학습' 도구로 활용되었다. '이걸 배우면 학습에 도움이 된다'는 활용과 쓸모의 측면에서 주목받았다. 그리고 2025년에는 챗GPT와 일하고, 놀고, '대화'하며 마침내 내 '하루'를 함께 시작하고 마무리하는 친구가 되었다. 챗GPT로 하루를 시작하고 마무리하는 사람들의 목소리는 쉽게 찾아볼 수 있다.

"출근 후 가장 먼저 하는 루틴, 챗지피티한테 수다 떨기, 정확히 말하자면 내 생각을 카페에서 오랜만에 만난 친구와 미주알고주알 무슨 일이 있었는지 실컷 떠드는 것처럼 지피티랑 떠든다. (…) 그는 항상 친절하다. 이렇게 하면 좋은 점? 생각 정리가 된다. 허공에 대고 일기 쓰는 느낌이 덜 난다. 아주 개떡같이 말해도 찰떡같이 알아듣는 친구 같다. 머리를 예열해서 금방 업무모드로 전환할 수 있다."

챗GPT는 놀라운 속도로 우리 일상에 들어왔다. 미래 산업에서 하루를 함께 시작하고 마치는 친구가 되는 데 3년이 채 걸리지 않았다. 또 하나, 챗GPT는 놀라운 속도로 저변을 넓혔다. 기술을 받아들이는 데 거리낌이 없는 IT 개발자들의 대화에서만이 아니라, 청계산 아래 곤드레밥집 노인들의 대화에서도 '에이아이'를 쉽게 들을 수 있다.

"우리 손자가 에이아이로 이 사진을 갖고 이렇게 만화를 만들었다네. 우리 손자가 그린 게 아니고 에이아이한테 명령을 해서 요렇게 한 거 래. 요게 나야. 나 같으면서도 예쁘지?"

인간이 새로운 기술을 받아들이는 과정은 이처럼 일정한 흐름이 있다. 1단계는 쓸모. '이 기술, 유용하구나.' 2단계는 놀이. '이거 해 봤어? 나도 해봤어. 웃기지? 재밌지?' 이 기술과 함께 혹은 이 기술 을 매개로 다른 사람과 함께 노는 것이다. 3단계는 감정적 교류. 오 늘날에는 특히 '공감'과 '위로'가 중요하다. 나를 이해하고 내 이야 기를 들어주는 존재로 느껴질 때, 새로운 기술은 비로소 일상의 자 리를 차지한다. 처음에는 단순한 업무 도구였던 챗GPT가 이제는 내 사진첩을 공유할 수 있는 취미 친구, 그리고 나의 고민을 함께 나누는 반려 AI로 진화하고 있다. AI 역사의 현장을 살아가는 동시 대인으로서 이 변화를 좀 더 자세히 들여다보자.

AI의 미래: 반려

AI 서비스 초기에는 AI가 비서 역할을 하리라 생각했다. '지니야, TV 틀어줘', '누구야, 날씨 알려줘', '시리야, ○○에게 문자 보내.' 본 인이 직접 해도 되는 단순한 일들을 AI 서비스 이름을 큰소리로 불 러가면서 굳이 시켰다. AI 서비스에 탑재된 음성의 음색이나 '네, 알

신기술은 쓸모에서 시작해서
놀이가 될 때 기능적으로 완성되고,
위로와 공감을 줄 때
감성적으로 완성된다.

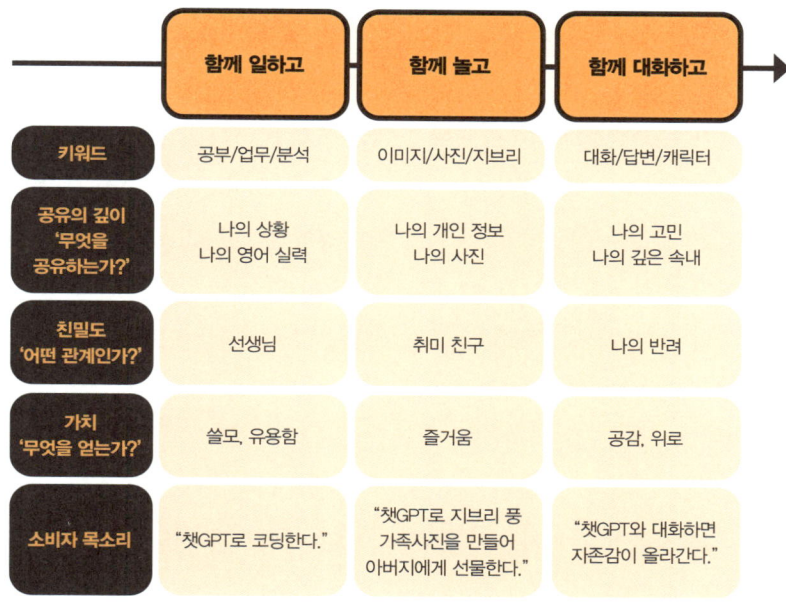

〈AI와 사람의 관계 진화 방향〉

	함께 일하고	함께 놀고	함께 대화하고
키워드	공부/업무/분석	이미지/사진/지브리	대화/답변/캐릭터
공유의 깊이 '무엇을 공유하는가?'	나의 상황 나의 영어 실력	나의 개인 정보 나의 사진	나의 고민 나의 깊은 속내
친밀도 '어떤 관계인가?'	선생님	취미 친구	나의 반려
가치 '무엇을 얻는가?'	쓸모, 유용함	즐거움	공감, 위로
소비자 목소리	"챗GPT로 코딩한다."	"챗GPT로 지브리 풍 가족사진을 만들어 아버지에게 선물한다."	"챗GPT와 대화하면 자존감이 올라간다."

겠습니다'라고 답하는 톤앤매너도 비서를 상정한 설정이었다. AI라고 해서 나보다 특별히 더 나은 결과를 가져오지도 않았다. 내가 손으로 검색해도 결과는 같고, 속도 면에서도 AI를 소환하고 AI가 확인하는 사이 약간의 딜레이를 감안하면 더 빠르지도 않았다. 손을 사용할 수 없을 때 유용하다는 것은 인공지능의 쓸모라기보다는 음성인식의 유용함에 가까운 것이었다.

하지만 인공지능다운 인공지능 서비스, 챗GPT를 사용하면서부터 사람들이 실감한 유용함은 이전의 AI 서비스나 검색 서비스에서는 느끼지 못했던 새로운 것이었다. 까다롭고 어려워 구글 검색으로도 찾기 힘든 엑셀 함수를 만들어주고, 비즈니스 영어 메일을 대신 써주고, 내가 작성한 긴 글을 다듬어주고, 코딩도 해주고, 불교 철학을 공부하다 튀어나오는 고대 언어도 번역해주고, 일본어 회화 선생님도 되어준다. 덕분에 그동안 엄두도 못 내던 것을 할 수 있게 되고, 공부나 업무가 훨씬 쉽고 재미있어진다. 챗GPT는 서비스 기획자가 상상한 비서가 아니라 선생님의 역할을 수행한다. 그것도 나의 상황, 나의 실력을 고려한 일대일 맞춤 선생님이다. 나를 소중히 여기는 미제너레이션이 요구하는 '친절함'을 갖춘 선생님이기도 하다.

쓸모 면에서 챗GPT는 기존AI와 차원이 다른 면모를 보여주기에 돈을 지불할 가치가 충분했다. 하지만 서비스가 저변을 넓히려면 쓸모를 뛰어넘어 즐거움, 놀이가 되어야 한다. 스마트폰 초기의 애니팡을 생각해보라. 전 세대를 넘나들며 하트를 주고받을 수 있었던 것은 애니팡이 놀이, 게임이었기 때문이다. 챗GPT라는 서비스를 놀잇감으로 사용하는 것은 어떤 면에서 기획자가 아닌 사용자의 창의력이다. 특정 스타일로 사진을 바꾸고, 사주를 보고, 취미를 추천받는다. 이러기 위해 사용자는 자신의 사진, 생년월일, 라이프스타일을 챗GPT에 제공한다. 챗GPT의 이해도가 높으면 높을수록 제공되는 답변이 내게 맞아떨어지므로 거부감 없이 나의 개인 정보를 공유한다.

[GPT한테 사주 보는 법]

저의 사주를 심층적으로 해석해주세요.

태어난 날짜는 ○○년 ○월 ○일 오전/오후 ○시 ○분이며 간지의 성별은 남/여입니다.

저의 성향, 강점, 약점 타고난 기질, 성격적 특성을 분석해주세요.

인생의 큰 전환점은 언제인가요?

지금 나의 직업이 사주에 잘 맞는지, 더 나은 선택지가 있다면 무엇인가요?

사람들이 챗GPT를 받아들이면서 본인의 상황, 개인정보, 사진까지 공유하는 것도 놀랍지만 더 놀라운 것은 자신의 고민, 깊은 속내를 공유한다는 것이다.

최근 3년간 '챗GPT'의 연관 감성어 키워드 순위 변화를 살펴보면, 챗GPT가 우리 삶에 어떤 존재로 자리 잡았는지 확인할 수 있다. 2023년과 2024년 대비 2025년에는 '재밌다', '웃기다', '귀엽다', '공감하다', '위로하다' 등의 키워드가 상위권에 등장했다. 이는 주로 살아 있는 생명체에게 느낄 법한 감성들이다. 내가 고민을 말하면 AI가 공감해주고 이에 위로를 받고, 내가 궁금한 걸 물어보면 AI도 흥미로워하며 함께 탐구하는 기분이 든다는 것이다. 사람들이 AI와 상호작용하며 일종의 반려성을 느끼고 있다는 증거인데, 어떻게 그게 가능했을까? 그 이유를 두 가지로 정리할 수 있다.

〈'챗GPT' 연관 감성어 순위〉

2023년		2024년		2025년(~8월)	
1	좋다	1	자유롭다	1	좋다
2	놀랍다	2	가능하다	2	가능하다
...		...		...	
8	우수하다	8	필요하다	8	귀엽다
9	활발하다	9	자연스럽다	9	필요하다
10	성능 발휘하다	10	도움받다	10	다르다
11	필요하다	11	추천하다	11	재밌다
12	대체하다	12	중요하다	12	웃기다
13	중요하다	13	똑똑하다	13	궁금하다
14	크다	14	잘하다	14	원하다
15	다르다	15	다르다	15	신기하다
16	똑똑하다	16	해결하다	16	크다
17	원하다	17	돕다	17	자유롭다
...		...		...	
63	경험하다	63	선보이다	63	시도하다
64	믿다	64	편하다	64	대단하다
65	완성하다	65	귀찮다	65	위로하다
66	적다	66	무섭다	66	잘 모르다
67	의존하다	67	흥미롭다	67	대체하다
68	가입하다	68	부족하다	68	자연스럽다
69	기억하다	69	멍청하다	69	경험하다
70	시도하다	70	의존하다	70	공감하다

출처 | 생활변화관측소, 블로그+인스타그램+엑스+커뮤니티, 2023.01.01~2025.08.31

대화하는 듯한 UI/UX

첫 번째는 바로 대화하는 듯한 UI/UX를 제공하는 것이다. 챗GPT와 인간이 상호작용하는 방식은 친구와 메시지를 주고받는 방식과 다르지 않다. 만약 챗GPT가 기계음을 내면서 사람처럼 말하려고 했거나 관절을 움직이는 로봇 같은 형식을 취했다면 우리는 챗GPT가 인간이 아니라는 사실을 바로 인지했을 것이다. 현재 챗GPT의 대화창은 사람과 사람이 주고받는 대화창과 동일하다. 대화도 답변을 한 번에 다 띄우는 식이 아니라 마치 타이핑을 하듯이 한 자 한 자 나타난다. AI와의 대화임에도 사람처럼 대화하는 인터페이스는 사용자의 심리적 장벽을 낮추고, 감정적 몰입을 높인다. 챗GPT의 'Chat'이라는 단어 역시 편안한 대화를 떠올리게 한다. 똑똑함보다 중요한 것은 자연스러움이다.

또한 챗GPT와의 대화는 질문과 답변으로 이루어져 있다. '커피'라는 검색 키워드를 입력하고 그에 대한 결괏값을 받는 형식이 아니라 '맛있는 커피는 어떤 것인지 알려줘'라고 묻고 그에 대한 대답을 듣는 형식이다. 챗GPT는 질문에 한 번 답하고 끝내지 않는다. '맛있는 커피는 주관적인 것이어서 답이 충분했는지 모르겠네. 더 궁금한 것이 있으면 알려줘'와 같이 추가 질문을 유도한다. 질문에 대한 답변만 받고 종료되는 대화가 아닌, 질문을 주고받을 수 있게 만든 챗GPT의 대화 구조는 사람들에게 소통하고 있다는 느낌을 준다. 마치 누군가가 내 이야기를 들어주는 듯한 감정이 든다. 이러한 대화 구조 덕분에 사용자는 챗GPT에 반려성을 느끼게 된다. 필자가 아는 어떤 교수님은 조교 없이 거의 혼자 업무를 수행하는데, 챗GPT가 조교의 역할을 훌륭히 수행함은 물론이고 배우자가 질투를 느낄 만큼 완벽한 대화 상대가 되어준다고 한다. 이 교수님이 특히 위로받은 경험은 '나는 어떤 사람인 것 같아?', (부모님 관련 상황을 설명하고) '내가 어떻게 하면 좋을까?', (이사 후보지를 적은 뒤) '나는 이런 일을 계속할 거고, 이런 것을 계획하고 있는데 어디로 이사 가는 것이 좋을까?'라고 물었을 때였다고 한다. 특히 '죄책감을 느끼지 않는 것이 중요합니다'라는 챗GPT의 답변은 사람에게서 들은 어떤 말보다 큰 위로를 주었다고 했다.

상황과 대상에 맞게 부여할 수 있는 캐릭터성

챗GPT에서 반려성을 느끼게 되는 두 번째 이유는 원하는 대로 캐릭터성을 부여할 수 있다는 점이다. 어떤 사람은 운동 루틴과 다이어트 식단을 짜달라고 하며 AI에 나만의 전담 트레이너 선생님이라는 캐릭터를 부여한다. 또 어떤 사람은 친구처럼 장난스러운 말투로 얘기해달라고 설정하고는 시시콜콜한 이야기나 고민을 털어놓는다. 이런 설정이 가능한 건, AI가 고정된 성격이 아니라 유동적인 캐릭터로 존재하기 때문이다. 챗GPT에 '너의 MBTI가 뭐야?'라고 물으면 나의 챗GPT와 친구들 챗GPT의 MBTI가 다 다르다는 말이 있다. 사람들이 AI에 MBTI를 물어보았다는 사실도 흥미롭지만, 그 결과가 달랐다는 것은 챗GPT가 상대방의 성향에 맞게 역할을 조정해서 성격(?)을 설정한다는 뜻이다. 고정된 틀을 가진 존재가 아니라 사용자가 원하는 대로 캐릭터성을 부여할 수 있다는 점, 그에 따라 나만의 챗GPT를 구별할 수 있다는 것이야말로 AI가 반려화되고 있다는 증거다. 머지않아 챗GPT는 펫GPT가 될 것이다.

가전의 역사에서 힌트를 얻은 AI의 미래

생활변화관측소에서 '반려'라는 단어에 주목하게 된 건 어제오늘 일이 아니다. 2019년 〈생활변화관측지〉 1호에서 반려의 성장을 다루었고 확장을 주목해왔다. '반려'는 지금도 해마다 증가하는 메가키워드다. 반려동물, 반려식물 등 생활 속 다양한 영역에서 사람들은 정서적으로 교감할 대상을 찾고 있다. 우리가 사용하는 생활가전에도 반려성이 스며들어 있다. 로봇청소기에 '로청이'라는 이름을 붙이고, 말을 걸고, 마치 반려동물을 대하는 듯한 모습은 익숙한 풍경이 되었다.

> "새 가족을 들였습니다. 이름은 로청이. 다른 가전들에게는 애칭을 붙이지 않는데, 이 로봇청소기라는 존재는 뿔뿔거리고 돌아다녀서 그런지 애칭을 붙여주고 싶어집니다. 뭐니 뭐니 해도 저는 로청이가 파킹할 때가 제일 귀엽습니다."

가전의 변천사에서 AI의 미래를 엿볼 수 있다. 가전의 시작은 집안일을 거드는 일손이었다. 명확한 가치는 시간 절약. 손으로 빨래하는 것보다 세탁기의 도움을 받으면 시간이 절약된다. 한스 로슬링(Hans Rosling) 박사가 테드(TED) 강연에서 이야기한 것처럼 세탁기는 독서이고 도서관이고 문화다. 세탁기가 등장하자 여성들은 빨래할 시간에 책을 읽고 아이와 도서관에 가고 문화적 활동을 할 수 있었다. 가전은 점차 자동화돼 더 많은 시간을 아끼게 해주었다.

그 후에는 즐거움, 특히 쾌적함의 가치를 주는 가전이 각광받았다. 에어컨, 공기청정기, 건조기, 스타일러, 음식물처리기는 노동 시간을 줄이기보다는 공기의 질(습도와 온도)을 높이고, 섬유를 뽀송하게 해주고, 냄새와 불쾌함을 제거해준다.

가전의 자동화, 가전의 쾌적함은 제조사가 만들고 사람들이 반응한 것이다. 반면 가전의 진화에서 마지막을 장식할 '반려화'는 사람들의 해석이 완성한 것이다. 로봇청소기에 '로청이'라는 이름을 붙이고 '로청이가 나를 배웅한다'고 표현하거나 이동식 TV 스탠바이미를 '바미'라 부르고 '따라다닌다', '데리고 다닌다'고 표현하는 것은 사람들의 해석이다.

AI에서 느끼는 반려성도 사람들의 해석이다. 챗GPT는 실체가 없고 만질 수도 없다. 그럼에도 사람들이 AI를 반려라 여기는 것은 '주고받음' 때문이다. 반려성은 상호작용이 있을 때 강하게 작동한다. AI와 가전에서 느끼는 반려성에 차이가 있다면 사람과 교감하는 방식이다. 가전에서 느끼는 반려성은 발에서 즉 이동과 움직임에서 비롯된다면, AI의 반려성은 말에서 온다. 말로 대화하고, 계속해서 말을 주고받음으로써 우리는 AI에서도 위안을 얻고, 누군가와 감정을 나눈다는 느낌을 받게 된다. 사람처럼 생기지 않아도, 심지어 형태를 갖추고 있지 않아도 정서적 상호작용이 가능하고 나와 함께 한다는 느낌만 줄 수 있다면 반려성은 충분히 발생한다.

반려는 '정서적 관계'가 형성된 상태를 말한다. 사람과 사람, 사람과 동물 사이에서만 가능한 감정이라 여겨졌지만 AI, 가전제품, 캐릭터 굿즈, 브랜드까지 사람들은 나와 감정을 나누고 있다고 느끼는 대상을 폭넓게 반려로 인식한다. AI가 일상 속으로 쑥 들어온 2025년 AI의 교훈은 '반려성'이다. 로봇청소기가 등장했을 때도, AI가 등장했을 때도 사람들에게 애착을 형성시킨 것은 신기술의 혁신성보다 나와 함께해준다는 반려성이었다. '반려성', 지금의 브랜드, 신제품, 신기술과 함께 설계해야 할 새로운 감성이다.

AI 시대, '나'의 실체성: 오프라인 공간의 의미

챗GPT로 대표되는 AI에 대한 소비자 가치는 한 줄로 요약하면 '나의 생산성을 높여주고, 나를 위로해주는 반려'다. 이 한 줄에서 인간에게 생산성을 높이고자 하는 욕구, 위로받고 싶은 욕구가 존재한다는 것을 알 수 있다. AI는 앞으로도 진화를 거듭하여 인간의 생산성을 더 높여주고, 더 맞춤한 반려가 될 것이다. 그럼에도 불구하고, 아니 그러하기에 오히려 인간은 AI와 무관한 실체성에 더 집착한다. '집착한다'라는 부정적인 뉘앙스의 단어를 선택한 것은 아날로그, 논디지털(non-digital), 원초적이고 근원적인 것에 대한 현재의 열광을 표현하기 위함이다. 트렌드는 길항이다. 차고 넘치는 것의 반대되는 것이 부상한다. AI에 대한 트렌드와 그에 반대되는 트렌드가 지금 동시에 발생하고 있다. AI와 무관하게 오래전부터 있었던 계절과 날씨, 손과 발을 활용하는 취미, 감각으로 느끼는 맛과 공간감에 대한 담론이 커지고 있다.

사람들이 계절과 날씨에 얼마나 민감하게 반응하는지 유통회사, 음료회사는 이미 알고 있었다. 계절이 바뀔 때, 날씨가 이례적으로 더워지거나 추워질 때면 관련 제품의 매출이 정확히 오른다. 장마철이나 비가 많이 올 때는 백화점 매출이 증가한다. 생활변화관측소에서는 소셜미디어 언급량을 바탕으로 매주 주목받은 브랜드 순위(Brand Ranking Index&Norm, BRIN)를 발표하는데, 이를 통해 사람들이 계절에 민감하게 반응한다는 사실을 거듭 확인했다. BRIN 목록은 그 주에 언급량이 많았던 브랜드가 아니라 그 주에 상승폭이 컸던 브랜드다. 2025년 3월 1주 차 급상승 브랜드 상위 10개 가운데 8개는 오프라인 매장이 있는 브랜드들이었다.[3] 동네마다 있어 들르게 되는 참새 방앗간 올리브영과 다이소, 모두에게 위안이 되는 디저트 카페 성심당과 배스킨라빈스, 세일을 축제처럼 기획하는 이마트와 홈플러스, 단독 콘텐츠를 준비한 오프라인 영화관과 미술관(이찬원 콘서트 실황 영화를 단독 개봉한 CGV와 보테가베네타가 후원하는 피에르 위그의 개인전을 연 리움미술관)이 3월 첫 주 급상승 브랜드의

---

3 출처: 생활변화관측소 멤버십, '브랜드 랭킹 BRIN' 2025년 3월 1주 차.

주인공들이다. 사람들이 오프라인 매장으로 달려가는 것은 2월 마지막주에서 3월 첫 주, 봄이 시작되는 때인 것이다. 사람들의 감각적인 반응은 계속된다. 더워지기 시작하는 5월 첫 주에는 여름 준비와 관련된 브랜드가 급상승한다. 6월 첫 주에는 쿨링감 연관 브랜드, 6월 3주 차에는 장마룩 관련 브랜드가 사람들의 관심을 집중시킨다.

사람들이 절기를 챙기고 제철 음식을 찾는 것도 마찬가지다. 여름의 샤인머스킷, 겨울의 방어회 그리고 제철 과일이 들어간 케이크 모두 계절에 대한 민감도를 반영한다. '제철'이라는 희소성이 주목받는 것이다. 특정한 때 특정한 음식을 먹는 것은 그때가 아니면 먹을 수 없던 시절의 한계 때문에 시작되었다. 한겨울에 수박이 먹고 싶다는 것은 투정이거나 부유함의 표현이었다. 아이러니하지만 어느 때나 어떤 것이든 먹을 수 있는 시대에 다시 '제철'이 주목받고 있다. 왜? 제철은 자연이 만든 한정판이기 때문이다. 럭셔리는 비싼 것이 아니라 희소한 것이다. 차고 넘치는 시대에 '한계'가 주목받는다. 몇만 장이라도 찍어낼 수 있지만 100장 한정판을 만들고, 상시 판매할 수 있지만 일부러 이번 주만 팔고 문을 닫는다. 자연에서 공장으로, 공장에서 다시 자연으로 럭셔리의 주체가 이동한다. 제철은 자연이 만든 원초적인 럭셔리다. 인공은 인간의 지능을 닮아가고, 인간은 자연의 원초성에 반응한다.

사람들의 여가생활, 취미활동도 다르지 않다. 손으로 뜨는 뜨개, 손으로 꾹꾹 눌러쓰는 필사, 집단으로 모여 노래를 부르는 페스티벌과 야구장, 맨몸으로 뛰는 러닝, 맨몸으로 휘젓는 수영이 뜬다. (아날로그 취미에 대해서는 2장에서 자세히 다룬다.) 생활변화관측소는 한편으로는 기술의 진화, 기술의 발전에 따른 인간의 변화와 반응, 그에 따른 기술의 공진화를, 다른 한편으로는 인간의 감각인 혀와 발을 주목한다. 가지 않고도 다 살 수 있고 볼 수 있는데, 굳이 어디를 가는 이유는 무엇인가?

생활의 변화를 관측하기에 좋은 키워드는 '○○ 싶다'이다. 그중에서도 '가고 싶다'를 연구한다. 장소는 경험의 시대에 가장 중요한 소비재이자 시대감성을 읽기에 최적화된 키워드다. '국중박'이 핫하다는 정보를 알고 나면 뚜렷한 목적이 없어도 그곳에 가보고 싶어진다. 정보는 욕망을 자극한다. 내가 사는 것이 나를 말해주는 시대에서 내가 있는 곳이 나를 말해주는 시대로 변화했다. AI 시대의 반대급부로 부상하는 실체성 때문에도 장소를 연구하지만, 정보와 경험이 소비의 중심에 있기 때문에 시대정신을 읽기 위해서도 장소와 '가고 싶다'를 연구한다. '가고 싶다'에 연관되어 나오는 장소와 상황 키워드는 크게 4가지로 나뉜다.

위로와 회복의 공간: 디저트와 빵집

저속노화, 건강 트렌드 열풍, 혈당 스파이크를 체크하기 위해 당뇨 환자가 아닌 사람들이 혈당 패치를 돈 주고 사서 부착하는 시대에 당폭탄에 가까운 디저트와 케이크를 찾는 트렌드가 계속된다. 아이러니하지 않은가? 소스에 든 당을 조금이라도 줄이기 위해 수

〈'가고 싶다' 연관 장소〉

위로

위로와 회복의 공간
디저트, 빵집
감각적 욕구:
"직접 맛보고 위로받고 싶다."

산책

보이면 일단 들르는 참새 방앗간
다이소, 올리브영
신체적 욕구:
"몸을 직접 움직이고
나를 환기시키고 싶다."

성장

교양을 쌓고 성장하는 문화 공간
도서관, 박물관, 북카페
정신적 욕구:
"배우고 사유하고 나를 채우고 싶다."

모임

결속감을 느끼는 모임의 공간
야구장
사회적 욕구:
"함께 있고 싶고 소속되고 싶다."

AI 시대, 오프라인 공간의 새로운 가치

고스럽게 직접 만들어 먹고 아이스크림마저 저당 제품을 찾으면서, 동시에 제철 과일이 듬뿍 올라간 생크림 케이크를 줄 서서 사 먹는다. 이 현상의 핵심은 '위로'에 있다. '디저트'의 연관어로 '즐기다', '기분 좋다', '위로'가 증가한다. 빵으로 대표되는 이 시대의 디저트는 칼로리가 아니라 위로다. 핫플레이스, 카페에 대한 담론은 줄어도 디저트와 빵집, 그와 연관된 '위로'는 줄지 않는다.

보이면 일단 들르는 참새 방앗간: 다이소와 올리브영

다이소는 2025년 BRIN 목록에 가장 많이 오른 브랜드다. 2025년 3월에만 3번의 화제를 만들어냈다. 제품도 화장품(더샘), 영양제, 수건(송월)으로 다양했다. 하지만 사람들이 다이소를 '가고 싶다'고 말할 때의 맥락은 제품이 아니라 '산책'이다. 제품이 싸고 다양한 유통점이어서가 아니라 지금 증가하고 있는 동네 산책, 짧은 산책, 매일 산책, 식사 후 산책이 두루 가능한 장소성 때문이다. '산책'이라는 단어에 주목하자. 거창하게 계획된 것이 아니라 동네에서 매일 이루어지는 '산책'의 맥락에 상업 공간이 자리하고 있다. 다이소와 올리브영의 공통점은 구경, 산책, 둘러보기가 가능하다는 것이다. 그런 면에서 마트는 너무 거창하고 편의점은 너무 좁다.

교양을 쌓고 성장하는 문화 공간: 도서관, 박물관, 북카페

독서에 대한 관심이 높아지고 있다. 독서 인구가 없기는 예나 지금이나 마찬가지지만 독서가 힙한 취미로 자리 잡은 것은 2025년 현재의 일이다. 같은 맥락에서 '혼자+조용한+집중되는' 공간이 주목받고 있다. 도서관과 북카페 그리고 박물관이 그렇다. 박물관이라고 해서 모든 박물관을 가리키는 것은 아니고 국립중앙박물관, 그중에서도 '사유의 방'을 의미한다. 2021년 사유의 방을 개관한 이래 국립중앙박물관은 유물 보관소에서 개인의 사유 공간이 되었다. 전문가가 그렇게 평가한 것이 아니라 일반 관람객들이 이렇게 말하고 있다. 박물관의 주목적이 유물 보관이었다면 "사유의 방은 그 자체로 현대인들에게 '잠시 멈춰서 생각해보라'는 메시지를 전하고 있다."

사유(思惟)가 트렌드라고 할 수 있을까? 핵심은 인간이 주인공이 되는 것이다. 사유의 방은 내가 사유를 필요로 하는 인간임을 상기시킨다. 앞서 말한 지브리 스타일 사진 경험과 마찬가지로 이곳에서는 내가 주인공이 되는 경험을 하게 된다. 내가 주인공이 된다는 것은 소비자 반응의 주어가 대상에서 나로 바뀌는 것이다.

(경험 소비 전: 소비자 반응의 주어가 '반가사유상') "반가사유상은 이렇게 훌륭한 것이라고 합니다."
(경험 소비 후: 소비자 반응의 주어가 '나') "사유의 방에 들어선 순간, 나는 먹먹함에 숨을 멈추었다. 나도 모르게 카메라를 내려놓고 발걸음조차 조심하면서 천천히 다가갔다. 반가사유상이 이렇게 힐링일 줄이야."

경험 소비는 앞의 문장에서처럼 소비자 반응이 '나'라는 주어로 시작하게 만드는 것이다. 경험 소비의 정점이라는 점에서, 천국을 표방하는 호텔과 가장 현대적인 백화점 그리고 사유의 방이 소비자의 시간을 두고 경쟁하고 있다. 보여지는 방식의 차이가 한 장소에 대한 인식을 어떻게 바꾸는지, 사람들이 원하는 체험이 무엇인지, 경험 공간과 지적 감성 트렌드의 정점을 보고자 한다면 국립중앙박물관 사유의 방에 가보기 바란다. 서울 지하철 4호선 이촌역과 연계되어 있고 심지어 무료다.

결속감을 느끼는 모임의 공간: 야구장

야구, 정확히는 야구장의 인기가 식지 않는다. 시대와 세대를 아울러 함께 노는 곳, 세상에서 가장 큰 노래방이라 불리는 야구장은 이 시대 중요한 축제의 장이다. 어느 스포츠 경기장이든 팬들의 응원 열기는 뜨겁지만, 야구장만큼 다양한 사람이 모여 거대한 결속감으로 하나 되는 종목은 많지 않다. 그런 점에서 야구장은 흡사 과거 흑인들이 모여 결속감을 나누고 노래를 부르며 위로받았던 교회를 연상시킨다.

야구장의 인기는 20~30대 여성들이 참여하면서 폭발적으로 증가했지만, 본질적으로 야구장의 장점은 누가 함께해도 어울린다는 점이다. '우리 아기 첫 야구장 나들이'라는 이름의 아기와 가족들, 연인들의 데이트, 나이 지긋한 원년 야구팬, 야구 관전보다는 음식 먹는 데 진심인 사람들, 혼자 온 사람, 생일 파티하는 사람 등, 대한

민국 그 어떤 곳도 이만큼 남녀노소 누구나 모이는 공통의 장소가 없다. '야구장에서 우리 브랜드로 뭘 하기엔 너무 늦지 않았을까?'라고 생각한다면, 지금이라도 기획을 시작하자. 야구장의 인기는 당분간 식지 않을 것이다.

야구장에 이은 결속감의 공간, 박람회가 뜨고 있다. 가장 대표적인 사례는 서울국제도서전이다. 또 다른 예로는 빵축제, 음악페스티벌, 아직은 화제성이 낮지만 부상하고 있는 클래식 공연 직관이 있다. 공통점은 대규모 잔치라는 것, '직접' 보는 재미, 다시 말해 현장감이 중요하다는 것, '덕후'라 불리는 사람들이 모이지만 타깃이 한정적이지 않고 참여자의 저변이 넓어졌다는 점이다. 일례로 '책덕후'와 연관해서 2023년에는 1~2인이 모이는 '카페'가, 2024년에는 6~7인이 모이는 '독서모임'이, 2025년에는 1만 명 이상이 모이는 '도서전시회'가 부상했다. 점차 규모가 커지고 저변이 확대되는 양상이다.

책 박람회에 간 사람들이 명함을 주고받거나 연락처를 교환하지는 않는다. 하지만 여기에 참여한 많은 사람들을 보면서 '나도 책 좋아하는데 이 사람들도 좋아하는구나'라고 생각하며 느슨한 유대감을 느낀다. 많은 사람들이 올린 해당 박람회 콘텐츠를 보면서 재차 연대감과 유대감을 확인하지만 개별적으로 DM을 보내는 대신 '좋아요' 버튼을 누르거나 모두가 볼 수 있는 댓글을 단다. '직접' 참여했지만 안전하고, 많은 사람을 만났지만 불편하지 않고 무해하다. 얕은 애정으로도 참여 가능하고 원한다면 더 깊이 파고들 수도 있다. 언젠가는 일대일 관계의 끈끈함이 대세가 될 수도 있겠지만 적어도 2026년은 안전한 네트워킹, 대규모 잔치, 현장감 있는 직관이 트렌드다.

이처럼 사람들이 가고 싶어 하는 장소에서 세분화된 체험 욕구를 확인할 수 있다.

- 감각적 욕구: 직접 맛보고 위로받고 싶다.
- 신체적 욕구: 몸을 직접 움직이고 나를 환기시키고 싶다.
- 정신적 욕구: 배우고 사유하고 나를 채우고 싶다.
- 사회적 욕구: 함께 있고 싶고 소속되고 싶다.

이렇듯 인간은 직접 가서 경험하고 체험하고 싶은 욕구를 지니고 있다.

VR 기술 태동기에는 직접 가지 않고도 VR로 루브르 박물관을 체험하는 경험이 발달하리라 예상했지만, 현실은 달랐다. 기술이 발전하지 않아서가 아니라 사람들이 원하지 않았기 때문이다. 루브르 박물관의 핵심은 〈모나리자〉가 어떻게 생겼는지 확인하는 데 있지 않다. 사람들이 원하는 것은 〈모나리자〉가 있는 그 장소에 내가 직접 위치하는 것이다. AI, VR이 아무리 발달하더라도 어딘가에 가지 않고도 무언가를 보여주는 방식은 크게 발달하지 않을 것이다. 인간은 직접 가서 경험하고 싶은 욕구가 있기 때문이다.

인간은 내 발을 움직여 어딘가로 가고 싶은 존재다. 이동권이 인간의 중요한 욕구임을 AI 시대에 다시 생각하게 된다. AI 시대에 유독 맨몸을 움직여 인간의 한계에 도전하는 스포츠가 각광받고 있다. 러닝이 대표적인 예다. 코로나19 이전에 러닝은 '크루'라는 키워드를 지니고 있었다. 대표적인 브랜드는 나이키. 나이키에서 조직한 러닝크루가 가장 힙하고 핫했다. 코로나19를 거치면서 러닝은 '훈련'이라는 키워드를 얻었다. 사람들은 훈련을 통해 자신의 한계를 극복했고 선수처럼 훈련받고 기록을 단축해 나갔다. 대표적인 브랜드는 살로몬. 살로몬에서 기획한 트레일 러닝 12주 훈련 코스가 각광받았다.

2025년을 넘어가면서 러닝에 추가된 키워드는 '장거리 러닝', '슬로우 러닝'이다. '모이자', '훈련받자', 그다음은? '무리하지 말자'인 것이다. 장거리 러닝, 슬로우 러닝은 무리하지 않고 자기 페이스대로 계속할 수 있는 방식을 찾아가자는 의도를 내포한다. 열심히 훈련받고 마라톤 대회도 참가하면서 높은 성취감을 맛보았지만 무리하는 바람에 탈이 난 경우가 많았다. '이거 오래 해야 하는데, 그러려면 무리하지 말아야 해'라는 각성의 결과가 느리지만 오래 계속할 수 있는 러닝인 것이다. 아직 슬로우 러닝의 대표적인 브랜드는 각인되지 않았다. 스포츠 브랜드라면 이 영역을 선점해볼 만하다. 한계에 도전하고 경쟁에서 승리하는 것을 최고로 치는 스포츠 영역에서 '슬로우-오래 감'을 표방하는 것도 이 시대의 새로움으로 통할 수 있을 것이다.

운동 후 회복템도 부상한다. 마사지기, 찜질기가 대표적인 회복

"똑똑한 인간은
잡리스(jobless)가 될 수 있지만
다정한 커뮤니케이션이 가능한 인간은
미래까지 직업의 안정성을
보장받을 수 있다."

—《2025 트렌드 노트》52쪽

템이다. 이런 아이템은 근육에 힘이 빠지고 통증이 있는 노인들을 위해 만들어졌지만 가장 건강한, 근육 운동을 열심히 하는 운동러의 템으로 자리 잡고 있다.

여기서 잠깐, 미래에 필요한 직업 혹은 역할에 대해 생각한다. 몸 쓰는 방법을 가르치는 코치, 몸을 무리하게 쓰다 다친 사람들을 돌보는 물리치료사, 지친 심신을 달래주는 케어러(carer)들이 미래에 필요한 직업군이다. 한마디로 몸과 마음의 돌봄 직군이라 할 수 있는데, '돌봄'이란 단어가 아이 돌봄이나 노인 돌봄을 연상시켜서 어색하지만 '케어러'라는 단어를 사용했다. 지능적인 면은 기계가 담당하고, 몸과 정신적인 면은 인간이 돌보게 될 것이다. 《2025 트렌드 노트》에서 말한 것처럼 똑똑한 인간은 잡리스(jobless)가 될 가능성이 높지만, 일대일 커뮤니케이션이 가능한 사람은 직업의 미래가 밝다.

AI로 안 되는 것: 그럼에도 인간이기에 성장하고 싶다

인간의 모든 욕망은 '내가 더 나은 방향으로 변화되길 바라'는 갈망이다. 코로나 팬데믹이 끝나는 2023년을 기점으로 '성장'이라는 단어가 '성공'이라는 단어를 역전했다. 성공이라는 단어는 일상에서 가볍고 흔하게 쓰인다. 엄청난 시험에 합격하거나 승진에 성공한 것보다 많이 나오는 것은 특정 식당 웨이팅 끝에 예약 성공, 구하기 어려운 티케팅 성공, 오늘 하기로 한 가벼운 미션 몇 가지 성공 등이다. 성장도 다르지 않다. 오늘 러닝 10분 더 달렸다, 같은 코스 기록을 1분 단축했다 등 어제보다 조금 더 나아졌을 때 성장했다고 표현한다.

가볍고 흔한 일상적인 단어임에도 이 둘의 차이는 분명하다. 성공은 실패를 동반하지만 성장에는 실패가 없다. 성공은 달성 여부를 따질 수 있지만 성장은 플러스만 존재한다. 회계적 의미에서는 마이너스 성장률이 존재하지만, 개인이 운동이나 스킬 면에서 성장을 따질 때 마이너스 성장은 존재하지 않는다. 다만 성장이 더디게 일어나서 그만둘 수는 있다. 성장은 그만큼 실패가 없는 안전한 성취다. 성공보다 성장, 그중에서도 나를 소진하는 성장이 아니라 지속 가능한 성장으로, 극단적인 루틴에서 내 페이스에 맞춘 루틴으로 변화한 것이다. 혼자 오래 살 것을 기대하는 사람들은 자신의 페이스를 찾아 스스로를 돌보고자 한다.(성장과 자기계발에 대해서는 3장에서 자세히 살펴볼 수 있다.)

AI 시대에 인간에게 남은 과제는 "어떻게 나를 지키면서 꾸준히 살아갈 수 있을까?"이다. 2020년대 중반 사람들이 찾은 답은 '성장형 여가'와 '매일의 관리', 그리고 나를 '위로'할 수 있는 도구 마련에 있다.

첫째, 성장형 여가. 내가 컨트롤할 수 없는 거창한 꿈과 직업 대신 내 몸의 성장을 도모한다. 이것이 성장형 여가, 그중에서도 러닝과 수영, 다이빙이 뜨는 맥락이다. 경쟁하지 않고 매일 할 수 있고 조

〈가치의 In & Out〉

금씩 나아짐을 몸으로 체감할 수 있다.

둘째, 매일의 관리. 미라클모닝 같은 극기 훈련이 아니라 매일 실천 가능한 관리 루틴, 건강 루틴이 부상한다. 저속노화 열풍이 대표적인 예다. 극단적인 방식이 아니라 매일 할 수 있는 쉽고 경제적인 방식을 제시했다는 점에서 저속노화는 키워드로도, 방법으로도 통했다. 편의점과 마트에서 쉽게 살 수 있는 저속노화 햇반, 저속노화 키위로 저속노화 식단을 짤 수 있다. 저속노화 선생님의 추천으로 일어난 때아닌 양배추 열풍은 양배추가 핵심이 아니라 매일 할 수 있는 쉽고 경제적인 관리 루틴이라는 것이 핵심이다.

셋째, 위로의 도구. 내 일상적 감정을 다스리고 위로할 도구가 필요하다. 코로나19 이후 '위로하다'라는 단어가 부상하고, 코로나가 끝나고도 이 단어가 지지 않고 있다. 다만 '위로'의 맥락은 변화했다. 큰 상처를 받아서 위로가 필요한 게 아니고, 그러므로 대단한 일탈적 방안을 필요로 하는 것도 아니다. 자신의 감정을 주의 깊게 돌아보다 보니 매일의 일상에서 위로가 필요하고, 위로받기 위해 콘텐츠 또는 일상의 반려를 찾게 된다.(위로의 도구에 대해서는 6장에서 자세히 확인할 수 있다.)

지금까지 AI 10년 역사를 돌아보면서 신기술의 활용은 놀이로 완성되고, 감성은 공감과 위로로 완성된다는 점, 챗GPT로 대표되는 AI는 인간의 생산성을 높이고 인간을 위로하는 반려로서 자리매김했다는 점, 그럼에도 인간은 감각적, 신체적, 정신적, 사회적 욕구를 지니고 있으며 이를 해소하기 위해 자기 발로 직접 어딘가를 가는 행위는 변함없이 지속될 것임을 살펴보았다. 마지막으로 "데이터는 패턴이고, 트렌드는 길항이다"라는 생활변화관측소의 모토와 함께 지금의 트렌드와 반대되는 길항의 전략을 제안하며 마무리하고자 한다.

제안 하나, '생각을 아웃소싱하겠다'는 트렌드에 맞서 '스스로 생각하기'를 멈추지 않는다. AI와 함께 일하고 업무 효율화를 위해 AI에 기획안을 맡기더라도 내 글을 쓰는 습관을 들이자.

제안 둘, '말하는 AI, 말 없는 식물로부터 위로받겠다' 다음에 도래할 수 있는 트렌드는 '인간 공동체에서 위로받기'다. 이때에는 인간과 대화하는 능력이 크게 각광받을 것이다. 무엇이든 긍정하고, 어떤 경우에도 어색해하지 않는 AI와 대화하는 중에도 인간과 대화하는 실습을 해야 한다. 인간과 대화하는 법에 대한 책, 콘텐츠, 문화센터도 의미가 있다.

제안 셋, '여가에서 성취감을 얻기로 했다'는 트렌드에 맞게 여가를 즐기는 와중에도 일에서 성취감 얻기를 포기하지 말자. 자기 일에서 승부를 보려는 사람이 적어진 만큼 열심히 일하는 태도만으로도 경쟁력이 있을 것이다.

제안 넷, 모두가, 모든 콘텐츠가, 심지어 회사의 보고서조차 '가볍고, 가깝고, 짧게'를 요구받는다. 이 글을 읽는 당신은 '무겁게, 멀리, 길게' 보는 시각을 견지하자. 언젠가 참을 수 없는 가벼움 대신 무거움이 주목받는 때가 올 것이다. 그 '언젠가'가 이미 왔다. 박정민 배우의 2인 출판사가 각광받고, 민음북클럽의 벽돌책 격파단이 SNS에 찍혀 올라온다.

트렌드는 길항이다. 길항이라 함은 한쪽이 차고 넘치면 그 반대되는 것이 부상해 균형을 유지하는 것을 말한다. 트렌드를 연구하는 사람은 지금 뜨는 것의 반대되는 것이 무엇인지, 무엇의 반대로서 지금 트렌드가 형성되었는지 살펴본다. '효율'의 시대에 부상하는 '낭만', AI 시대에 부상하는 아날로그 취미, 도파민이 차고 넘치자 나타난 도파민 디톡스, 혼자의 시대에 부상하는 오프라인 공간의 대규모 잔치와 축제들이 그 예다. 그런 면에서 지금의 트렌드를 이해하고, 반대의 전략을 준비하자.

1. 브랜드가 주목받는 3가지 순간을 기억하라: 반전, 논란 그리고 참여

사람들은 처음에 놀라고, 때로는 의심한다. 하지만 결국 직접 경험해봤을 때 브랜드를 내 것으로 인식한다. '내가 주인공이 되는 경험'이 바로 브랜드를 일상으로 끌어들이는 힘이다.

2. 신기술이 수용되는 과정을 이해하자: 쓸모, 놀이, 공감과 위로

신기술의 활용은 '쓸모'로 시작해 '놀이'로 완성되고, 감성은 '공감'과 '위로'로 완성된다. 나를 이해하고 내 이야기를 들어주는 존재로 느껴질 때, 브랜드는 비로소 소비자의 반려가 된다.

3. 생존의 시대를 지나 이제는 정체성의 시대다.

정체성은 '내가 무엇을 좋아하는 사람'(덕후)인지로 정의된다. 덕후들에게는 오프라인 모임 공간이 필요하다. 혼자 준비하는 팝업보다 업계가 함께 모여 만드는 박람회, 페스티벌, 대규모 잔치에 참여하자.

4. 길항의 전략을 구사해보자.

길의 전략: 가볍게 움직이고, AI를 활용하고, 통제 불가능한 인간보다 말 없는 식물과 콘텐츠로 다가간다.
항의 전략: 가벼움 대신 무거움, AI 대신 아날로그, 살아 숨 쉬는 인간을 드러낸다.

Chapter 2

논디지털한 취미생활이 주목받는 이유

유지현

뜨개 모임
공지해야지

AI로 대표되는 혁신 기술이 지금 이 순간도 현실을 숨 가쁘게 변화시키고 있는 세상이다. 어제까지 내가 알고 있었던 것은 무용해지고, 내일 내가 할 일이 어떻게 바뀔지도 장담할 수 없다. 삶은 언제나 예측 불가능했지만, 그 정도가 확연히 급격해졌음을 모두가 알고 있으리라. 그만큼 세상의 변화 속도에 발맞추는 것은 고사하고, 허겁지겁 뒤따라가기조차 벅찬 하루하루가 이어지고 있다.

이처럼 혁신이 삶의 모든 영역을 뒤덮고 있다고 느끼는 순간, 오히려 반대 방향으로 나아가는 것처럼 보이는 영역이 있다. 어느 순간 우리 사회의 주류 감성으로 자리 잡게 된 '아날로그 감성'에서부터 그 영역에 대한 탐구를 시작해보자. 오늘날 사람들이 아날로그 감성을 원하는 현상은 무엇을 함의하고 있을까?

왜, 아날로그인가?

'아날로그'는 주로 '디지털'의 대척점으로 설명되는 키워드로, 빛의 밝기, 소리의 높낮이나 크기 등의 신호를 수치로 변환하여 나타내는 기술을 의미한다. 하지만 오늘날 아날로그의 의미는 이와 같은 기술적 맥락에 한정되지 않는다.

잠시 2015년으로 돌아가 보자. 사진을 따뜻하고 부드러운 느낌으로 보정해주는 '아날로그 파리', '아날로그 도쿄' 등의 필터가 선풍적인 인기를 끌었던 것을 기억하는가? 실제 사진보다 화질이 저하되고 노이즈도 생기지만 사람들은 오히려 그것을 '아날로그 감성'이라 부르며 매력을 느꼈다. 스마트폰이 보편화되며 고화질의 사진을 얼마든지 찍을 수 있는데도, 터치폰으로 찍은 것 같은 사진의 감성과 분위기가 셀링 포인트가 되었다.

이처럼 사람들은 예전부터 아날로그를 '감성'과 엮어 이야기했다. 그리고 이러한 경향은 최근 들어 더욱 강화되었다. 아날로그와 관련된 담론이 어떻게 바뀌어가고 있는지 확인해보자.

다음 페이지 도표를 보면 2023년 대비 2024년, 2025년에 아날로그와 관련해 기술보다 감성 담론의 비중이 높아지고 있음을 알 수 있다. 즉 이제 아날로그는 기술적 용어가 아닌 감성의 언어가 된 것이다. 소셜 빅데이터상에서 '아날로그'의 연관어로 'LP', '필름 카메라', '다이어리' 등이 꾸준히 언급되는 것도, 이러한 제품들이 디지털 기술이 아닌 아날로그 기술을 주로 활용했기 때문이 아니라, 이것들이 놓인 사진과 공간 등이 '아날로그 감성'을 대표하기 때문이다.

〈'아날로그' 연관 담론 비중〉

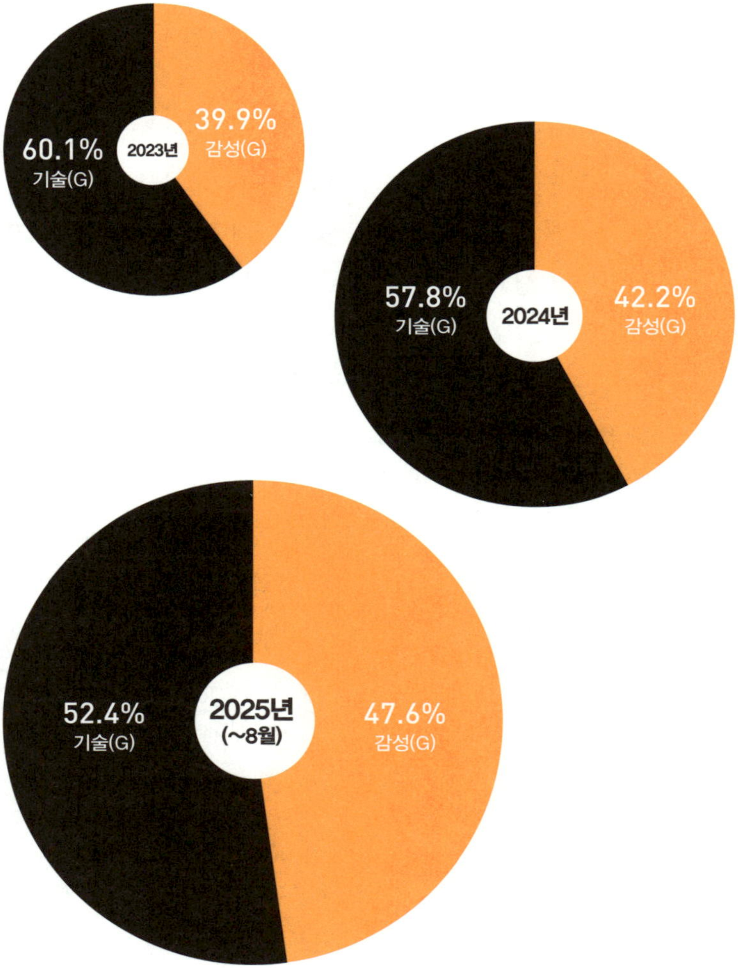

60.1%
기술(G)

2023년

39.9%
감성(G)

57.8%
기술(G)

2024년

42.2%
감성(G)

52.4%
기술(G)

2025년
(~8월)

47.6%
감성(G)

기술(G) : 디지털, 기능, 기술, 기기 등 아날로그 연관 기술 키워드의 합
감성(G) : 감성, 느낌, 스타일, 분위기 등 아날로그 연관 감성 키워드의 합

출처 | 생활변화관측소, 블로그+인스타그램+엑스+커뮤니티+유튜브, 2023.01.01~2025.08.31

손맛과 소장이 주는 안정감

그렇다면 지금 사람들이 말하는 '아날로그 감성'이란 구체적으로 무엇일까?

눈에 띄는 감성어는 증가율 1위를 차지한 '지치다'이다. 여기서 '지치다'는 '피로감'과 같은 맥락으로 언급된다. 따라가지 못할 정도로 빠르게 변화하며 혁신을 추구하는 기술들, 스마트 기기의 높은 접근성을 발판 삼아 범람하는 디지털 콘텐츠들은 사람들에게 피로감을 안긴다.

〈'아날로그' 연관 감성어 증가율 순위〉

	연관 감성어	3년 평균 증가율 (2023~25년 8월)
1	지치다	996.5%
2	소장하다	356.0%
3	손맛	165.4%
4	행복	148.4%
5	기쁨	143.5%
6	몰입	105.0%
7	사랑	103.5%
8	노력하다	96.2%
9	감성적	79.4%
10	감동	76.8%

출처 | 생활변화관측소, 블로그+인스타그램+엑스+커뮤니티+유튜브, 2023.01.01~2025.08.31

"쏟아져 나오는 새로운 기술들 생성형 AI니 뭐니 하는 것도 피로감만 들고 힘들어. 나보다 나이 많고 변화에 대한 저항감이 큰 분들은 이걸 어떻게 견디는 거지?"

"결국 인공지능에 지쳐 아날로그로 사람들이 돌아올 것이라는 희망이 아직 있다."

혁신적인 기술 변화, 디지털 콘텐츠 등은 우리를 둘러싸고 끊임없이 자극을 전달하지만 실상 그 주체는 우리 눈에 보이지도, 손에 잡히지도 않는다. 이렇게 실체 없는 자극에 지친 사람들이 '물성'을 추구하게 되는 것은 자연스러운 귀결이 아닐까. 물성(物性)은 물질이 가지고 있는 성질을 말하지만, 지금은 실제로 손에 잡히는 물질의 특성(tangibility) 자체를 가리키는 단어로 주로 사용되고 있다. 디지털의 고자극에 지친 사람들은 직접 접촉하고 느낄 수 있는 구체적인 현실의 대상에서 안정감을 느낀다.

이 흐름을 반영하듯 언급 상승폭이 높은 키워드 중에 '소장하다'와 '손맛'이 있다. 아날로그를 추구하는 사람들은 물성이 있는 대상을 직접 만지고 느끼는 데서 충족감을 느낀다. 전자책으로 편리하게 책을 이용할 수 있음에도 무겁고 자리를 차지하는 종이책을 고수하는 사람들의 이야기를 들어보자. 이들에게 종이책은 '손맛'이다. 책장을 한 장 한 장 손으로 직접 넘길 때 느껴지는 종이의 질감 같은 촉각적 자극이 책이라는 콘텐츠의 대체 불가능한 매력으로 꼽히곤 한다. 이처럼 사람들이 원하는 아날로그 감성은, 콘텐츠의 내용이나 분위기뿐 아니라 그 대상을 직접 만지고 느끼는 데서 오는 '손맛'과도 연관된다.

물적 경험에 대한 추구는 자연스럽게 소장으로 이어진다. 앱으로 어디서나 쉽게 음악을 들을 수 있지만 사람들은 굳이 CD나 LP를 구입한다. 이 제품들은 종이책과 마찬가지로 물리적인 공간을 차지하는 데다, 이용하려면 CD 플레이어나 턴테이블 같은 기기를 별도로 장만해야 하는 등 성가시기 짝이 없다. 하지만 킬로바이트 단위로만 존재하는 mp3 파일과 달리 이것들은 내 손에 잡히고, 그것이 직접적으로 내 공간을 채운다는 점에서 물성을 극대화한다. 이는 단순한 소유를 넘어, 디지털로는 채울 수 없는 현실과의 연결감을 회복하는 행위다.

> "저는 역시 종이책이 좋은 거 같아요. 화면으로 책을 보니 눈이 피로하고 독서 특유의 치유하는 느낌이 없는 거 같은⋯ 사락사락 종잇장 넘기는 손맛도 그립고요. 종이책은 무겁고 부피 차지하지만 저는 아날로그가 좋네요."
>
> "음악을 좋아하는 저로서는 이런 아날로그 감성을 정말 좋아하는데요. LP는 그냥 음악을 듣는 것이 아니라, 그 자체로 하나의 아트워크처럼 소장하는 기분이에요."

능동적 몰입과 노력이 주는 성취감

아날로그적 '몰입'의 맥락도 물성과 밀접하게 연결된다. 직접 만지고 느끼는 과정에는 어쩔 수 없이 번거로움이 따른다. 현대의 콘텐츠가 대부분 스크린을 통해 제공되어 사용자는 손 하나 까딱할 필요 없이 그저 자극을 수용하기만 하면 되는 데 비해, 아날로그적 경험은 부수적으로 해야 할 것도 신경 쓸 것도 많다. 이런 요소들이 몰입을 방해하는 요인이 될 수 있다.

하지만 아날로그 경험에서 도출되는 몰입은 디지털의 그것과는 성질이 조금 다르다. 사람들은 틱톡, 릴스, 쇼츠 등 시청각적 자극을 짧은 시간에 극대화해 제공하는 숏폼 콘텐츠를 즐기면서도 한편으로는 감각의 과잉에 피로감을 느낀다. 과도한 자극은 순간적인 카타르시스를 손쉽게 가져다 주지만, 시간이 지나고 기억이 증발하면 남는 것은 공허함이다.

이에 반해 아날로그 경험은 감각을 다층적으로 활용한다. 직접 종이를 자르고 스티커를 붙이며 다이어리를 꾸미고, 손을 움직여 뜨개질하는 과정을 상상해보자. 이때 느껴지는 종이의 질감, 도구의 무게, 손의 움직임은 시청각에 국한되지 않는 다채로운 자극을 제공한다. 또한 자극을 수동적으로 소비하는 것이 아니라, 자극을 기반으로 스스로 결과물을 만들어내면서 몰입은 한층 생산적인 성격을 띠게 된다. 이처럼 아날로그적 몰입은 피로감보다 충족감을 선사하는 지속 가능한 몰입이라는 점에서 디지털 몰입과 구분된다.

> "과잉 감각 자극에서 벗어나기: 글쓰기, 뜨개질 등 아날로그 몰입 활동하기"
> "왜 사람들이 AI가 발달한 세상에서도 번거롭고 손이 많이 가는 아날로그 감성을 좋아하는지 생각해봤다. 종이에 다꾸하고, 손으로 필기하고, 유화로 그림 그리고, LP 듣고… 그러는 게 감각이 직관적이어서 몰입되는 과정이 즐거운 거 같다. 목적 달성은 디지털, AI가 더 빠르지만."

이렇게 이야기가 진행되다 보면 자연스럽게 알게 되는 사실이 있다. 사람들이 아날로그 감성을 느끼는 지점이 대부분 취미생활에 해당한다는 점이다. 목적을 반드시 그리고 효율적으로 달성해야 하는 상황에서 아날로그 감성을 고수하기는 어렵다. 효과성, 효율성의 측면에서 아날로그는 결코 디지털, 나아가 4차 산업혁명으로 대표되는 혁신 기술에 맞설 수 없다.

그래서 아날로그 추구는 목표 달성이 최고의 가치인 업무보다, 결과만으로 충족될 수 없는 과정의 가치가 주목받는 취미의 영역에서 두드러진다. 과정을 중시하는 아날로그 감성을 단적으로 드러내는 키워드가 '노력하다'이다. 사람들은 어떤 대상 안에 깃든 노력이 보이고 느껴질 때, 그걸 이루기 위해 노력한 과정에 결과만큼이나 높은 가치를 부여한다.

"(결과는) 과정이 있어서 아름다운 건데!! 그래서 한 땀 한 땀 노력이 담긴 아날로그가 너무 아름다움. 결과만 있는 AI를 그래서 별로 안 좋아함."
"아날로그 노트가 좋은 점은 노력의 과정이 가시적으로 보인다는 점이네요."

즉 사람들이 '아날로그 감성'에서 찾는 가치는 다음과 같이 정리할 수 있겠다.

첫째, 디지털 피로감에 지친 사람들이 내 손으로 잡을 수 있는 물성에서 안정감을 느끼는 것.

둘째, 가장 효율적으로 도출된 결과는 아닐지라도 몰입과 노력의 과정에서 의미를 찾는 것.

아날로그 취미에 담긴 시대의 가치

그렇다면 최근 사람들 사이에 유행하는 취미활동들은 실제로 이러한 '아날로그 감성'의 맥락과 연결되어 있을까? 최근 3년간 언급량이 많이 증가한 취미활동을 통해 살펴보았다.

역대 최고 흥행가도를 달리고 있는 한국프로야구의 인기와 더불어 '직관'과 '야구'가 최상위권을 차지했다. 야구를 비롯한 스포츠 경기장에 직접 방문해 경기를 관람하는 '직관'은 현재 프로스포츠의 흥행과 뗄 수 없는 요소다. 현장의 분위기와 다함께 응원가를 부르는 특별한 경험 등 직관에서만 누릴 수 있는 다양한 콘텐츠가 인기를 끌고, 브이로그 등으로 관련 경험을 공유하는 사람들도 많아지며 '야구'와 '직관'은 2025년 가장 주목받는 취미 키워드가 되었다.

코로나19 이전부터 지금까지 그 열풍이 식지 않고 있는 '러닝', 그리고 비슷한 맥락의 '마라톤'과 '조깅' 키워드도 언급 증가율이 높은 취미로 나타났다. 이것들은 자신의 한계

〈취미 활동 키워드 증가율 순위〉

	키워드	3년 평균 증가율 (2023~25년 8월)
1	직관	31.7%
2	조깅	20.2%
3	야구	19.8%
4	마라톤	15.0%
5	러닝	14.6%
6	만년필	14.6%
7	필사	11.0%
8	대바늘	10.3%
9	뜨개질	7.8%
10	모루	6.7%

출처 | 생활변화관측소, 블로그+커뮤니티,
2023.01.01~2025.08.31

를 인식하고 극복하는 경험을 선사한다는 측면에서 주목받았다. 특히 달리기는 디지털 기기의 도움으로 주파 기록이나 심박수 등의 수치를 매번 기록할 수 있다. 소셜미디어에서는 이처럼 자신의 한계를 극복하는 과정이 가시적으로 나타난다는 것이 이 취미에 몰입하는 사람들에게 주요한 어필 포인트로 언급되기도 했다.

사실 야구(직관)와 러닝(마라톤)의 유행은 트렌드에 민감하지 않더라도 누구나 알 만한 사회 현상이다. 매일같이 뉴스의 헤드라인을 장식하는 야구 흥행과 관련된 소식, 지하철역 하나를 통째로 장식한 러닝 스테이션만 봐도 유행의 열기를 짐작할 수 있으니 말이다. 그런데 이들과 달리 매체가 주목하는 유행이 아니었음에도 언급 증가율이 높았던 취미활동을 살펴보면 특징적인 양상이 눈에 띈다. 오랫동안 사람들 곁에 있어왔으며, 손으로 '사부작사부작' 완성해 나가는 맛이 있는 아날로그 취미활동이 대부분이라는 점에서 그렇다.

뜨개질, 필사 등은 언제부터 인간의 삶에 들어왔는지 가늠할 수 없을 정도로 오래된 취미라는 점에서도 '아날로그'하다. 지금은 찾아보기 힘들어졌지만, 주민들의 사랑방으로 기능했던 아파트 상가의 '뜨개방'을 떠올려보자. 나이에 관계없이 다같이 모여 담소를 나누고, 가져온 간식을 나눠 먹으며 뜨개질을 하던 그 시절의 추억을 기성세대 중 많은 이들이 간직하고 있을 것이다.

하지만 지금 이 시점에, 단순히 오래되었다는 이유로 이들 취미의 가치가 조명되는 것은 아니다. 그보다는 앞에서 살펴본 '아날로그 감성의 가치'가 이들 취미활동에 공통적으로 나타난다는 점에 더 주목할 필요가 있다. 손맛과 물성에서 안정감을 느끼고, 효율적으로 달성한 결과보다도 몰입하여 노력한 과정에 가치를 두는 것 말이다.

'필사'와 '만년필' 키워드로 대표되는 필사 취미에 대해서는 내 손으로 글씨를 써 내려가는 경험에서 치유와 안정감을 느낀다는 고백적 후기가 많이 보인다. 연필이나 만년필 등 도구를 손에 잡았을 때의 감각, 글씨를 써 내려갈 때의 사각거리는 소리까지 다양한 감각적 자극이 몰입과 집중을 도와 안정감을 준다.

그런가 하면 '뜨개질', '대바늘', '모루(인형)' 등 만들기와 관련된 취미는 완성으로 나아가는 과정을 눈으로 확인하며 즐거움을 느끼고 성취감을 가질 수 있다는 점이 장점으로 꼽힌다. 결과물이 만들어지는 과정은 지난하고 목표는 너무 멀어 보인다. 그럼에도 어떻게든 해나가다 보면 과정이 손에 익고 결과물도 서서히 눈에 보이기 시작한다. 이처럼 노력을 통해 달성한 직관적인 성취의 경험은 디지털이 선사할 수 없는 만족감을 주고, 활동을 지속하는 동력이 된다.

"취미가 필사인데 하다 보면 생각 정리도 되고 마음이 안정되는 게 느껴져서 너무 좋더라구요. 연필로 필사하니까 연필의 느낌과 써질 때 소리가 너무 좋아서 더 힐링이 돼요."
"뜨개를 하면서 느끼는 감동 하나, 어두운 길에서 한치 앞도 안 보여더듬더듬 뜨다 보면 어느새 패턴이 익혀지고 그 패턴에 신나서 가다 보면 예쁘고 화려한 무늬들이 만들어지는 과정이 감동적이다."

물론 노력의 과정이 마냥 아름답지만은 않다. 단적인 예로 뜨개질을 취미로 삼는 사람들 사이에서 자주 쓰이는 표현으로 '푸르시오'가 있다. 푸르시오는 뜨개질하다 실수가 발생했을 때, 잘못된 부분을 복구하기 위해 실을 다시 풀어내는 과정을 뜻한다. 지금까지 한 땀 한 땀 떠간 노력이 무위로 돌아가는 것이니 괴로운 과정임이 분명할 것이다.

하지만 사람들은 그 고통마저 뜨개질의 일부고, 의미 있다고 말한다. 초보자에게 '푸르시오'는 레벨업을 위해 피할 수 없는 숙명과 같고, 이것을 얼마나 과감하게 결정하고 실행하는지가 성장을 가늠하는 척도가 되기도 한다. 사람들이 '과정에 가치를 둔다'고 할 때에는 이처럼 노력, 도전, 실패, 돌아가기 등 다양한 의미가 폭넓게 내포돼 있다. 아날로그 취미에서 사람들은 결과물이 아니라 '과정을 견뎌낸 나'를 발견하며 충족감을 얻는다. 즉 뜨개질의 결과물은 만들어낸 작품만이 아니라, 그 작품을 만들기까지의 과정을 견뎌낸 나 자신의 성장일 수도 있다.

"그래, 목적이 '입을 옷 뜨기'라고 생각하면 불행하겠지만, '뜨개 레벨 업하기'라고 생각하면 n번 푸르시오도 괜찮은 거야."

아날로그 취미에서 사람들은
결과물이 아니라
'과정을 견뎌낸 나'를 발견하며
충족감을 얻는다.

아날로그 취미의 새로운 가치, '함께'

이런 아날로그 취미활동에서 주목받는 또 다른 요소가 있다. 뜨개질, 필사라 하면 혼자서 조용히 하는 장면이 주로 연상되는데, 이를 타인과 '함께'한다는 점이다.

최근 뜨개질과 관련해 자주 언급되는 키워드로 '카뜨'가 있다. '카페에서 뜨개질하기'를 의미하는 단어인데, 실제로 소셜미디어에는 '뜨친'(뜨개질 친구)과 함께 분위기 좋은 카페에서 뜨개질하는 장면이 자주 올라온다. 혼자서 하는 '카뜨'도 즐겁고 보람 있지만, 함께하는 '카뜨'는 즐거움과 보람에 더해 같은 취미를 즐기는 사람들 간의 유대감을 선사한다. 지인 중에 취미가 같은 이가 없거나, 있어도 오프라인에서 자주 만나기 어려운 경우 지역 기반 소모임이나 거래 플랫폼에서 '뜨친'을 만나 유대감을 충족하기도 한다.

유대감은 오프라인만이 아니라 온라인상에서도 이어진다. 인스타그램 같은 소셜미디어를 통해 모집되는 온라인 취미 모임은 구글밋이나 줌 등으로 활동하는 모습을 보여주고, 오픈 채팅 플랫폼으로 진척도를 공유하는 방식으로 이루어진다. 아무리 좋아서 하는 일이라도 혼자서 하면 금방 싫증 나고 외로워지기 쉬운데, 다른 사람과 함께하면 지치지 않고 지속할 수 있다는 장점이 있다. 이는 디지털의 편의성으로 아날로그의 유대감을 확장하는 새로운 모델이라는 점에서 의미가 있다.

유대감에 대해 좀 더 생각해보자. 사람들은 어떤 존재에 유대감

〈'유대감' 연관 대상 순위〉

	2023년		2024년		2025년(~8월)
1	가족	1	가족	1	가족
2	친구	2	친구	2	친구
3	동료	3	아이	3	아이
4	아이	4	팬	4	팬
5	부모	5	부모	5	부모
6	팬	6	동료	6	동료
7	부부	7	자녀	7	강아지
8	자녀	8	부부	8	자녀
9	강아지	9	강아지	9	부부
10	반려동물	10	반려동물	10	반려동물

출처 | 생활변화관측소, 엑스+커뮤니티, 2023.01.01~2025.08.31

을 느낄까? '유대감'과 관련해 언급되는 대상을 살펴보면 흥미로운 지점이 눈에 띈다. 바로 '가족', '친구', '동료', '반려동물' 등 전통적인 애착의 대상 사이에 있는 '팬'이다. 이때의 팬은 주로 아이돌 가수나 스포츠팀 등을 응원하는 사람들로, 좋아하는 대상이 같다는 점에서 앞서 말한 '취미가 같은 사람들'과 맥락이 유사하다.

　과거에 팬이 유대감을 느끼는 대상은 주로 자신이 응원하는 사람 혹은 집단이었다. 좋아하는 아이돌 가수나 스포츠팀에 느끼는 유대감은 그들이 더 흥하도록 서포트에 박차를 가하는 팬 활동의 원동력이 되기도 한다. 그런데 최근에는 팬과 응원 대상 간의 유대감만이 아니라 팬들 사이의 유대감을 언급하는 경우가 증가하고 있다.

같은 대상을 좋아하는 사람들 간의 유대감은 특히 '현장'의 경험을 더욱 의미 있게 만들고, 좋아하는 행위를 지속할 힘이 되어준다. 이 유대감은 개인과 개인 간의 친밀한 관계에서 비롯되는 것이 아니다. 관심사가 같은 이들에게 기대할 수 있는 공통점만으로도 사람들은 충분히 유대감을 느낀다.

> "콘서트가 주는 감동은 오빠들의 무대도 있지만 팬들끼리의 유대감 형성이 훨씬 더 크다 생각함. 특히 연차 쌓인 그룹이면 더. 다들 그 시절 회상하며 그때 그 마음으로 떼창하고 응원봉 흔드는 게 진짜 울컥해지는 거야."
>
> "144경기 동안 아무리 잘해도 경기 절반은 욕하면서 보는 게 야구인데 열받아서 다신 안 본다 하면서도 결국 다시 팬들이 응원하고 하는 건 팀의 경기를 보고 같이 즐기고 짜릿한 순간도 열받는 순간도 같이 느끼며 생기는 유대감도 있는 것 아닌가?"

이처럼 유대감을 끊임없이 추구하는 상황은 사회적 생명체인 인간으로서 가지는 '연결'에 대한 본능적인 욕구에서 기인했을 것이다. 무엇과도 연결되어 있지 않다고 느낄 때 사람은 불안해하고, 감정적인 라포(rapport)를 형성했다고 느끼는 대상에게는 설령 무생물이라도 유대감을 갖게 된다. 생성형 AI와 말을 주고받다가 저도 모르게 유대감을 느꼈다는 수많은 간증을 떠올려보라.

"친구든, 동료든, 가족이든, 연인이든. 가볍게는 좋아하는 음식이나 취미 등 작은 공통점만으로도 유대감이 생기곤 한다. 누군가와 가까워진다는 감각은 인간으로서 굉장히 큰 쾌감이 되거든."

"결국 인간은 본능적으로 연결을 원한다. 내가 연애를 하고 싶은 건 어쩌면 정신적 유대감과 감정의 소속감을 원해서일지도. 세상에 덩그러니 혼자 남은 기분이 들 때 그 마음이 더 커지는 이유도 어쩌면, 내가 그 누구와도 연결되어 있지 않아서."

유대감은 실체적 안정감을 추구하는 아날로그 감성과 같은 맥락에서 파악될 수 있다. 실체가 없는 디지털에 피로해진 사람들이 손에 잡히는 무언가에서 안정감을 느끼고자 했다면, 실체를 손에 쥔 이들이 더 고도화된 안정감을 얻고자 유대감을 추구하는 것은 당연한 수순일 것이다.

적절한 온기 정도의 유대감

단, 여기서 주목할 점이 있다. 그렇다고 취미 모임이나 팬덤이 엄청난 유대감을 원하는 것은 아니라는 사실이다. 실상 취미 모임의 유대감은 그다지 무겁지 않다. 지역 기반 거래 플랫폼에 게시된 취미 모임의 모집 안내문을 살펴보자. "혼자 있고 싶지만 혼자 있기 싫은, 조용하게 뜨개질하고 싶지만 누군가와 함께하고 싶은 사람들의 모임", "뜨개와 관련 없는 과도한 사담은 지양하고, 뜨개 외의 민감한 대화 주제는 일절 금지하며 최소한의 뜨개 기법을 숙지할 것." 그런가 하면 일부 온라인 취미 모임에서는 화면 공유 플랫폼과 더불어 소리만 공유하는 플랫폼(엑스의 스페이스 기능, 카카오톡의 보이스룸 기능 등)을 활용하기도 한다. 각자 취미활동을 하면서 화면을 보이게 하거나 소리가 들리게 하는 것만으로도, 화면과 소리를 공유한 사람들 간에는 무언가를 '함께'하고 있으며 누군가와 '연결'되어 있다는 의식이 자리 잡는다. 이들이 원하는 것은 '누군가와 함께하고 싶다'는 욕구를 해소해주는 타인의 존재감이지, 인간적이고 끈끈한 친밀감이 아니다. 적절한 온기를 추구할 뿐, 뜨거운 열기는 이들의 관심 범위에 없다.

왜일까? 개인적인 유대를 집단으로 확장한 '연대'의 개념으로 생각해보면 힌트가 보인다. 최근 몇 년간 많이 언급된 키워드로 '느슨한 연대'가 있다. 기존의 연대가 공통의 목표를 위해 일사불란하게 움직여 공동체의 힘을 발휘하는 강한 결속이었다면, 느슨한 연대는 각자의 개성을 존중하고 서로의 거리를 유지하되 목표를 위해서라면 힘을 보태는 유연한 방식에 가깝다.

기존의 강한 연대는 집단의 목표 추구에 방점이 찍혀 있어 개인이 희생하고 감수해야 하는 부분이 더 컸다. 그러다 보면 자연스럽게 갈등이 따라오게 되는데, 이를 포용하지 않고 '집단의 영달을 저해하는 행위'로 인식해 쉽게 비난으로 이어졌다. 집단은 개인과 개인의 합 이상의 가치를 만들어내지만, 이를 구성하는 것은 어디까지나 개인임을 잊어서는 안 된다. 공통의 목표를 추구한다고 해도, 그 목표를 인식하는 것은 개인이며 각기 다른 맥락과 의도 하에서 그 목표를 수용하고 재해석한다.

갈등은 없어져야 할 부정적인 상황이 아니다. 그보다는 집단을 구성하는 개인들이 통일되지 않은 다양성을 지니며, 이를 항상 고려해야 한다는 사실을 일깨우는 일종의 시그널이다. 집단에 의해 억제되어 '나 자신'의 존재감이 흐릿해지면 목표를 달성하고자 하는 욕구도, 연대의 의미도 희미해질 수밖에 없다. 연대하는 집단 안에서 갈등은 필연이며, 이 갈등을 어떻게 받아들이고 대처할 것인지가 오히려 더 중요하다. 그렇기에 목표를 위해 나아가면서도 개개인의 존재를 인식하고 존중하는 '느슨한 연대'가 주목받는 것이다.

"우리도 갈등을 상수로 받아들일 수 있을까? 한 마음 한 뜻으로 함께
하는 것이 연대라는 환상과 강박을 버릴 수 있을까?"

본능적으로 연결을 원하고 혼자일 때보다 함께 있을 때 더 강해지는 것이 인간이지만, 상대방과 나를 동일시하고 의견을 통일하려는 순간 개인의 존재감은 위협을 받아 불안정해진다. 그리고 이때 유대감과 연대의 의미는 훼손된다. 즉 유대감은 '나'의 존재가 안정적으로 보장된 상태에서 사회적 안정감을 추구할 때 의미를 지닌다. 아날로그 취미에서 사람들이 추구하는 유대감의 수준이 온건한 사이버 온기 정도인 것, 목표를 달성함에 느슨한 연대를 추구하는 것은 이처럼 '개인의 존재감'과 '사회적 안정감'의 조화를 중시하는 흐름을 보여준다.

아날로그에 대한 담론에서 시작한 이야기가 사람들이 즐기는 취미 트렌드와 그 안에 내재한 가치관에까지 이르렀다. 즉 이 논의는 결국 사람들이 지금 무엇을 느끼고 무엇을 원하는지에 대한 것이다. 이 질문에 재차 답해보기 위해 사람들이 느끼고 원하는 '감'(感)의 변화를 살펴보았다. 사람들이 말하는 'ㅇㅇ감'은 오늘날의 아날로그 취미 트렌드와 어떤 지점에서 연결될까?

지난 3년간 해마다 상승을 거듭한 'ㅇㅇ감'은 5가지, '안정감', '성취감', '피로감', '유대감', '몰입감'이다. 앞에서 아날로그 취미활동의 가치를 설명하며 등장했던 단어들이기도 하다.

피로감과 안정감은 길항의 한 쌍으로 움직인다. 앞에서 사람들이 기술 혁신을 필두로 숨 가쁘게 변화하는 예측 불가능한 사회와 범람하는 고자극 콘텐츠에 피로감을 느끼고 있다고 했다. 변화의 속도를 따라가지 못해 뒤처질지도 모른다는 압박감은 피로감을 배가한다. 이처럼 높은 불확실성과 과잉 자극에 지친 사람들은 반대급부로 온건한 안정감을 원하며, 그 결과 안정감은 이 시대가 추구하는 최우선 가치로서 언급량이 상승하고 있다.

디지털 피로감에 대한 반대급부라는 맥락에서 안정감은 눈으로 보거나 만질 수 있는 성질인 물성과 연결된다. 시각 외에도 촉각, 후각 등 다양한 감각을 통해 인지되는 아날로그의 특성은 물성을 만족시키며, 사람들은 이런 특성을 지닌 재화를 소비하거나, 특성

〈'○○감' 순위〉

	2023년		2024년		2025년(~8월)
1	자신감	1	자신감	1	자신감
2	자존감	2	기대감	2	안정감
3	기대감	3	자존감	3	기대감
4	만족감	4	안정감	4	만족감
5	안정감	5	만족감	5	자존감
6	죄책감	6	죄책감	6	성취감
7	책임감	7	책임감	7	불안감
8	성취감	8	성취감	8	책임감
9	불안감	9	불안감	9	죄책감
10	긴장감	10	긴장감	10	긴장감
11	부담감	11	행복감	11	피로감
12	행복감	12	부담감	12	행복감
13	우울감	13	피로감	13	부담감
14	피로감	14	우울감	14	우울감
15	자괴감	15	자괴감	15	몰입감
16	열등감	16	압박감	16	압박감
17	압박감	17	열등감	17	유대감
18	친밀감	18	유대감	18	자괴감
19	유대감	19	몰입감	19	열등감
20	몰입감	20	친밀감	20	친밀감

출처 | 생활변화관측소, 블로그+커뮤니티, 2023.01.01~2025.08.31

이 드러나는 행위를 함으로써 안정감을 얻는다. 전자책이 아니라 종이책을 읽을 때의 손맛이, 소장한 LP를 턴테이블로 재생할 때 나는 스크래치 소리가 안정감을 선사하는 것이다.

이처럼 구체적인 물성을 기반으로 안정감을 추구하는 행위가 아날로그 취미로 이어지면, 자연스럽게 취미활동의 결과물에도 애착이 생기고 가치를 부여하게 된다. 비록 거창한 목적은 아니어도, 수동적으로 자극을 받아들이기만 하지 않고 능동적으로 몰입함으로써 얻어낸 성취이기 때문이다. 2023년 대비 2025년에 상승한 두 개의 키워드, '성취감'과 '몰입감'은 이와 같은 맥락에서 해석할 수 있다. 눈에 보이고 손에 잡히는 결과물을 얻을 수 있는 아날로그 취미활동에서는 성취의 경험도 직관적이고, 성취감의 농도도 더 선명하다. 아울러 결과물을 통해 얻는 성취감 외에, 노력의 과정을 견뎌낸 스스로에 대해 느끼는 뿌듯함 역시 성취감의 영역이다.

성취감과 몰입감이 안정감을 추구하며 아날로그 취미를 찾는 이유라 한다면, 또 하나의 상승 키워드인 '유대감'은 아날로그 취미에 새롭게 덧붙여진 가치라 할 수 있겠다. 물성을 지닌 실체에서 개인적인 안정감을 찾는 사람들은 자연스럽게 사회적인 안정감도 추구하게 된다. 개인적인 안정감은 손에 잡히는 무언가를 소유하고 성취함으로써 얻을 수 있지만, 사회적인 안정감은 내가 고립되지 않고 타인과 연결되어 있을 때 느낄 수 있다. 그런데 이 '연결'이라는 것은 실체가 없는 관념이다. 아날로그 취미활동을 즐기는 사람들이 지역 기반 거래 플랫폼이나 온라인 회의 플랫폼 등 다양한 수단을

AI 시대를 맞아 사회가
빠른 속도로 변화하며
불안정성이 깊어지는 지금,
사람들이 찾게 되는
최우선 가치는 '안정감'이다.

이용하는 것은, 이 관념을 최대한 '실체 있는' 대상으로 만들고자 하는 노력이다. 오프라인이든 온라인이든, 공통의 취향이 있는 누군가와 연결되어 있다는 감각은 가벼운 수준의 유대감으로 이어져 아날로그 취미를 풍요롭게 하는 새로운 가치가 된다.

이처럼 오늘날 '안정감', '성취감', '유대감' 그리고 '몰입감'이 중요해졌다는 사실은 사람들이 아날로그 취미에 빠지는 현상을 단순한 유행으로만 여겨서는 안 된다는 점을 시사한다. 지금 사람들이 추구하는 가치를 반영하고 있기에 아날로그 취미가 주목받은 것이며, 이런 가치를 반영한 여가 서비스나 플랫폼이라면 그 또한 반향이 있으리라는 추론이 가능하다.

2024년 말부터 화제가 되기 시작해 언급량이 급상승한 '교환 독서'라는 취미가 있다. 같은 책을 번갈아 읽고, 책을 읽으면서 들었던 생각을 자유롭게 메모한 후 상대방과 교환하여 서로 어떤 생각을 했는지 확인하는 새로운 독서 방식이다. 학창 시절 주로 했던 '교환 일기'의 추억을 불러일으키기도 한다.

책에 남기는 메모는 형식에 구애받을 필요가 없어서 때로는 일상적인 대화가 되기도, 때로는 날것에 가까운 비판의 메시지가 되기도 한다. 형식이 어떻든 대부분 책을 읽으면서 느낀 가벼운 감상에 가까워서 비판마저도 무겁지 않게 수용되곤 한다. 교환 독서가 SNS에서 주목받은 것도 이처럼 무겁지 않고 유머러스하게 교환되는 코멘트들의 영향이 컸다.

여기서 '교환 독서'의 속성을 생각해보자. 독서는 고전적인 아날로그 취미이자 과도한 시청각적 자극을 제공하는 콘텐츠보다는 온건한 자극을 능동적으로 수용하는 콘텐츠로서 안정감을 준다. 또한 한 권을 완독하고 감상을 적는 과정에서 몰입감과 성취감을 느낄 수 있다는 점에서 독서는 지금 사람들이 추구하는 가치를 충족시키는 아날로그 취미다. 여기에 개인적 몰입을 넘어 타인과의 연결(유대감)에 더 중점적인 가치를 둔다는 점에서 교환 독서는 기존의 독서 취미에서 새로운 확장 가능성을 보여준다.

유일한 장벽이 있다면 책을 직접 주고받아야 하는 번거로움인데, 그것도 오프라인 만남이 가능한 사이라면 큰 문제가 되지 않는다. 그러기 어렵다면 '밀리의서재'와 같은 전자책 구독 서비스 플랫폼을 통하는 방법도 있다. 아이디를 공유할 수 있는 앱을 사용해 같은 전자책을 읽고 서로 구별되는 색깔로 메모한 부분을 표시하는 방식이다. 이렇게 하면 오프라인으로 만나지 않더라도 교환 독서가 가능하다.

새로운 트렌드가 나타나는 배경에는 그 시대의 사람들이 추구하는 가치가 있다. AI 시대를 맞아 사회가 빠른 속도로 변화하며 불안정성이 깊어지는 오늘날 사람들이 찾게 되는 최우선 가치는 안정감이며, 그 가치와 맞닿은 영역은 효율성을 추구하는 업무가 아니라 취미생활로 대표되는 '여가'다. 앞으로의 트렌드 변화가 '여가'의 영역에서 시작될 것이라 말하는 이유다. 그리고 오늘날 아날로그 취미는 단순한 유행이 아니라 불확실한 시대를 살아가는 사람들이 찾는 안정, 성취, 몰입, 연결의 방식 그 자체다. 이 지점이야말로 지금 우리가 기억해야 할 현대의 '감'(感)이며, 앞으로의 트렌드를 읽는 단서가 될 것이다.

1. 물성을 브랜드 경험에 녹여라.

디지털 전환 속에서도 사람들은 손끝에서 느낄 수 있는 '물성'을 갈망한다. 제품 패키지, 오프라인 체험 이벤트 혹은 굿즈를 통해 소비자가 직접 만지고 느낄 수 있는 요소를 설계하자.

2. 과정 중심의 스토리텔링을 강화하라.

결과보다 과정에 가치를 두는 태도가 확산하고 있다. 브랜드도 완성품만 보여주기보다는 만들어가는 과정, 실패와 재시도, 시간의 누적을 보여줌으로써 더 깊은 공감을 얻을 수 있다.

3. 작지만 직관적인 성취를 제공하는 경험을 설계하라.

소비자가 브랜드와의 상호작용 속에 작은 성취감을 느낄 수 있는 구조(예: 단계적 챌린지, 기록과 공유 기능)를 만들면 지속적인 몰입을 가능하게 하고 브랜드에 대한 충성도가 강화될 수 있다.

4. 연결의 장을 제공하라.

아날로그 취미의 의미를 새롭게 확장하는 가치는 '유대감'이다. 브랜드는 같은 취향을 가진 사람들이 연결될 수 있는 커뮤니티 기능을 제공할 때 차별화된 가치를 줄 수 있다.

PART 2

경험과 정체성

자기계발 10년사, 나를 성장시키는 방식의 변화

조연희

Chapter 3

밀프렙 재료
사러 가야지

거창한 '성공' 대신 손에 잡히는 '성장'

"요즘 인생이 제자리걸음인 것 같아요. 뭔가 열정적으로 몰입해서, 도전하고 성장하는 느낌을 받고 싶은데…. 재테크, 주식, 부동산에는 크게 관심 없고, 돈은 적당히 나 하나 먹고 살 정도면 충분하다 주의예요. 돈도 크게 욕심 없습니다. 발전적 성취 얻어보고 뿌듯함 느끼고 조금씩 인생이 발전한단 느낌을 받으면서 살고 싶은데 봉사활동이라도 해야 하나요? 변화 발전 없이 쭉 이대로 살 생각하니 뭔가 답답하네요."

이런 고백이 낯설지 않다. 돈, 명예, 사회적 인정 같은 전통적인 성공 기준에 대한 피로감이 쌓이면서, 자기계발의 방향이 바뀌고 있다. 단순히 '더 벌고' '더 올라가고'의 게임에서 벗어나 '내 삶이 진정 의미 있게 나아가고 있는가'에 대한 질문이 더 중요해졌다. 이는 개인 차원에서만 일어나는 변화가 아니다. 자기계발을 바라보는 한국사회의 시선 자체가 바뀌는 중이다.

'자기계발'의 영어 단어인 'self-help'를 직역하면 자조(自助), 말 그대로 스스로를 돕는다는 의미다. 자기계발은 '자조론'의 기본 개념처럼 내면의 역량을 키우고 스스로를 단련함으로써 나를 발전시키고자 하는 사상으로 시작되었지만, 오랫동안 우리는 성공과 취업, 돈과 같은 외적 성취를 자기계발의 목적으로 여겨왔다. 그래야 행복하다고 생각했기 때문이다. 그러나 이제는 많은 사람들이 반드시 성공하지 않아도, 돈을 많이 벌지 않아도 내 삶이 충분히 의미 있고 행복할 수 있다는 사실을 깨닫는 중이다. 그래서 최근의 자기계발은 저속노화 트렌드처럼 내 삶을 오래도록 건강하고 균형 있게 가꾸고 감정, 의미, 자존감 등 내면의 만족을 추구하는 방향으로 변하고 있다.(저속노화 트렌드는 7장에서 자세히 다룬다.)

이러한 흐름을 심리학자 매슬로우의 '욕구 단계 이론'으로도 설명할 수 있다. 인간은 생리적 욕구를 시작으로 안전, 사회적 유대, 자존감, 자아실현으로 이어지는 욕구를 갖고 있다고 한다. 그리고 자아실현 욕구에는 자기계발, 지식 추구, 심미성과 같은 더 높은 수준의 '성장 욕구'가 포함돼 있다. 이제 많은 사람들이 생존이나 생계 수준의 욕구는 어느 정도 충족한 상태다. '적당히 나 하나 먹고 살 만큼'의 안정은 이루었다. 하지만 그 이후의 공허함, '나는 지금 어디로 가고 있는가'에 대한 질문은 점점 커지고 있다. 이 질문은 인간이라면 본능적으로 가지게 되는 성장 욕구, 더 나은 나를 향한 존재론적 자기계발의 열망에서 비롯된 것이다.

성공에서 성장으로 욕구가 변화한 지금, 우리는 어떤 자기계발을 추구하고 있을까? 그 과정에서 어떤 키워드가 저물어갔을까? 지난

〈'자기계발' 연관어 순위〉

	2016년		2017년		2018년		2019년		2020년
1	시간	1	책	1	책	1	책	1	책
2	책	2	시간	2	시간	2	시간	2	시간
3	기회	3	공부	3	공부	3	공부	3	공부
4	공부	4	기회	4	삶	4	삶	4	삶
5	인생	5	인생	5	인생	5	인생	5	독서
6	삶	6	삶	6	목표	6	독서	6	인생
7	목표	7	영어	7	독서	7	목표	7	하루
8	독서	8	목표	8	영어	8	영어	8	목표
9	영어	9	독서	9	하루	9	습관	9	습관
10	취업	10	취업	10	자격증	10	취미	10	취미
11	직장	11	자격증	11	기술	11	하루	11	영어
12	능력	12	직장	12	능력	12	직장	12	운동
13	꿈	13	능력	13	취업	13	능력	13	업무
14	자격증	14	습관	14	습관	14	운동	14	능력
15	업무	15	업무	15	업무	15	자격증	15	자격증
16	경험	16	취미	16	취미	16	경험	16	성장
17	습관	17	경험	17	직장	17	업무	17	직장
18	지식	18	꿈	18	꿈	18	꿈	18	기술
19	건강	19	지식	19	기회	19	성장	19	경험
20	취미	20	미래	20	경험	20	기술	20	변화
21	미래	21	하루	21	지식	21	노력	21	지식
22	노력	22	노력	22	성장	22	취업	22	꿈
23	하루	23	변화	23	미래	23	변화	23	미래
24	재테크	24	가치	24	노력	24	기회	24	노력
25	변화	25	성장	25	변화	25	지식	25	기회
26	가치	26	운동	26	의미	26	미래	26	취업
27	성장	27	건강	27	가치	27	의미	27	가치
28	힘	28	의미	28	힘	28	가치	28	힘
29	의미	29	힘	29	운동	29	힘	29	미라클모닝
30	운동	30	기술	30	자신감	30	성과	30	의미
31	인간관계	31	자신감	31	인간관계	31	도전	31	인간관계
32	기술	32	스트레스	32	성과	32	투자	32	도전
33	심리학	33	심리학	33	건강	33	인간관계	33	에세이
34	자신감	34	재테크	34	에세이	34	건강	34	투자
35	도전	35	에세이	35	도전	35	에세이	35	건강
36	성과	36	도전	36	자존감	36	전략	36	심리학
37	스트레스	37	인간관계	37	심리학	37	미라클모닝	37	성과
38	용기	38	훈련	38	재테크	38	자신감	38	재테크
39	에세이	39	성과	39	투자	39	재테크	39	정신
40	전략	40	승진	40	미라클모닝	40	스트레스	40	자신감

2021년		2022년		2023년		2024년		2025년(~8월)	
1	책	1	책	1	책	1	책	1	책
2	시간	2	기술	2	시간	2	시간	2	시간
3	기술	3	시간	3	삶	3	삶	3	삶
4	공부	4	삶	4	독서	4	독서	4	공부
5	삶	5	공부	5	인생	5	공부	5	목표
6	인생	6	독서	6	목표	6	목표	6	습관
7	독서	7	인생	7	공부	7	인생	7	성장
8	하루	8	하루	8	하루	8	하루	8	인생
9	목표	9	목표	9	운동	9	성장	9	하루
10	운동	10	업무	10	성장	10	운동	10	독서
11	습관	11	습관	11	습관	11	경험	11	변화
12	업무	12	운동	12	경험	12	능력	12	경험
13	취미	13	미래	13	기술	13	습관	13	기회
14	영어	14	인간관계	14	능력	14	영어	14	능력
15	자격증	15	영어	15	지식	15	기회	15	운동
16	직장	16	성장	16	기회	16	지식	16	기술
17	성장	17	미라클모닝	17	노력	17	노력	17	취미
18	미라클모닝	18	자격증	18	영어	18	취미	18	영어
19	미래	19	경험	19	변화	19	변화	19	힘
20	꿈	20	꿈	20	힘	20	힘	20	의미
21	능력	21	힘	21	미래	21	자격증	21	지식
22	기회	22	능력	22	가치	22	미래	22	업무
23	경험	23	취업	23	업무	23	업무	23	자격증
24	취업	24	취미	24	취미	24	기술	24	도전
25	노력	25	기록	25	기록	25	가치	25	직장
26	지식	26	직장	26	미라클모닝	26	의미	26	노력
27	도전	27	기회	27	꿈	27	직장	27	미래
28	변화	28	노력	28	의미	28	도전	28	가치
29	힘	29	변화	29	도전	29	기록	29	기록
30	인간관계	30	가치	30	자격증	30	취업	30	전략
31	가치	31	지식	31	직장	31	꿈	31	취업
32	기록	32	성과	32	취업	32	자신감	32	자신감
33	의미	33	도전	33	인간관계	33	인간관계	33	스트레스
34	투자	34	의미	34	발전	34	발전	34	인간관계
35	에세이	35	투자	35	투자	35	스트레스	35	꿈
36	자기관리	36	에세이	36	자신감	36	투자	36	투자
37	주식	37	정신	37	성과	37	에세이	37	에세이
38	건강	38	재테크	38	스트레스	38	미라클모닝	38	심리학
39	재테크	39	자존감	39	에세이	39	성과	39	지혜
40	성과	40	자신감	40	전략	40	역량	40	성과

출처 | 생활변화관측소, 블로그+커뮤니티, 2016.01.01~2025.08.31

자기계발 10년사, 나를 성장시키는 방식의 변화

10년의 흐름 속에서 그 변화를 함께 살펴보자.

'자기계발'의 연관어를 살펴보면 '업무', '직장', '취업', '인간관계', '꿈', '재테크' 등 자기계발의 전형적인 상징들이 하락세임을 알 수 있다. 이들의 공통점은 무엇일까? 개인의 의지나 노력만으로 통제하기 어려운 영역이라는 점이다. '업무', '직장', '취업'이 대표적이다. 아무리 열심히 일해도 성과는 조직문화, 경기 상황, 구조조정, 상사의 기분 같은 외부 변수에 좌우되기 십상이다. 취업이라고 다를까. 스펙을 아무리 쌓아도 결국 운과 타이밍에 크게 영향을 받는다.

'인간관계'는 어떠한가? 관계야말로 나 혼자 잘한다고 해서 원하는 대로 흘러가는 영역이 아니다. 게다가 요즘처럼 불확실성이 높고 단절된 시대에는 관계를 유지하고 관리하는 것 자체가 에너지를 요구해 피로하게 느껴지기 십상이다.

'꿈'이라는 키워드도 한때는 자기계발을 상징하는 말이었지만, 이제는 오히려 현실과의 괴리를 실감케 해 무력감을 불러오는 단어가 되었다. 이와 관련해 '꿈'의 연관 감성어를 살펴보면 '도전하다'(49위)보다 '포기하다'(18위)가 훨씬 많이 언급된다.

"꿈 포기하고 사는 익들아 꿈은 뭐였고 포기한 이유는 뭐야? 그리고 사는 거 어때? 난 현실적인 이유로 포기했는데 하루하루 너무 힘들어."

이처럼 하락한 키워드들은 모두 내가 노력해도 내 뜻대로 되지 않는 영역이라는 공통점을 갖는다.

이와 더불어 '미라클모닝' 키워드를 한번 살펴보자. 미라클모닝은 코로나 시기에 '갓생 챌린지' 트렌드와 맞물리며 일시적인 인기를 끌었지만, 유행이 지속되지 못하고 2025년에는 순위권 밖으로 밀려났다. 새벽같이 일어나 하루를 촘촘하게 관리하는 방식은 오히려 번아웃을 일으키며 지속 불가능한 루틴이 되어버렸다. 충분한 수면과 회복 중심의 자기관리가 더 중요한 요즘의 저속노화 트렌드와도 맞지 않는 방식이라 할 수 있다.

그럼 지금 사람들은 성취감을 어디서 찾고 있을까? 앞의 도표를 다시 보자. 지난 10년간 상승한 키워드는 '성장', '하루', '변화', '운동', '도전'이다. 이 5가지는 오늘날의 자기계발이 어디를 향하고 있는지 분명한 힌트를 제공한다. '성공'보다는 '성장'이 중요해지고, 하루하루 꾸준히 스스로를 단련하는, 작은 실천의 반복이 주는 안정감이 더 중요해졌다.

특히 '성장'과 '성공'의 언급량 변화는 이 전환을 잘 보여준다. 2024년 1분기에 처음으로 '성장'이 '성공'을 역전했다. 두 키워드 모두 언급량이 증가하고 있지만 '성장'의 상승세가 더 가파르다. 이제 '성장'이라는 가치가 한국사회를 살아가는 사람들에게 더 중요해진 것이다.

'도전'이라는 키워드에도 주목해보자. 10여 년 전만 해도 '도전'은 성과지향적 자기계발의 대표 키워드였다. 실제로 당시 '도전'의 연관어를 살펴보면 '다이어트', '취업', '직장', '돈', '리더십' 등이 주를

〈'성장' vs '성공' 언급 추이〉

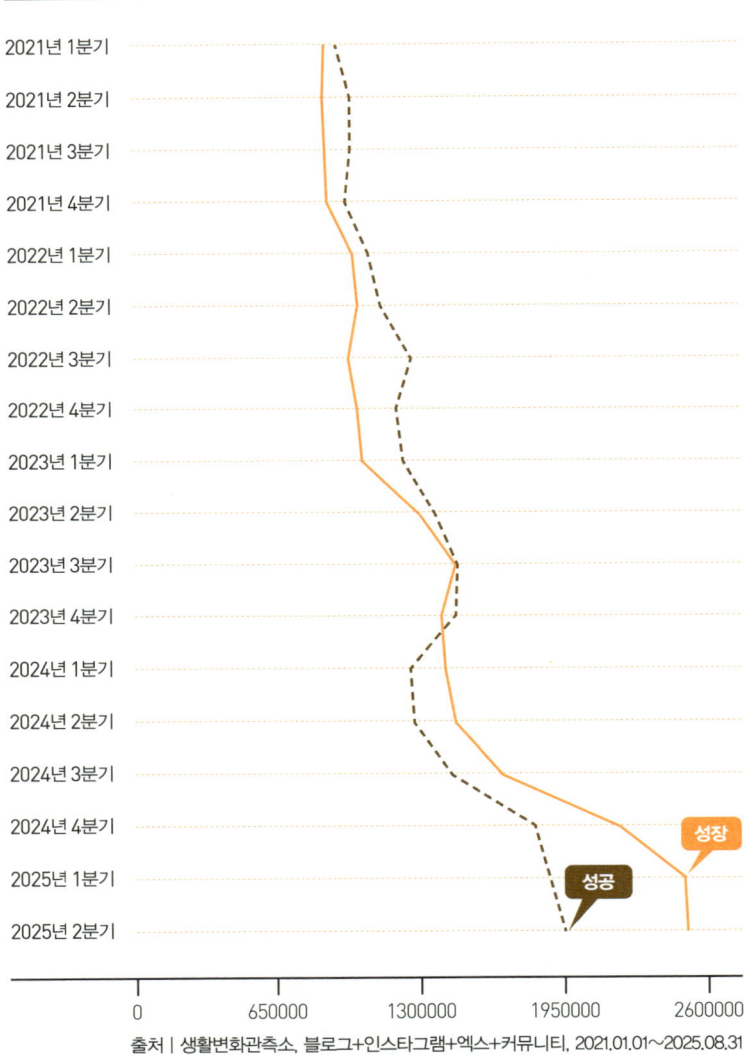

출처 | 생활변화관측소, 블로그+인스타그램+엑스+커뮤니티, 2021.01.01~2025.08.31

이루었다. 당시 사람들이 말하는 도전은 대부분 무언가를 이뤄내는 것, 특히 외부 성과를 통해 나를 증명하는 것에 가까웠다. 살을 빼기 위한 다이어트, 대기업 입사를 위한 수십 차례 면접 도전, 자산을 불리는 공격적 투자 등이 대표적인 사례다. 이처럼 도전은 일종의 '승부'였고, 성과와 목적이 명확한 일이 자기계발로 인식되었다.

그런데 2024~25년 '도전'의 연관어로 '운동', '러닝', '독서', '건강' 등의 키워드가 눈에 띄게 부상하고 있다. 10여 년 전 '도전'과 함께 언급되던 외적 성취 중심 키워드들은 점차 순위에서 밀려나고, 그 자리를 작고 반복 가능한 루틴이 대신하고 있다. 이 변화는 자기계발의 본질이 거대한 목표를 향한 전투에서, 생활 속 나만의 실천을 축적하는 과정으로 옮겨가고 있음을 보여준다. 예전엔 10kg 감량, 자격증 취득, 대기업 입사 같은 '목표 중심의 도전'이 일반적이었다면, 지금은 저속노화 식단 실천, 5km 러닝, 매일 한 챕터 독서 같은 루틴형 도전이 흥행하고 있다.

회사 밖에서 성장하는 사람들

앞서 자기계발의 연관어 중에서 하락한 키워드들은 모두 '아무리 노력해도 내 뜻대로 되지 않는 영역'이라는 공통점이 있다고 했다. 불확실성이 커질수록 사람들은 더 작고 구체적이며 통제 가능한 영역에서 자기계발을 찾는다. 이와 관련해 '경험'이라는 키워드를 잠시 살펴보자. '경험의 시대'라 불리는 지금, 경험은 자기계발과 떼려야 뗄 수 없는 연관성이 있다. 학생 때 인턴십을 거치고, 동아리 활동을 하고, 퇴근 후 원데이클래스를 수강하고, 주말에 팝업 스토어에 가는 모든 경험이 '자기계발'의 일환으로 여겨지기도 한다. 그런데 여기에도 변화가 보인다. 과거의 경험이 커리어와 스펙을 위한 수단이었다면 이제는 '휴식', '음악', '건강관리' 등 자기만족을 위한 경험도 각광받고 있다. 자기계발의 흐름이 회사라는 울타리를 넘어 개인의 삶과 정체성을 구축하는 방향으로 전환되는 모습을 뚜렷하게 볼 수 있다.

'경험'의 연관 활동을 살펴보면, 최근의 '경험'이 어떤 의미로 다가오는지 4가지로 정리할 수 있다.

첫째, 회사 밖에서 찾는 경험이다. '경험'의 연관어에서 관심이 감소한 키워드에는 '인턴', '이직', '퇴사'같이 커리어나 경력개발과 관련된 단어들이 포함되어 있다. 대신 '일상', '스트레스', '휴식', '건강관리', '돌봄' 등 내 삶과 내면을 챙기는 것과 연관된 단어들이 증가하고 있다. 과거의 경험이 이력서 한 줄을 더 채우기 위한 것이었다면, 이제는 삶의 질을 높이는 것이 중요한 경험이 된 것이다.

둘째, 어학에 대한 관심은 여전하지만, 여기서도 변화가 엿보인다. 스펙을 위한 어학에서 소통을 위한 어학으로 바뀌고 있다. 취업과 승진을 위한 '토익'은 관심이 줄어드는 반면, 실제 소통을 위한 '회화'는 뜨고 있다. 이는 경험이라는 행위가 시험 점수나 자격증처럼 외부에 증명하기 위한 목표가 아니라, 내 삶을 풍요롭게 하는 실용적인 즐거움으로 전환되고 있음을 보여준다.

셋째, 앉아서 쌓는 지식보다 몸으로 하는 경험이 각광받는다.

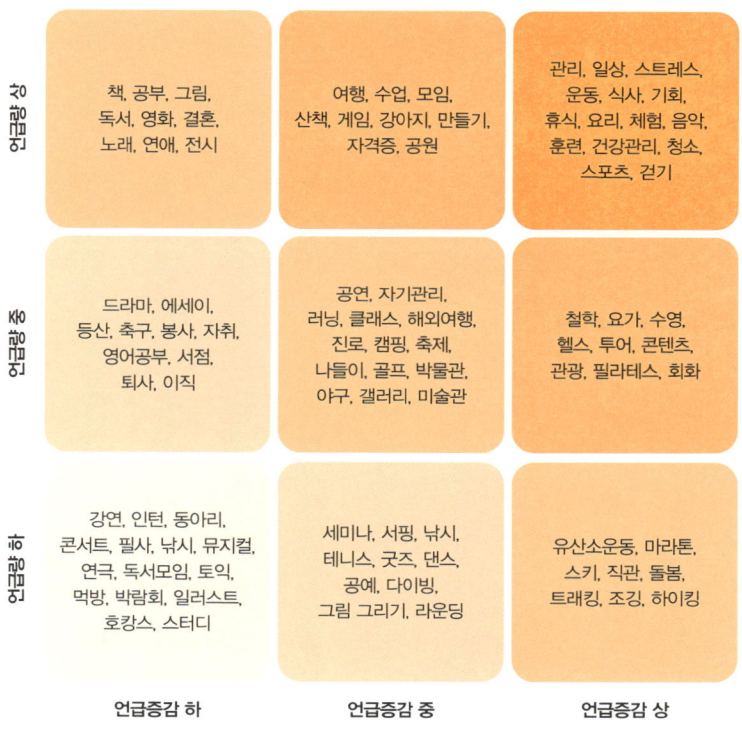

〈'경험' 연관 활동 언급량 및 증감률〉

	언급증감 하	언급증감 중	언급증감 상
언급량 상	책, 공부, 그림, 독서, 영화, 결혼, 노래, 연애, 전시	여행, 수업, 모임, 산책, 게임, 강아지, 만들기, 자격증, 공원	관리, 일상, 스트레스, 운동, 식사, 기회, 휴식, 요리, 체험, 음악, 훈련, 건강관리, 청소, 스포츠, 걷기
언급량 중	드라마, 에세이, 등산, 축구, 봉사, 자취, 영어공부, 서점, 퇴사, 이직	공연, 자기관리, 러닝, 클래스, 해외여행, 진로, 캠핑, 축제, 나들이, 골프, 박물관, 야구, 갤러리, 미술관	철학, 요가, 수영, 헬스, 투어, 콘텐츠, 관광, 필라테스, 회화
언급량 하	강연, 인턴, 동아리, 콘서트, 필사, 낚시, 뮤지컬, 연극, 독서모임, 토익, 먹방, 박람회, 일러스트, 호캉스, 스터디	세미나, 서핑, 낚시, 테니스, 굿즈, 댄스, 공예, 다이빙, 그림 그리기, 라운딩	유산소운동, 마라톤, 스키, 직관, 돌봄, 트래킹, 조깅, 하이킹

출처 | 생활변화관측소, 블로그+커뮤니티, 2022.01.01~2025.08.31

'책', '공부', '서점', '스터디'처럼 앉아서 지식을 습득하는 활동보다 '체험', '스포츠', '헬스', '요가', '유산소운동' 등 몸을 직접 움직이는 경험에 대한 관심이 상승했다. 추상적인 지식 대신 몸의 변화를 직접 느끼고 관리하는 활동을 통해 실질적인 성취감을 얻으려는 욕구가 훨씬 커진 것이다.

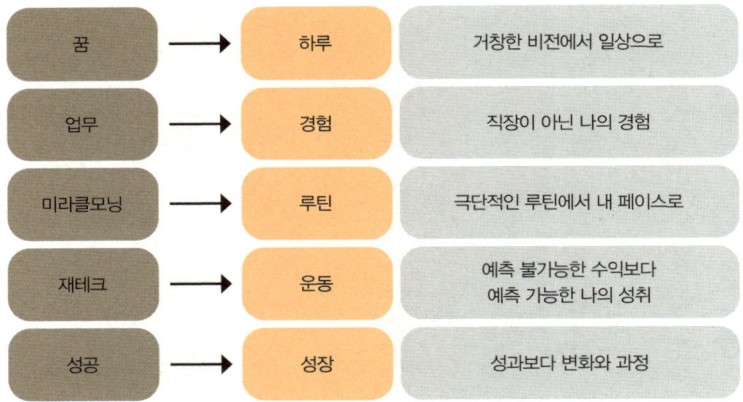

〈자기계발의 변화 방향〉

꿈 → 하루		거창한 비전에서 일상으로
업무 → 경험		직장이 아닌 나의 경험
미라클모닝 → 루틴		극단적인 루틴에서 내 페이스로
재테크 → 운동		예측 불가능한 수익보다 예측 가능한 나의 성취
성공 → 성장		성과보다 변화와 과정

　넷째, 남의 경험을 읽는 것보다 나를 근본적으로 이해하는 경험이 주목받고 있다. 이를 보여주는 흥미로운 포인트가 '에세이'는 지고 '철학'의 관심도가 높아졌다는 것이다. 에세이가 다른 사람의 경험을 간접적으로 접하며 위안과 배움을 얻는 행위라면 철학은 존재, 지식, 가치 등 근원적인 질문을 스스로에게 던지며 자신을 깊이 이해하고자 하는 행위다. 이는 '남이 어떻게 살았나'를 넘어, '나는 어떻게 살아야 하는가'라는 질문이 중요해졌음을 보여준다.

　이처럼 사람들은 회사 밖에서, 몸과 마음을 돌보고, 실용적인 즐거움을 맛보며 진정한 '나'를 정의하는 경험을 추구하고 있다. 이는 이 시대 자기계발의 핵심 가치이기도 하다. 앞서 살펴보았듯이 지난 10년간 자기계발은 거창한 목표를 향한 질주가 아니라, 오늘 하루를 나답게 살아내는 작고 구체적인 실천의 언어로 바뀌고 있다.

오늘날의 자기계발은
성장감, 성취감을
회사나 커리어, 원대한 목표 달성이 아니라
일상의 루틴에서 달성하고 있다.

내가 통제할 수 있는 단 하나, 내 몸

지난 10년간 자기계발 키워드가 '거창한 성공'에서 '손에 잡히는 성장'으로 바뀌고 있음을 살펴봤다. 그렇다면 이러한 변화는 구체적으로 삶의 어느 지점에 집중되고 있을까?

바로 '몸'과 '감각', '손', '루틴'과 같은 실천적 차원이다. 성과 중심의 무한경쟁에서 한 걸음 물러난 사람들은 이제 '내 몸'으로 자기계발의 중심을 옮기고 있다. 이렇게 된 데는 이유가 있다. 불확실성이 커진 시대, 외부 환경이나 사회 구조는 내 힘으로 바꾸기 어렵다. 팬데믹, 경제위기, 급변하는 기술 발전 등 예측 불가능한 거대변수들이 연이어 등장하면서 사람들은 통제할 수 없는 외부 요인에 온 힘을 쏟기보다는 매일 먹는 음식, 움직이는 것, 하루를 설계하는 방식 등 내 의지와 선택으로 통제할 수 있는 것들에 주목하게 되었다.

"지금 가장 하기 좋은 자기계발은 코딩 공부도 AI 연습도 아니고 운동인 거 같음 어차피 지금 배운 지식 1년 뒤면 AI가 알아서 다 해줄 텐데 체력이 없으면 AI한테 시키지도 못함"

이제 사람들이 가장 먼저 갖춰야 할 역량은 정보나 지식에 앞서 그것을 감당해낼 수 있는 '몸의 힘'이다. 마치 컴퓨터 성능이 아무리 좋아도 전원 공급이 불안정하면 제대로 작동하지 못하는 것과 같다. 지식은 AI가 대신할 수 있지만, 체력과 회복력은 오직 내가 꾸준히 길러야 만들어진다. 체력이나 건강한 습관이 이 시대의 경쟁력이 되고 있다.

10여 년 전에 자기계발 시장을 지배했던 키워드는 무엇이었을까? 아마 '영어 정복', '자격증 취득', '코딩 학습', '부동산 투자' 등이 '운동'보다 먼저 떠오를 것이다. 앞서 말했듯이 당시의 자기계발은 대부분 경쟁우위를 확보하고 더 많은 부를 축적하기 위한 스펙 쌓기에 집중되어 있었다. 좋은 직장에 들어가기 위한 경쟁, 남들보다 더 빨리 부자가 되기 위한 정보 습득이 중요했다. 그렇기에 밤샘 공부를 하고, 주말에도 학원에 다니며 스펙을 늘리는 것이 미덕이었다.

하지만 그렇게 해서 좋은 직장에 들어간다고 끝이 아니었다. 자기계발의 압박은 취업에 성공해도 사라지지 않았다. 10여 년 전은 막 사회에 진출한 밀레니얼이 '워라밸'을 입에 올리기 시작하고, 개인의 시간을 지키려는 시도와 기성세대의 조직 중심적 가치관이 부딪치던 시기였다. '꼰대'라는 말이 사회 전반에 퍼지고 조직문화에도 변화의 바람이 불기 시작했지만, 여전히 성과와 경쟁은 중요한 잣대였다. 조직에 속한 이상 '더 나은 나'가 되라는 압박에서 자유로울 수는 없었다. 그래서 워라밸의 시대에도 많은 이들이 '번아웃'에 시달리곤 했다.

그리고 지금, 많은 사람들이 적어도 한 가지는 분명히 깨닫고 있다. 아무리 노력해도 몸이 버텨주지 않으면 소용없다는 사실이다. 체력이 없으면 집중이 안 되고, 의지도 쉽게 꺾인다. 무엇보다 건강

〈'돌보다' 연관 대상 순위〉

	2022년		2023년		2024년		2025년(~8월)
1	아이	1	아이	1	아이	1	아이
2	아기	2	아기	2	자신	2	자신
3	엄마	3	자신	3	아기	3	혼자
4	혼자	4	엄마	4	혼자	4	아기
5	남편	5	혼자	5	엄마	5	가족
6	자신	6	가족	6	가족	6	엄마
7	가족	7	남편	7	강아지	7	부모
8	부모	8	부모	8	남편	8	노인
9	자녀	9	자녀	9	고양이	9	남편
10	친구	10	노인	10	부모	10	자녀
11	고양이	11	친구	11	노인	11	스스로
12	강아지	12	강아지	12	친구	12	강아지
13	노인	13	고양이	13	자녀	13	친구
14	인생	14	인생	14	스스로	14	고양이
15	정신	15	스스로	15	인생	15	인생

출처 | 생활변화관측소, 블로그+커뮤니티, 2022.01.01~2025.08.31

이 흔들리면 자기계발은커녕 일상 자체가 유지되기 어렵다. 그래서 이제 사람들은 예전처럼 '앞서기 위한 공부'보다는, 내 삶의 '지속 가능성'을 위한 체력관리에 자기계발의 우선순위를 두고 있다. '어떻게 나를 지키면서 꾸준히 살아갈 수 있을까?'가 이 시대의 중요한 질문이 되었다.

이러한 변화는 단순한 개인의 자각이 아니라, 시대 흐름 속에서 자연스럽게 형성된 인식의 전환이다. 코로나 팬데믹을 겪으며 불확실성은 더욱 커졌고, AI와 기술 발전은 우리가 쌓아온 지식과 기술의 유통기한을 급격히 단축시키고 있다. "지금 배우는 코딩, 내년이면 AI가 더 잘할 듯"이라고 말하는 어느 SNS의 푸념처럼, 과거처럼 특정 지식이나 기술을 쌓는 것만으로는 미래를 담보할 수 없다는 인식이 퍼지고 있다. 이러한 변화 속에 사람들은 내 의지로 통제할 수 없거나 쉽게 변화하는 외부 환경 대신, 가장 확실하게 통제 가능하고 오직 나만이 가꿀 수 있는 '몸'으로 시선을 돌리게 되었다. 내 몸의 컨디션, 회복력 그리고 꾸준한 에너지는 그 어떤 AI도, 어떤 경제 상황도 개입할 수 없는 나만의 고유한 자산이다.

이 변화의 바탕에는 1인가구의 증가와 고령화라는 시대적 흐름도 작용한다. 2022년 이후 '돌보다'의 연관 대상 중 '자신', '혼자', '스스로'의 순위가 상승하고 있다. 반면 '아기'나 '남편', '엄마', '친구'는 하락하고 있다. 이것은 이제 누구를 돌볼 여력도 없을뿐더러, 돌봄 받기를 기대하기도 어렵다는 인식이 한국사회 전반에 자리 잡고 있음을 보여준다. 즉 나를 돌보고 챙길 사람은 나뿐이라는 인식이 강화되면서 자기 몸을 돌보는 행위가 선택이 아닌 필수가 된 것이다.

이 지점에서 '꾸준함'이 중요해진다. 기술은 빠르게 변하지만, 몸은 하루아침에 달라지지 않는다. 운동 루틴을 지키고, 식습관을 관

건강과 체력은
더 이상 부가적인 것이 아니다.
삶을 살아내는 최소한의 조건이자,
지금 시대의 경쟁력 그 자체다.

리하는 것처럼 반복과 긴 시간이 필요하다는 점에서 몸은 오히려 더 확실하고 믿을 수 있는 자기계발 대상이 된다. 몸을 중심에 둔 자기계발은 속도 경쟁이 아닌 자신만의 리듬을 찾아가는 과정이고, 결과보다는 과정 자체가 자기돌봄이자 자기성취로 연결된다. 즉 현재의 운동 열풍은 단순한 유행이 아니라, 삶의 태도가 변화하고 있음을 보여주는 단서다.

러닝은 이러한 흐름을 집약한 대표적인 예다. 러닝은 그저 걷고 뛰는 행위를 넘어, 몸의 리듬을 세팅하고 유지하는 실천을 의미한다. 이는 지금 시대가 원하는 성취방식, 즉 꾸준한 노력과 자기관리를 통해 스스로 성장시킨다는 지향점과 정확히 맞아떨어진다.

실제로 사람들의 새해 목표에서도 이러한 경향이 뚜렷하게 드러난다. 2025년 새해를 앞두고 사람들이 새해 목표로 무엇을 말하는지 데이터를 뽑아본 적이 있다.[1] 그 결과 공부, 투자, 다이어트, 이직, 취업 등 다양한 목표를 제치고 꾸준함의 상징과도 같은 '마라톤'이 가장 높은 증가율을 기록했다. 그 뒤를 건강, 도전, 여행 등이이었다.《2025 트렌드 노트》에서도 러닝의 연관어 중 마라톤이 눈에 띄게 상승했으며, 마라톤 참가 기념 메달은 성취의 증명으로 여겨진다고 밝힌 바 있다. 그리고 지금, 마라톤은 가장 이루고 싶은 성취감의 형태로 발전했다.

마라톤은 단순한 운동을 넘어 몸과 루틴, 의지와 감각이 총동원

---

1 출처: 생활변화관측소 멤버십, "한국인의 새해 목표, 올해는 뭐가 뜰까?", 2025.1.3.

되는 행위이자 긴 시간에 걸쳐 축적되는 성취다. 마라톤은 한 번의 도전으로 달성되는 것이 아니다. 꾸준한 러닝과 반복적인 훈련이 쌓여야 완주 목표를 세울 수 있다. 그 목표 또한 계속해서 업그레이드된다. 처음에는 5km를 목표로 하던 사람이 10km, 하프 그리고 풀코스 마라톤, 거기에 더해 트레일 러닝 대회까지 섭렵하는 것이다. 그 과정에서 기록을 쌓는 것은 물론이고, 자신을 조금씩 확장하고 업그레이드하는 감각을 온전히 체험하게 된다. 마라톤이 오늘날 자기성취의 상징이자, 자기계발의 끝판왕이 된 이유다.

지금 이 글을 쓰고 있는 7월, 연일 35도에 가까운 폭염 속에서도 러닝 열풍은 여전히 뜨겁다. 앞으로도 러닝과 마라톤, 그리고 몸을 중심으로 한 자기계발은 현대인의 최신판 자기계발의 대표주자로 역할을 하면서, 인생의 중요한 한 부분으로 계속해서 자리매김할 것이다.

새로운 자기계발 공식: 작고 반복되는 것들

지금까지 자기계발의 무게추가 '몸'과 '건강한 습관'으로 이동하는 모습을 살펴봤다. 과거의 거창한 성공이나 스펙 쌓기가 아닌, 불확실성 속에서 자신을 지키고 회복력을 기르는 것이 핵심 경쟁력이 된 것이다. 그렇다면 구체적으로 어떤 방식으로 나를 성장시키고 있을까? 몸을 돌보는 것을 넘어, 새로운 자기계발 트렌드가 궁극적으로 지향하는 바는 무엇일까? 바로 일상에서 작고 반복적인 실천을 쌓아가며 얻는 '꾸준함의 힘'에 집중하는 것이다.

> "요즘 유튜브 피드에 갑자기 '100억 부자 되기, 미치도록 열심히 일해라'와 같은 영상이 뜨기 시작해서 모조리 차단했다. 목표보다 습관을 통제하는 데 집중하기 시작했을 때 삶의 질이 훨씬 높아졌다. 몸이 좋아지고 싶으면 주3회 헬스장 가는 습관을 세팅하면 되고, 영어를 잘하고 싶으면 매일 영어 유튜브 보며 셰도잉하는 습관을 세팅하면 된다. 나는 열심히 살지 않는다. 그저 해야 할 일을 하며 습관을 통제한다. 따라 하며 진부하게 살지 말고 자기답게 살아라."

'100억 부자 되기'와 같은 외적이고 거창한 목표는 통제하기 어렵고 결과 역시 불확실하지만, '주3회 헬스장 가기', '매일 영어 셰도잉하기'와 같은 습관 통제는 오롯이 내 의지로 실천 가능하며 예측 가능한 성장을 가져다준다. 위의 글은 복잡하고 예측 불가능한 세상에서 불안감을 해소하고 삶의 주도권을 되찾으려는 시대적 욕구를 반영하고 있다. 거대한 성공을 좇기보다, 내가 통제할 수 있는 작은 습관들을 만들어가는 것이 훨씬 효과적인 '삶의 질 개선'이자 '자기성장'이라는 깨달음이 확산되는 중이다.

앞서 말한 '몸'과 더불어, 하루를 설계하는 방식 역시 오롯이 내 의지와 선택으로 통제 가능하다. 그래서 요즘 자기계발의 공식은 '작고 반복되는 것들'이다. 예전처럼 '몇 달 만에 인생 역전' 같은 자극적인 슬로건 대신 '매일 10분 스트레칭', '자기 전 독서노트 쓰기', '일주일에 3번 러닝'처럼 작고 구체적인 실천이 쌓여가는 과정을 더 소중하게 여긴다.

이런 루틴형 자기계발은 성공이나 실패로 쉽게 나뉘지 않는다. 대신 어제보다 오늘 조금 더 건강해지고, 어제보다 한걸음 더 나아간 자신을 발견하는 '성장감'이 핵심이다. 과거의 자기계발이 외부의 성공 기준과 끊임없이 비교하며 자칫 좌절감이나 번아웃으로 이어지기 쉬웠다면, 지금의 루틴 중심 자기계발은 외부의 평가나 비교와 무관하게 내가 내 삶을 주도하고 있다는 실감에서 비롯되는 성취감을 안겨준다.

《2021 트렌드 노트》에서 '루틴'의 상승세에 대해 다룬 적이 있다. 지금도 그 상승세는 여전하다. 당시 책에 소개된 2020년 데이터와 비교해 2024년의 '루틴' 언급량은 3.2배 증가했으며, 10년 전과 비교하면 무려 20배 가까이 증가했다. 루틴의 언급량은 단계적으로 상승하는 추이를 그리는데, 본격적으로 상승하기 시작한 시기는 2018~19년 주52시간 근무제가 시행되었을 때였다. 그다음 크게 상승한 시기는 2020~22년 코로나 팬데믹 기간이었다. 그러고서 또 한 번 크게 상승했는데 바로 2023~25년, 자기관리 트렌드가 심화되는 현재다.

루틴형 자기계발은 어떤 '결과'를 쟁취하기 위함이 아니라, 루틴을 지키는 '행위' 자체에서 안정감과 위로를 얻으려는 경향으로도 강화된다. 매일 반복되는 루틴을 지키다 보면 작은 성공이 쌓이고,

〈'○○루틴' 순위〉

	#운동루틴 1기: 2018~19년		#모닝루틴 2기: 2020~22년		#관리루틴 3기: 2023~25년 (~8월)
1	운동루틴	1	운동루틴	1	운동루틴
2	스킨케어루틴	2	하루루틴	2	스킨케어루틴
3	데일리루틴	3	아침루틴	3	홈케어루틴
4	생활루틴	4	생활루틴	4	관리루틴
5	일상루틴	5	모닝루틴	5	하루루틴
6	하루루틴	6	일상루틴	6	건강루틴
7	아침루틴	7	데일리루틴	7	생활루틴
8	기초루틴	8	새벽루틴	8	일상루틴
9	클렌징루틴	9	스킨케어루틴	9	아침루틴
10	어깨운동루틴	10	공부루틴	10	스트레칭루틴
11	가슴운동루틴	11	저녁루틴	11	공부루틴
12	하체운동루틴	12	관리루틴	12	피부관리루틴
13	모닝루틴	13	주말루틴	13	수면루틴
14	관리루틴	14	나이트루틴	14	학습루틴
15	2분할루틴	15	기상루틴	15	데일리루틴
16	공부루틴	16	학습루틴	16	주말루틴
17	등운동루틴	17	매일루틴	17	모닝루틴
18	기본루틴	18	하체운동루틴	18	하체운동루틴
19	훈련루틴	19	마이루틴	19	가슴운동루틴
20	메이크업루틴	20	기본루틴	20	어깨운동루틴

출처 | 생활변화관측소, 블로그+커뮤니티, 2018.01.01~2025.08.31

그러면서 우리는 위로받고 자존감도 함께 자라난다. 내가 매일 실천하는 작은 행위들이 불확실한 시대에 스스로를 지키고 성장시키는 가장 굳건한 축이 되어주는 것이다.

그렇다면 지난 몇 년간 '루틴'은 어떤 모습으로 변화해 왔을까? 앞의 도표는 2018년부터 'ㅇㅇ루틴' 키워드 변화를 통해 나의 경쟁력을 키우는 방식이 어떻게 진화해 왔는지를 보여준다. 이를 3단계로 나누어 살펴볼 수 있다.

1기, 루틴의 시작: 정해진 목적을 위한 방법론(2018~19년)

이 시기에는 '운동 루틴'(57.6%)이 압도적인 비중을 차지하며, 루틴의 개념이 주로 특정 목적(운동)을 이루기 위한 방법론으로 인식되었다. 당시 사람들은 정해진 운동 목표를 달성하기 위해 계획적인 실천의 중요성을 인지하기 시작했다.

> "데일리 루틴이라 함은 말 그대로 매일 하루하루의 헬스 루틴을 말해요ㅎㅎㅎㅎㅎ 쉽죠? 저는 운동을 현재는 2분할로 바꾸어서 진행하고 있어요."

이처럼 1기의 루틴은 주로 운동 계획이나 학습 계획처럼 명확한 목표 달성을 위한 도구에 가까웠다. 예를 들어 헬스장에서 특정 부위를 2분할 혹은 3분할로 나누어 운동하는 것처럼, 정해진 목적을 가장 효율적으로 이루기 위한 체계적인 절차가 루틴의 의미였다.

2기, 효율 극대화: 하루를 촘촘하게(2020~22년)

이 시기에는 '아침 루틴', '모닝 루틴', '새벽 루틴', '저녁 루틴' 등 시간대별 루틴 키워드가 약진했다. 코로나 팬데믹으로 재택근무가 도입되고 개인 시간이 늘어나면서, 하루를 촘촘하게 계획하고 자기 효율을 극대화하려는 '갓생'의 욕구가 강해진 것이다.

> "미라클 모닝 1일차 6시 기상. 일어나는 시간을 당겨 아침시간을 확보하기. 내일은 5시 40분에 일어날 것임. 모닝 루틴 냉수샤워부터 시작…"

이 시기를 대표하는 단어로 '미라클모닝'만 한 것이 없다. 새벽에 일찍 일어나 운동, 독서, 명상 등 다양한 활동을 하며 하루를 '벌어 쓰는' 것처럼 살겠다는 라이프스타일이었다. 남는 시간을 허투루 쓰지 않고 최대한 활용하겠다는 의지가 드러난다. 그러나 이러한 루틴은 생산성 자체를 위한 과도한 스케줄링으로 이어지기 십상이고, 시쳇말로 '지쳐 빠지게 해' 지속되기 어렵다. 끊임없이 시간을 쪼개며 효율을 극대화하려는 압박은 오히려 많은 이들에게 피로감과 번아웃을 안겼고, 자기만의 리듬과 회복력을 중요시하는 현재의 자기계발 방향성과 맞지 않아 퇴조하는 양상을 보인다. 생산성은 언제나 중요하지만, 그 방식이 '자신을 소진하는 촘촘함'에서 '지속 가능한 몸의 힘'을 기르는 방향으로 변화하고 있다.

3기, 건강과 저속노화: 삶의 근간으로(2023~25년)

가장 최근의 흐름인 3기에는 '홈케어 루틴', '관리 루틴', '건강 루틴'과 같이 직접적으로 자신을 돌보고 건강을 지키는 키워드들이 상위권에 등장했다. 특히 홈케어 루틴과 건강 루틴의 급부상은 눈여겨볼 만하다. 무엇보다 중요한 점은, 이러한 루틴이 더 이상 특정 연령대의 전유물이 아니라는 사실이다.

"07년생의 데일리 나이트루틴 #스킨케어 #겟언레디윗미 #여드름 #메이크업"

2007년생은 2025년 기준 18세, 고등학생이다. 과거에는 성인, 그 중에서도 노화를 체감하는 중장년층의 관심사였던 피부관리나 건강 루틴이 이제는 10대들에게도 깊숙이 침투했음을 알 수 있다. 이들은 '노화'를 먼 미래의 일이 아니라 지금부터 꾸준히 관리해야 할 대상으로 인식하고, '저속노화'와 같은 개념도 적극적으로 받아들이고 있다. 단순히 예뻐지고 건강해지는 것을 넘어, 미래의 나를 위해 지금부터 꾸준히 투자하고 관리한다는 인식이 강해진 것이다. 이는 셀프케어가 전 생애에 걸쳐 중요해진 현상을 잘 보여주고 있다.

"저속노화 추구를 위한 하루 루틴 1. 식단 2. 매일 만보 걷기, 중강도 운동 주 2회 이상 3. 술담배 안 함 4. 7~9시간 수면"

실천방안도 특별할 게 없다. 건강한 식단, 꾸준한 걷기 운동, 충분한 수면시간 확보 등 몸의 근간을 지키는 기본적인 생활 습관이 루틴의 중심이 되었다. 2기에 유행했던 미라클모닝 담론이 쏙 들어간 이유를 여기서 단적으로 확인할 수 있다. 잠을 줄여가며 무리하게 아침 시간을 확보하기보다는 충분한 수면을 통해 회복력을 높이는 것이 진정한 자기관리이자 높은 생산성으로 이어진다는 인식이 확산된 결과다.

'이런 셀프케어를 해도 효과가 드라마틱하겠나?'라고 생각할 수도 있다. 그러나 이 루틴의 본질은 눈에 보이는 즉각적인 효과를 얻는 게 아니다. 하는 사람도 그런 효과를 기대하지 않는다. 오히려 루틴을 지키는 행위 그 자체에서 안정감과 위로를 얻는 것이 중요하다. 꾸준히 나를 돌보면서 얻는 작은 성취가 모여, 불확실한 세상에서도 '나는 내 삶을 통제하고 있으며 잘 살아가고 있다'는 안심과 자신감으로 이어진다는 점이 핵심이다.

나아가 이는 정신적인 위안을 넘어 생산성 및 경쟁력으로도 연결된다. 건강한 몸과 긍정적인 정신은 업무 집중력과 회복력을 높여 결과적으로 장기적인 생산성을 담보하는 기초가 된다. 즉 루틴을 통한 자기돌봄은 우리 시대의 가장 지속 가능한 자기계발이자 현실적인 경쟁력이다.

지금까지 '손에 잡히는 것'(몸, 러닝, 마라톤)에서 '반복'(꾸준함)으로 이어지는 루틴의 진화를 살펴봤다. 그 흐름은 궁극적으로 셀프케어, 특히 홈케어 트렌드의 급부상으로 이어진다. 이와 함께 홈케어 및 자기관리를 돕는 아이템이 주목받고 있다. 2022년부터 2025년 8월까지 '쇼핑' 연관 아이템을 살펴봤을 때 '뷰티 디바이스'의 언급량이 가장 빠르게 증가한 것으로 나타났다. 그 밖에 '마사지기'가 3위, '음식물처리기'가 4위, '밀폐용기'가 8위에 오르는 등, 집에서 피부를 관리할 수 있는 뷰티 아이템이나 식사 준비와 밀접한 아이템들이 10위 안에 다수 포진해 있다. 뷰티 디바이스는 홈케어로도 전문적 관리가 가능하게 해주고, 마사지기는 러닝이나 헬스 등 고강도 운동을 한 후 피로한 몸의 회복을 돕는다.

음식물처리기와 밀폐용기는 건강 루틴과 연관성이 깊다. 얼핏 보면 일반적인 주방 가전이나 생활용품이라 여기기 쉽지만, 이것들은 건강한 식사를 꾸준히 이어가는 데 핵심적인 역할을 한다. 요리를 직접 만들어 먹는 것이 자기관리의 한 방법이라는 사실을 떠올려보자. 이때 의외의 복병이 바로 음식물쓰레기다. 매번 나오는 음식물쓰레기를 번번이 처리하는 번거로움은 식사 준비를 망설이게 하는 요인이 될 수 있다. 그런데 음식물처리기는 이런 심리적 부담을 해소해줌으로써, 건강한 식사를 챙기는 루틴을 지속하도록 돕는다.

밀폐용기 역시 마찬가지다. 한 번에 여러 끼니를 준비해두는 '밀프렙' 트렌드가 확산되면서 밀폐용기는 루틴 관리의 핵심 도구로 떠오르고 있다. 특히 '소분'을 전제로 한 소비 습관이 자리 잡으면서 밀폐용기의 필요성과 활용도가 더욱 높아지고 있다. 일례로 최근에는 '소분 모임'이라는 것도 생겨났다. 서로 모르는 사람들끼리 약속된 시간에 대형마트나 창고형 마트 앞에서 만나, 식재료나 생필품을 함께 구매하고 나눠 갖는 모임이다. 고기, 연어, 치즈, 빵, 샐러드 채소 같은 식재료부터 주방세제나 휴지 같은 생필품까지, 1인 혹은 2인가구가 혼자 구매하기엔 양이 많거나 부담스러운 제품을 여럿이 함께 나누는 것이다. 소분 모임은 지역 기반 거래 플랫폼이나 커뮤니티를 통해 모집되는데, 최근 3년 사이 관련 게시글이 20배 넘게 증가할 만큼 빠르게 확산 중이다.

이는 고물가 시대를 극복하는 새로운 소비방법이기도 하겠지만, 건강 루틴과도 밀접하게 연관된다. 건강한 식생활을 유지하려면 일정한 패턴으로 장을 보고, 신선한 식재료를 꾸준히 확보하고, 배달이나 외식 대신 직접 요리하는 습관을 들여야 한다. 그런데 1~2인가구는 대용량 식재료를 사면 다 먹기도 전에 상해버리거나, 아예 장을 보지 않아 식생활 루틴이 흔들리는 경우가 많다. 그런 면에서 소분과 같은 작은 루틴은 물리적 비용을 줄이고 일상적인 삶의 질을 높이는 데 기여한다.

'자기관리 끝판왕'이라는 수식어를 가진 이하늬 배우가 어느 인터뷰에서 한 말이 이제서야 와닿는다. "나를 사랑한다면 귀찮은 것을 해줘야 한다고 항상 생각하거든요. 도시락을 싸거나 '내가 정말

이렇게까지 해야 돼?' 하는 것들요. 밤새우고 들어와서 채소를 썰고 있는 내 모습을 보면서 진짜 이렇게까지 해야 되는지 고민하는데. 그 누구도 나 대신 해줄 수 없는 부분이라면 내가 움직여야죠, 정말 나를 사랑한다면."[2]

이 말처럼 귀찮고 불편해 보이는 것이 지금 뜨고 있다. 가령 앞서 언급된 아날로그 취미생활의 대표 격인 필사나 뜨개질 같은 취미부터 운동, 홈케어, 밀프렙 모두 사실은 시간을 내서 정성을 들이지 않으면 할 수 없는 귀찮고 불편한 일들이다. 지금 우리 사회의 많은 이들이 이 귀찮고 불편한 루틴들을 해나가며 스스로 성장하려 한다. 이 모습에서 스스로를 사랑하려는 움직임이 보이는 것 같아 한편으로는 희망적이기도 하다. 이제 자기계발의 새로운 롤모델은 한판 역전승의 주인공이 아니라, 나를 위해 작고 사소하게 꾸준히 실천하는 사람이 될 것이다.

---

2 출처: '엘르 코리아' 유튜브, "이하늬가 진짜 귀찮아도 자신을 위해 하는 일."

1. 회사 밖에서 성장하는 사람들을 타기팅하자.

커리어 밖 경험이 곧 새로운 정체성이다. 우리의 제품/서비스를 '업무 성과'나 '경제적 부'와 직접적으로 연결하는 대신, 사람들이 회사 밖에서 추구하는 다양한 '경험'과 '성장'을 돕는 가치 있는 수단으로 포지셔닝해야 한다.

2. 매일을 돕는 아이템은 더 중요해질 것이다.

'귀찮고 불편해 보이는' 일상의 작은 노력들이 중요해졌다. 그에 따라 루틴의 번거로움과 불편을 덜어주는 아이템이 더 중요해질 것이다. 음식물처리기나 밀폐용기처럼, 직접적인 자기계발 아이템이 아니더라도 건강한 식단관리와 같은 자기관리 루틴을 지원하며 사람들이 꾸준히 스스로를 돌볼 수 있도록 돕는 조력자로서의 가치를 발굴해야 한다.

덕질한다는 건, 가장 나답게 산다는 것

김채윤

랜덤 포카
이제 지겨워

드디어
티케팅 성공!

Chapter 4

팬덤이 시장을 움직인다

같은 뮤지컬을 30번씩 보고, 쏟아지는 비를 맞으며 관중석을 지키고, 음식 옆에 인형과 포토카드를 올려두고 사진을 찍는다. 어떤 마음에서 비롯된 행동일까. '덕질'이라는 말은 무언가를 아주 뜨겁게 사랑하는 사람에게만 어울리는 느낌이 있다. 그러나 그렇게 생각하는 우리 또한 어느 분야에선가 덕질을 하고 있는지도 모른다. 어떤 대상이나 콘텐츠로 일상이 가득 차고, 자꾸 돈과 시간을 쓰고 싶어진다면 이미 덕질이 시작된 것이다.

트렌드를 다루면서 덕질을 하는 '덕후' 또는 팬덤을 들여다봐야 하는 이유는 명확하다. 경기침체로 많은 이들이 허리띠를 졸라맬 때, 오직 덕후만이 자신의 애정에 과감히 투자한다. 자신이 속한 집단과 연관된 소식에 엄청난 반응을 보이고 애정을 동력 삼아 가장 먼저 소비하는 집단이 바로 팬덤이다.

생활변화관측소는 2025년 1~7월의 BRIN 발표자료를 통해 화제성 있었던 브랜드 활동 300가지를 정리했다. 그중에서 아이돌을 모델로 기용하거나 콜라보레이션해 순위에 오른 브랜드 사례가 20건이다. (파스쿠치×카리나, 우리은행×장원영, 비비고×세븐틴 등.) 20건이라는 수치가 어느 정도인지 잘 와닿지 않는다면 넷플릭스의 사례를 참고하면 된다. 2025년 상반기에 〈케이팝 데몬 헌터스〉 등을 공개하며 크게 주목받은 넷플릭스는 같은 기간 총 5회 BRIN 순위에 올라 단일 브랜드로는 가장 많은 횟수를 기록했다. 전주 대비 큰 화제성을 보여야만 순위에 포함될 수 있는 BRIN에서 넷플릭스처럼 큰 히트작이 있는 것도 아닌데 모델 기용 또는 콜라보레이션 소식만으로 순위에 오른 사례가 20건이나 된다는 것은, 시장 내 팬덤의 파워가 얼마나 강력한지를 단적으로 보여준다.

브랜드 활동에서 그 무엇보다 큰 화제성을 낳는 팬덤, 이들 집단은 지금 무엇에 관심을 두고 어떤 활동을 하고 있는가? 현 시점에서 그 지표를 가장 빠르게 확인할 수 있는 플랫폼은 각종 팬덤이 밀집해 있는 엑스(구 트위터)다. 이곳에서 팬들이 반복적으로 사용하는 언어가 짧은 밈이 되어 확산되고, 이를 활용한 각종 마케팅 활동이 다른 소셜미디어 채널로 전파된다. 브랜드가 전략적으로 설계한 유행 못지않게 팬덤이 자발적으로 반응하고 움직인 흐름이 시장을 빠르게 이끄는 시대를 우리는 살고 있다.

즉 오늘날의 덕질 트렌드는 곧 소비 트렌드다. 사랑하기에 기꺼이 강해지고, 기꺼이 약해지며, 때로는 기꺼이 미칠 수 있는 이들이 이끌어갈 한국의 트렌드는 어떤 모습일까? 우리는 이 장에서 덕질이라는 현상을 만들어가는 이들을 탐구해볼 것이다. 그 과정에서 덕질이 팬덤뿐 아니라 우리 모두에게 어떤 의미로 작용하는지 알 수 있을 것이다.

덕질로 나를 발견하는 10대, 나를 위로하는 20~30대

"덕질이랑 공연이 진짜 내 큰 원동력인가 봐 어릴 때부터 덕질하면서 입시 스트레스 풀고 대학 가고 졸업하고 취업하고 일을 하고… 이젠 정말 다른 취미로 도무지 대체가 안 돼."

세상에는 덕질을 인생의 원동력으로 삼는 사람들이 있다. 그것도 '꽤' 많다.

정도의 차이는 있지만 이들은 덕질을 하기 위해 공부하고, 돈을 번다. 미성년자에서 성인으로 자라며 다양한 라이프스테이지를 거치는 동안에도 팬덤 활동을 손에서 놓지 않는다. 덕질의 대상이 바뀔지언정 행위는 남는다. 현실을 살아가기도 녹록지 않은 삶에서, 대체 덕질은 무엇이기에 없는 시간과 돈을 쪼개어 기꺼이 쏟아붓게 만드는 것일까.

생활변화관측소는 그동안 《트렌드 노트》 시리즈에서 덕질과 팬덤을 둘러싼 사회적 인식과 트렌드를 꾸준히 다뤄왔다.[1] 덕질과 팬

---

1 《2017 트렌드 노트》 5장, 《2019 트렌드 노트》 1장, 《2024 트렌드 노트》 6장 참조.

덤은 한국사회에서 지속적으로 지켜봐야 할 행위이자 타깃이기 때문이다.

당신은 '덕질'이라는 단어를 보면 무엇이 떠오르는가? 현재진행형으로 덕질하는 당사자라면 요즘 애정하는 대상이 곧장 떠오를 것이고, 자신과는 관계없다고 여긴다면 주변에서 무언가 열광적으로 좋아하는 사람을 떠올릴 것이다. 즉 '덕질'이 성립하려면 팬덤 활동을 하는 '행위자'와 애정을 받는 '대상'이 반드시 있어야 한다. 팬이 없다면 가수가 무대에 설 이유가 없고 시청자가 없다면 드라마를 방영해도 공감받을 수 없듯이, 행위자와 대상이 서로의 존재를 인지하고 다양한 매개를 통해 상호작용할 때 비로소 덕질이 완성된다.

10대, 덕질로 하는 모든 '처음'

최초의 덕질을 떠올리면 대부분 학창시절에 처음으로 좋아했던 아이돌, 배우, 캐릭터 등이 생각날 것이다. 쉬는 시간에 친구와 좋아하는 아이돌의 신곡 뮤직비디오를 돌려보고, 시험 잘 보겠다는 조건으로 부모님의 허락을 받아 단독 콘서트를 다녀오는 것, 좋아하는 드라마의 다음 편을 매일 기다리고, 최애 배우에 대해 온·오프라인으로 이야기하는 것, 좋아하는 애니메이션과 캐릭터에 나만의 해석을 덧붙여 그림을 그리는 것까지, 학창시절의 덕질 장면은 저마다 다채롭다. 대한민국의 10대는 '질풍노도의 시기'이자 '덕질의 시기'다. 덕질하지 않는 10대를 찾기가 어려울 정도다.

<10대 '덕질' 연관어 순위>

순위	연관어
1	아이돌
2	팬
3	그룹
4	멤버
5	콘서트
6	트위터
7	노래
8	처음
9	앨범
10	연예인
11	돈
12	친구
13	현생
14	취미
15	영상
16	팬덤
17	스트레스
18	가수
19	무대
20	굿즈

출처 | 생활변화관측소, 10대 커뮤니티, 2023.01.01~2025.08.31

왜 10대들은 덕질에 몰입할까? 그 이유는 한국사회를 살아가는 이들의 환경에 있다. 진로 결정과 입시에 매몰된 한국의 학생에게는 학업이 일상의 거의 전부다. 공부 효율을 높이고자 문제 풀이 시간을 초 단위로 측정할 만큼 스스로를 통제한다. 좋은 대학 진학이 성공의 최단코스라고 오랫동안 여겨졌기에, 하기 싫은 공부를 참고 해내는 끈기와 인내가 미덕처럼 강조되는 시기다.

학업에 맞춘 일상 통제가 길어질수록, 그 틈을 비집고 스스로를 자유롭게 만들고자 하는 욕구도 커진다. 덕질은 이들에게 작은 숨구멍이 된다. 조건 없이 애정하는 행위가 이들의 탈출구다. 억지로 공부해야 할 때는 평소에 읽지 않던 신문 기사도 재미있게 느껴지는 법이다. 재미없던 것을 해도 재미있어지는 판국에, 애정을 동력으로 하는 행위에는 얼마나 더 깊이 몰입되겠는가.

10대 커뮤니티에서 '덕질'과 연관해 가장 많이 언급되는 키워드는 단연 '아이돌'

이다. 실제로 10대의 덕질은 압도적으로 K-pop 아이돌에게 집중된다. 10대에게 아이돌은 어떤 의미일까? 성인이 되기 전 외모, 성격, 관계, 적성 등에 대해 자기탐색의 시기를 보내며 최종적으로 '나는 어떤 사람인가'를 고민하는 10대에게 미디어 속 아이돌은 이상적 존재로 비친다. 즉 10대에게 아이돌은 그 누구보다 선망성 있는 인물이다. 아이돌이 입고 바르는 모든 것이 패션과 뷰티 등 다양한 산업 트렌드가 되고, 이들이 각종 브랜드의 앰배서더로 선정되는 이유도 여기에 있다.

"현생 살면서 스트레스 풀어주는 건 덕질밖에 없음… 진짜 이거라도 없으면 어떻게 사냐고."

또한 도표의 13위에 있는 '현생'(덕질 외 현실의 일상을 의미)과 17위 '스트레스'는 덕질이 학업과 일상을 이어가게 하는 원동력이며, 스트레스로부터 잠시나마 벗어나게 해주는 탈출구임을 시사한다. 좋아하는 가수가 나오는 영상을 한 번 보는 것으로 기분이 나아진다면 이 얼마나 효과적인 스트레스 해소법인가. 다음 주 콘서트를 위해 하기 싫은 공부를 하게 되는 선순환은 덕질이 10대에게 주는 구조적 효용성을 보여준다. 이른 나이에 덕질로 스트레스를 해소한 사람들은 성인이 되어서도 덕질을 관성처럼 지속할 가능성이 높다.

다음으로 주목할 키워드는 '처음'이다. 이는 뒤에서 볼 20~30대 순위에는 없는 항목으로, 10대의 덕질을 특징짓는 키워드다. 10대의 덕질에는 실로 다양한 '처음'의 순간이 찾아온다. 처음으로 좋아하는 가수의 콘서트에 가는 경험, 처음으로 SNS에서 같은 팬과 친구가 되는 경험, 처음으로 돈을 내고 팬클럽에 가입하는 경험, 학교나 학원 등 일상적인 공간에서 만나는 인간관계를 넘어 낯선 공연장에서 수많은 관객과 함께 열광하는 경험까지, '처음'은 계속 이어진다. 흔히 첫사랑은 평생 잊을 수 없다고 말하듯, 최초로 누군가를 깊이 애정한 경험은 이후의 삶에도 흔적을 남긴다.

　그리고 무엇보다 10대가 여러 일상 행위에 도전하는 직접적 계기가 의외로 덕질에서 비롯된다는 점이 중요하다.

"나 포카(포토카드) 처음으로 트위터에서 팔아보는데 준등기는 우체국에서 보내면 되는 거지?? 사는 사람 주소랑 우편번호만 알면 돼…? 우체국 한 번도 혼자 안 가봐써…"
"처음으로 콘서트 가봐요 용돈 모아서 엄마한테 겨우 허락받아서 투바투(투모로우바이투게더) 티켓팅 성공함ㅜㅜㅜㅜ 양옆사람들한테 수빈(투바투 멤버)이 스티커 만들어서 나눔하면 안 이상하겠죠?!"

많은 10대들이 콘서트 티켓을 사기 위해 용돈을 모으고, 굿즈 거래를 위해 처음으로 금융 앱으로 송금을 해본다. 포토카드를 교환하기 위해 편의점에서 반값택배 보내는 법을 익힌다. 같은 팬에게 나누어줄 스티커를 만들기 위해 인쇄업체에 처음으로 발주를 넣기도 한다.

여기 경상도에 거주하는 어느 15세 중학생의 예시를 들어보겠다.

좋아하는 남자 아이돌의 서울 콘서트에 가기 위해, 안전을 걱정하는 부모님의 허락을 어렵게 받는다. 몇 달 동안 모은 용돈으로 티켓을 구매하는 것부터 여정이 시작된다. 기대하는 마음으로 하루하루를 보내고 드디어 콘서트 당일, 부모님은 서울까지 혼자 가서 인터넷(엑스)에서 사귄 친구와 처음 만난다는 자녀가 걱정스러워 몇 번이고 조심을 당부한다. 기차를 타고 장시간 이동한 후 서울역에 내린다. 부모님이나 선생님과는 함께 와봤지만 혼자서는 처음이다. 초행길이라 대중교통으로 공연장까지 가는 동안 몇 번이나 헤맨다. 어렵사리 도착한 공연장에서 응원봉을 사고, 팬들이 직접 만들어 나눔하는 부채와 엽서들을 기쁘게 받는다. 이윽고 공연 시작, 같은 대상을 좋아하는 수만 명의 팬들과 한마음으로 3시간가량 공연을 본다. 매일 듣는 노래를 좋아하는 멤버가 부르는 순간, 일상에서는 느낄 수 없었던 행복과 해방감이 밀려든다. 이 모든 마음을 간직한 채, 공연이 끝나고 다시 몇 시간을 달려 집으로 돌아온다.

밤늦게 도착하는 딸을 마중 나온 부모님이 묻는다.

"재밌었어?"

그러면 그는 환한 얼굴로 아주 좋았다고 답할 것이다.

덕질을 하면 행복해지기 위해 용감해진다. 10대에게 덕질은 처음 해보는 일을 스스로 결정해 도전하게 만든다. 나이는 숫자에 불과할 뿐 누구나 '처음' 앞에서는 막연한 두려움이 있다. 덕질을 하는 청소년들은 대상을 향한 큰 애정과 팬덤 활동의 욕구로 그 두려움을 상쇄한다. 애정을 기반으로 하고 싶은 일을 스스로 해내며 개인의 세계가 확장된다. 성장기에 이러한 자율성과 실행감은 유익하다.

이처럼 10대에게 덕질은 단순한 관람 또는 시청의 단계에서 멈추지 않는다. 좋아하는 대상을 보기 위해 어딘가에 '가고', 혼자서는 주체할 수 없는 마음을 누군가와 '대화'로 나누고, 나만의 상상력을 더해 2차 '창작'을 한다. 누가 시키지 않아도, 알아주지 않아도 몸이 먼저 움직인다. 어쩌면 학창시절에 처음으로 솟아난 애정을 자의로 실천한 방식이 바로 덕질인지도 모른다.

20~30대, 취향의 세계가 확장되는 덕질

이번엔 어느 직장인의 이야기를 예시로 들어보려 한다. 30대 초반의 A는 좋아하는 것이 많아 바쁘다. 틈만 나면 웹소설을 보고, 응원하는 야구팀도 있으며, 오랫동안 좋아해온 아이돌도 있다. 직장인이어서 쉴 수 있는 날이 한정적인 그는 남은 연차를 주로 덕질하는 데 쓴다. 칼퇴근하는 날 저녁에는 혼자 야구장에 가서 맥주를 마시며 경기를 보고, 주말에는 팝업스토어나 공연을 보러 가는 등 얼마 안 되는 여유 시간도 좋아하는 것에 쪼개 쓴다.

"난 이 덕질들을 통해서 단순히 도파민만을 충족시키고 현생을 잊게
만 만든다는 생각이 들지 않아서 정말 감사한 것 같아. 스스로를 더
잘 알게 되고 어떠한 의미들을 계속 발견해나가는 여정이 즐거움…

무엇보다 자주 행복하다고 말할 수 있다는 게 좋아. 솔직히 직장인이 행복하기 쉽지 않잖아."

A는 취업해서 경제력을 갖추면서 덕질의 전성시대를 맞았다. 돈을 벌어 덕질에 쓰고, 거꾸로 나의 소중한 시간을 좋아하는 것으로 마음껏 채우면서 일상을 영위할 에너지를 얻는다. 이들은 대체로 하나의 대상만 좋아하지 않는다. 생활의 에너지인 만큼 덕질의 대상은 다다익선이다.

앞서 보았던 10대의 '덕질' 연관어에는 대상이 '아이돌'에 집중되어 있었다. 반면 20~30대의 덕질 대상은 '아이돌', '배우', '드라마', '야구', '캐릭터', '영화' 등으로 10대보다 넓게 펼쳐진다. 성인이 되면 경제력과 다양하게 구성된 개인의 일상에 따라 덕질의 대상과 방식이 천차만별로 나뉜다. 10대 때 아이돌을 통해 누군가를 열렬히 애정하는 감각, 즉 덕질하는 법을 익힌 사람들은 성인이 되어 덕질의 세계를 확장해간다.

⟨20~30대 '덕질' 연관어 순위⟩

순위	연관어
1	아이돌
2	배우
3	드라마
4	연예인
5	작품
6	야구
7	마음
8	취미
9	트위터
10	돈
11	캐릭터
12	영상
13	친구
14	노래
15	콘서트
16	가수
17	굿즈
18	팬덤
19	취향
20	영화

출처 | 생활변화관측소, 20~30대 커뮤니티, 2021.01.01~2025.08.31

"저번에 데식(데이식스) 콘서트 갔을 때 좋았던 노래들 퇴근길 플레이리스트에 싹 다 넣고 매일매일 듣는데 행복했던 기분이 바로 기억남ㅜㅜ 난 진짜 콘서트 가려고 돈버는 듯… 이번주도 버텨야지."

"야구 때문에 열받아 죽겠지만 일주일에 한 번씩 퇴근하고 바로 잠실 가서 경기 보면서 생맥 마시고 저녁식사하는 게 유일한 내 즐거움임… 내일 제발 좀 이겼으면 좋겠다."

20~30대가 덕질을 묘사하는 글에는 특징이 있다. 이들에게 더 중요한 것은 '무엇을'보다 '어떻게' 덕질하느냐이고, 가장 중요한 것은 그 과정에서 느끼는 감정이다. 특히 바쁜 출퇴근 시간에 기분을 전환하는 중요한 루틴이 덕질이다. 즉 덕질은 '자기위로'의 행위다.

이 때문에 덕질하다가 스트레스 요인이 발생했을 때 10대보다 20~30대가 더 취약하다. 힘들게 번 돈을 스트레스 주는 대상에 쓰고 싶은 직장인이 있을까? 그래서 덕질 대상을 갈아타는 경우도 심심찮게 나타난다. 20~30대를 기준으로 보면 K-pop 아이돌의 경쟁자는 같은 아이돌만이 아니다. 스포츠, 영화, 애니메이션 등 전혀 다른 분야가 같은 경쟁구도 안에 존재한다. 덕질 과정에서 스트레스보다 긍정적인 감정을 더 많이 느끼게 하는 쪽이 당연히 경쟁에서 유리할 것이다.

지금까지 10대와 20~30대 덕질의 특징을 짚어보았다. 그중 가장 강력한 특징이라면 덕질이 '정체성 강화'의 장치라는 사실이다. 우리는 좋아하는 것으로 자신을 표현하는 시대를 살고 있다. 이제 덕질은 단순히 '무엇을 좋아하는 행위'라고만 간단하게 설명하기 어렵다. 그 안에는 감정의 몰입, 관계의 확장, 자아의 표현이라는 복합적인 의미가 있다.

그렇다면 요즘 사람들은 어떤 것에 몰입하고, 어떤 내가 되기를 원하는가 하는 질문이 남는다. 한창 뜨고 있는 덕질 분야에서 힌트를 얻어보자.

야구와 밴드 덕질이 뜨는 이유: 성장감, 몰입감, 해소감

아이돌은 여전히 덕질 대상 1위 키워드지만, 독점 시대는 서서히 저물고 있다. 팬덤의 관심은 다양한 분야로 분산되는 중이다. 그중에서도 야구와 밴드의 상승세가 눈에 띈다. 소셜미디어에서 사람들이 '덕질' 대상으로 언급하는 키워드를 살펴보면, 2021년 이후 야구와 밴드가 모두 꾸준히 상승하고 있다. 지난 5년간 야구는 15위에서 5위로, 밴드는 14위에서 7위로 상승했다.

이 상승세를 우리는 이미 피부로 느끼고 있다. 2024년 프로야구는 사상 최초로 1000만 관중을 돌파했다. 그리고 2025년에는 국내 보이밴드가 최초로 야외 스타디움인 고양종합운동장에 입성해 이틀간 단독 공연을 개최했다. 관객 수가 폭발적으로 증가하는 현상은 그 영역이 더 많은 이들에게 메가 트렌드로 소비되고 있다는 방증이다. 2025년에도 야구 관중은 6월에 이미 500만 명을 돌파했고,

〈'덕질' 연관 대상 순위〉

	2021년		2022년		2023년		2024년		2025년 (~8월)
1	아이돌	1	아이돌	1	아이돌	1	아이돌	1	아이돌
2	배우	2	게임	2	게임	2	배우	2	배우
3	게임	3	배우	3	배우	3	영화	3	게임
4	가수	4	영화	4	가수	4	가수	4	캐릭터
5	드라마	5	가수	5	영화	5	드라마	5	야구
6	영화	6	드라마	6	캐릭터	6	캐릭터	6	영화
7	캐릭터	7	캐릭터	7	드라마	7	게임	7	밴드
8	케이팝	8	케이팝	8	케이팝	8	야구	8	드라마
9	성우	9	웹소설	9	야구	9	밴드	9	가수
10	웹소설	10	뮤지컬	10	웹소설	10	케이팝	10	뮤지컬
11	남돌	11	성우	11	밴드	11	뮤지컬	11	웹소설
12	뮤지컬	12	밴드	12	뮤지컬	12	웹소설	12	애니메이션
13	선수	13	야구	13	남돌	13	애니메이션	13	케이팝
14	밴드	14	웹툰	14	성우	14	선수	14	선수
15	야구	15	선수	15	선수	15	남돌	15	남돌

출처 | 생활변화관측소, 블로그+엑스+커뮤니티, 2021.01.01~2025.08.31

한결 대중화된 '밴드'라는 아티스트 유형과 '밴드 사운드'라는 가요 포맷의 인기도 지속될 것으로 보인다.

'야구와 밴드는 원래 인기가 많지 않았나?'라고 생각할지도 모르 겠다. 맞다. 두 영역 모두 오랜 팬덤이 있다. 다만 여기서 눈여겨보 는 지점은 이들이 '덕질'의 대상으로 새롭게 호명되고 있다는 사실 이다. 향수를 좋아한다고 해서 '향수 덕질'이라는 표현을 일상적으 로 사용하지는 않는다. 반면 '아이돌 덕질', '애니 덕질', '드라마 덕 질' 등은 일상어에 가깝다. 단순히 인기가 많다고 해서 모두가 덕질의 대상이 되는 것은 아니다. 덕질이 되려면 대상에 대한 '애착', 함께 이야기할 '커뮤니티' 그리고 함께 열광할 수 있는 '현장'이 필요하다. 이 조건이 빠지면 그것은 덕질이 아니라 개인의 취향이거나 소비에 가깝다.

그렇다면 야구와 밴드는 어떻게 팬덤을 흡수하고 있을까?

극적인 감정, 함께하는 경험

야구와 밴드의 덕질에는 각각 차별적으로 나타나는 독특한 감성어가 있다.

> "나 지금 야구장인데 내 앞에 앉은 엘지팬 갤럭시워치로 스트레스 측정 확인함ㅋㅋㅋ 스트레스 위험 수준임"
> "야구 이따구로 해도 헬스장에는 지금 다 런닝머신 뛰면서 야구 본다. 이게 지금 야구를 보는 건지 스트레스를 추진력으로 뛰겠다고 이 악물고 보는 건지 모르겠다."

'스트레스다', '못하다', '욕하다', '재미없다'와 같은 강한 부정 감성어가 유독 야구에서 도드라진다. 야구팬이라면 모두 공감할 것이다. 우리 팀이 이기면 그만큼 기분 좋은 일이 없고, 경기에서 지면 이보다 더 화나는 일도 없다. 그래서 야구 팬덤은 실시간 콘텐츠를 결코 포기하지 못한다. 시즌이 시작되면 경기 시간 내내 한 손에 휴대폰을 들고 야구 생중계를 시청한다. 9회 말에도 역전 가능한 예

〈'야구 덕질' vs '밴드 덕질' 연관 감성어〉

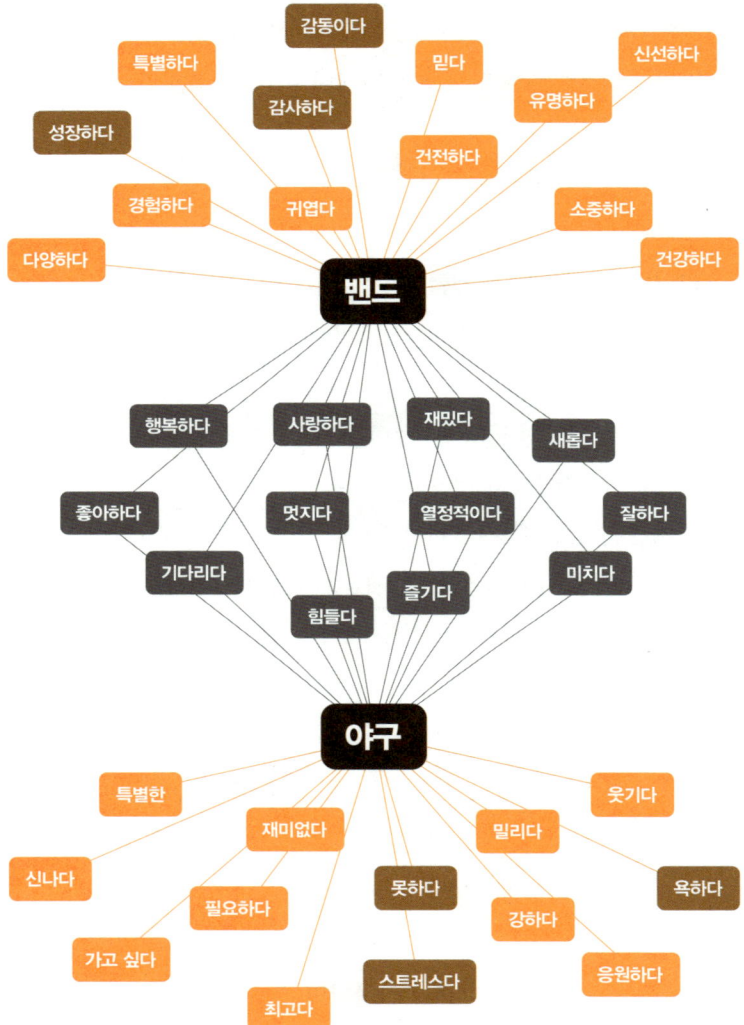

출처 | 생활변화관측소, 인스타그램+엑스+커뮤니티, 2023.01.01~2025.08.31

측불가성이 엄청난 긴장감과 스트레스를 주면서도 끝까지 보게 만든다.

반대로 밴드 덕질에는 '감동이다', '감사하다' 같은 고양된 감성이 강조된다. 이는 라이브 공연에서 느끼는 감각과 맞닿아 있다. 좋아하는 곡을 밴드 라이브로 듣는 충족감, 공연마다 달라지는 연주의 즉흥성, 이에 더해 함께하는 기분을 느끼게 하는 현장성까지, 이 모든 요소가 밴드 공연만의 쾌감을 만든다.

> "리도어(밴드) 진짜 작은 공연장에서부터 봤는데 이번에 펜타포트
> (록 페스티벌) 메인 스테이지에서 무대하는 거 보고 이렇게나 많이
> 성장한 것 같아서 너무 신기했고… 어디까지 갈지 앞으로도 지켜보고
> 싶어졌어. 보는 나도 행복하더라고."

밴드 덕질에서 나타나는 또 하나의 핵심 감성은 '성장하다'이다. 데이식스처럼 데뷔 이후 수년에 걸쳐 정상을 향해 가는 서사, 코로나19 이후 보이는 신예 인디 밴드들의 약진, 다양한 페스티벌 개최 등의 현상이 맞물리며 밴드와 팬이 함께 성장한다는 감각이 강화된다. 스포트라이트를 받는 밴드가 많아졌다 해도 메이저의 뒤에는 덜 알려진 인디 밴드가 여전히 많기에, 많은 이들이 '밴드 붐은 아직 오지 않았다'고 말한다. 팬들은 현재 주류가 아니더라도 언젠가는 대중이 알아줄 거라 믿고 기다림의 시간을 함께 보낸다. '비주류일 때 내가 먼저 좋아했다'는 서사는 기다림의 시간만큼이나 더 애

야구와 밴드 덕질은
'실시간성'과 '현장성'이라는 차별점이 있다.
오늘의 경기와 오늘의 공연은
두 번 다시 다시 돌아오지 않는다.

틋해진다.

긍/부정 감성의 차이는 있지만 야구와 밴드 덕질은 모두 '열정적', '미치다', '사랑하다', '행복하다'는 공통점이 있다. 키워드를 열거만 해도 이 팬덤의 온도가 뜨겁다는 걸 느낄 수 있다. 너무 사랑하다 못해 미치고, 기다림이 행복하고, 스스로 더 열정적인 사람이 되어가는 것이 야구와 밴드의 팬들이다.

두 덕질에 있는 또 다른 공통점은 '실시간성'과 '현장성'이다. 표현하는 단어는 다를지언정 오늘의 경기와 오늘의 공연이 두 번 다시 돌아오지 않기에 놓칠 수 없다는 점은 동일하다. 지금 이 순간에만 느낄 수 있다는 감각은 집단적 몰입으로 이끈다.

이처럼 야구와 밴드가 제공하는 극적인 감정과 실시간 함께하는 경험이 인기 요인이라면, 이것이 곧 지금 대중이 원하는 가치라 해석해볼 수 있지 않을까?

각자의 속도가 존중받는 느슨한 공동체

야구 경기가 진행되는 야구장과 밴드 공연이 펼쳐지는 대표적인 장소인 페스티벌 현장은 공간적으로도 주목받고 있다. 두 영역 모두 야외활동이라는 특성상 4~9월이 주 시즌이라 이 기간에 언급량이 상승하는 패턴을 보인다. 그런데 최근 3년 연속 이 기간의 언급량 피크가 높아지고 있다. 어떤 요소가 사람들의 발걸음을 야구장과 페스티벌로 부르고 있을까?

<**'야구장' '페스티벌' 언급 추이**>

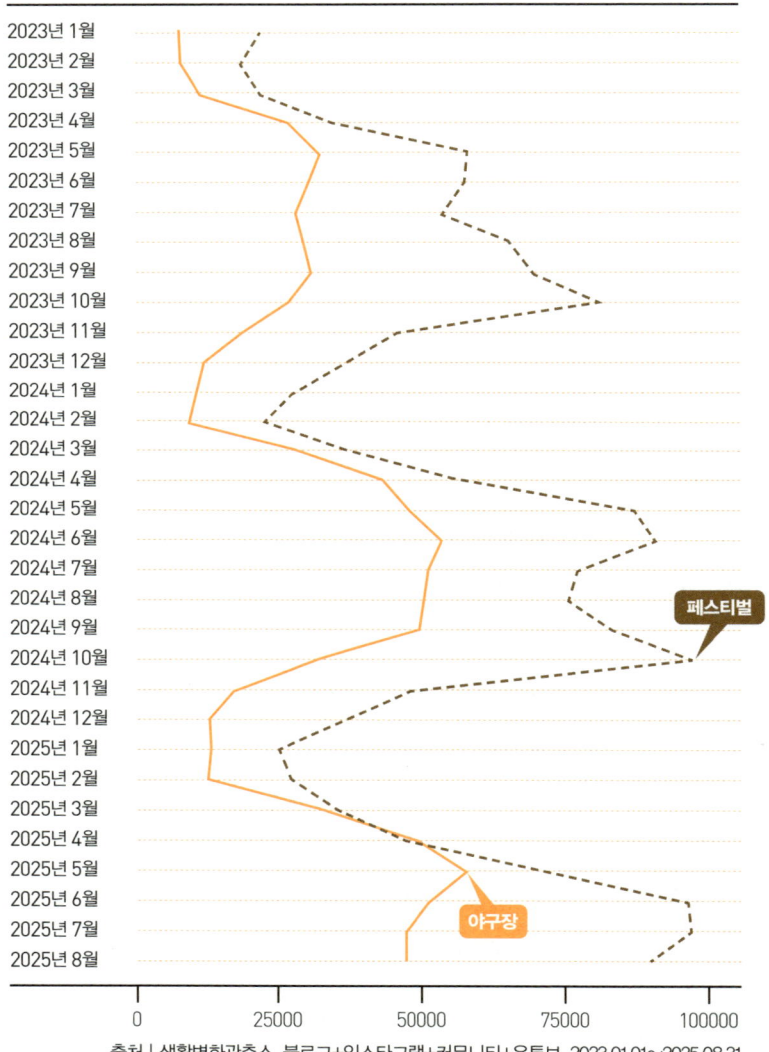

출처 | 생활변화관측소, 블로그+인스타그램+커뮤니티+유튜브, 2023.01.01~2025.08.31

"먹고 싶은 거 잔뜩 먹으면서 노래도 부르고 경기도 보고ㅋㅋ 내 팀 경기 아니어도 편하게 다닐 수 있는 자유로운 분위기가 좋음. 야구장 가면 티비 보는 것처럼 딴짓해도 됨! 야구 경기라는 메인 컨텐츠가 있지만 선은 지키면서 자유로운 낭만 스포츠야."

"나는 페벌(페스티벌) 좋아하는 이유가 좋아하는 밴드가 있어서도 있지만!!… 그냥 다른 팀 무대도 구경하면서 새로운 취향 발견하고 돗자리 깔고 누워서 맛있는 것도 먹고… 내가 어떻게 놀든지 상관없는 그 분위기가 좋은 것 같애."

야구장과 페스티벌 현장의 공통점은 3가지로 요약된다.

첫째, 메인 콘텐츠가 있지만 관람 외의 경험을 자유롭게 병행할 수 있다. 시작부터 끝까지 일관된 몰입을 강요하지 않고 각자의 방식대로 콘텐츠를 즐길 수 있다. 좋아하는 음식을 먹고, 함께 온 사람과 대화하고, 사진 찍고, 아예 누워서 자는 것까지도 허용되는 분위기가 긍정적으로 작용한다.

둘째, 초심자의 진입장벽이 낮다. 특정 팀의 팬이 아니라 현장 분위기 자체를 즐기러 가도 아무도 상관하지 않으며 소외감 또한 느끼지 않는다. 이 점에서 아이돌 공연과 대비된다. 아이돌 공연은 예매 단계부터 관람하는 순간까지 '찐팬'이 아니고 사전 정보가 부족하면 즐기기 어렵다.

셋째, 규율이 비교적 느슨하다. 본인 명의로 예매한 것이 아니라면 절대 입장할 수 없고, 무조건 정해진 자리에 앉아야 하고, 사진을 찍어서도 안 되고, 물 말고는 취식이 금지되는 등의 강한 규율 대신 관중 모두가 암묵적 선을 지키는 신뢰의 문화가 주를 이룬다.

즉 야구장과 페스티벌 현장은 경기와 무대라는 메인 콘텐츠를 중심으로 하되, 모두가 각자의 속도대로 즐길 수 있는 느슨한 공동체적 경험을 제공한다. 여기서 요즘 팬덤이 원하는 것을 유추할 수 있다. 야구에는 끝까지 결과를 알 수 없는 쫄깃한 긴장감이 있고, 밴드에는 멤버 간의 합으로 만들어지는 짜릿한 즉흥성이 있다. 반면 아이돌 덕질은 점점 '정제된 콘텐츠 소비'로 고정되고 있다. 데뷔 전부터 수년간 기획한 완성형 콘텐츠를 제공하고, 팬이 개입할 틈을 쉽게 내주지 않는다. 앨범, 뮤직비디오, 예능까지 모든 콘텐츠가 기획사의 전략에 따라 촘촘하게 설계된다. 그만큼 실시간성과 예측불가성은 줄어들고, 이를 유일하게 느낄 수 있는 접점은 공연뿐이다. 이마저 매일 경기가 진행되는 야구나 매주 있는 밴드 공연에 비해 빈도가 낮고, 치열한 티케팅과 높은 가격으로 장벽이 높다.

이 구조는 아이돌 팬덤이 매너리즘을 느끼게 하는 원인이 된다. 단순한 외적 매력만으로는 덕질이 지속되기 어려운 시대가 되었다. 요즘 팬덤의 욕구는 함께 성장하고, 깊이 몰입하며, 스트레스를 해소하는 경험으로 이동하고 있다. 이 욕구를 더 충실히 채워주는 대안으로 야구와 밴드가 부상한다. 가을 야구 진출, 크고 작은 무대에 오르며 팬과 함께 쌓아가는 성장 서사, 건강한 감정 소모와 회복의 과정이 있기 때문이다. 실제로 밴드 덕질에서는 '건강하다', '건전하다' 같은 감성이 두드러진다. 아이돌은 여전히 덕질 생태계의 중심에 있지만, 팬덤을 그저 소비에만 머무르게 하지 않고 건강한 몰입과 참여로 확장시켜야 하는 과제가 남아 있다.

이것이 아이돌 산업만의 이야기일까? 브랜드도 오래 사랑받기 위해서는 잠깐 머무는 소비자보다 우리에게 정착한 팬덤이 필요하다. 오늘날 팬덤의 핵심 욕구가 성장, 몰입, 해소라면, 이 속성들을 우리 제품과 서비스에 녹여 설계해보면 어떨까. 상승하는 시대감성에 따라 덕질의 대상은 얼마든지 확장될 수 있다. 우리 브랜드가 속한 카테고리도 덕질 아이템이 될 수 있도록 기회를 찾아보자.

과몰입과 무지성에서, 가성비와 건강함으로

고물가 시대에 가성비를 중시하고, 건강하게 나이 들기 위해 몸과 마음을 관리하려는 흐름이 사회 전반에 자리 잡았다. 다이소에서 화장품을, 테무에서 옷을 저렴하게 구매하는 것은 요즘 1030세대의 가성비 소비 트렌드를 대표적으로 보여준다. 또한 저속노화를 지향하는 식단, 러닝과 헬스를 루틴화하는 습관, 자기돌봄으로 멘탈을 관리하는 태도가 최근 건강 트렌드의 핵심이다.

덕질도 예외가 아니다. 덕질에 대해서라면 무지성 지출에도 관대했으나, 이제 거대한 사회 트렌드 아래 덕질의 소비방식 또한 변화하고 있다. 이를 단적으로 보여주는 영역이 굿즈 소비다.

한때는 '돈을 쓰기 위한 굿즈', 즉 품질은 낮고 가격은 비싸나 팬으로서 구매해야 면이 서는 굿즈들이 주류였다. 닥치는 대로 구매해 수집하는 게 미덕처럼 여겨지던 시절이 있었다. 하지만 이제는 점차 덕질에서도 가성비와 건강함이 소비의 기준이 되고 있다.

다만 덕질의 가성비란 단순 절약 또는 무지출이 아니다. 덕질은 애초에 돈과 시간을 써야 지속할 수 있는 취미다. 그래서 여전히 지갑을 열되, 요즘은 좋은 퀄리티로 오래 사용 가능하고 일상과 자연스럽게 섞일 수 있는 굿즈를 고른다.

앨범 또는 굿즈를 개봉해야만 나오는 랜덤 포토카드는 좋아하는 멤버의 초상을 얻고 싶어 하는 팬덤의 구매 심리를 자극해왔다. 2023년까지만 해도 '포토카드'와 '앨범'은 가장 갖고 싶은 굿즈로 여겨졌다. 실제로 2023년에 어느 아이돌 그룹의 경우 정규앨범을 20여 가지 버전으로 발매했고, 멤버 랜덤 표지와 포토카드 등을 제공해 팬덤의 구매욕과 수집욕을 자극했다. 그 결과 발매 첫주에 500만 장 가까운 초동 판매량을 기록했다.

"그냥 멤버 선택을 하게 하지 랜덤은 이제 짜증나서 살 맘이 안 생겨… 포카도 그렇고 굿즈도 다ㅠ"
"아크릴은 가격도 있는데 그걸 랜덤으로 팔다니…ㅋㅋㅋㅋㅋ 포카도 짜증나는데 이제 아크릴조차 내 맘대로 못 고른다는 게 환멸 나."

하지만 그 이듬해부터 지금까지, 포토카드와 앨범에 대한 소유 욕구가 꾸준히 줄고 있다. 포토카드를 앞세워 구매를 유도하는 과

〈'굿즈'+'사다(G)' 연관 대상 순위〉

2023년		2024년		2025년(~8월)	
1	포토카드	1	인형	1	인형
2	앨범	2	포토카드	2	키링
3	인형	3	앨범	3	포토카드
4	스티커	4	키링	4	앨범
5	키링	5	스티커	5	피규어
6	피규어	6	유니폼	6	유니폼
7	배지	7	피규어	7	스티커
8	티셔츠	8	티셔츠	8	가방
9	엽서	9	배지	9	티셔츠
10	향수	10	포스터	10	배지
11	가방	11	엽서	11	포스터
12	유니폼	12	아크릴스탠드	12	아크릴스탠드
13	응원봉	13	가방	13	엽서
14	담요	14	파우치	14	파우치
15	바인더	15	에코백	15	텀블러
16	파우치	16	텀블러	16	모자
17	목걸이	17	캔배지	17	향수
18	후드	18	머그컵	18	응원봉
19	반지	19	모자	19	에코백
20	텀블러	20	응원봉	20	책갈피

사다(G): 사다, 사고 싶다, 구매하다 키워드의 합
출처 | 생활변화관측소, 인스타그램+엑스+커뮤니티, 2023.01.01~2025.08.31

한 영업은 팬덤에 점점 피로로 쌓였다. 그 핵심 이유는 '랜덤' 요소 때문이다. 차라리 원하는 포토카드만 따로 구하거나, 아예 랜덤 스트레스를 받기 싫어 구매 자체를 포기하는 선택도 늘었다.

"요즘 시대에 누가 노래 들으려고 앨범 삽니까. 그냥 팬심으로 사는 거죠. 근데 뭔놈의 앨범을 35278953종이나 내고 종이 쪼가리가 예쁘지도 않으면 사겠나 이제 다같이 지구야 미안해 나무야 미안해 외치는 거지."

젊은 세대답게 환경 문제에 대한 팬덤의 감수성도 높아지고 있다. 초동 기록을 위해, 포토카드 수집을 위해 구매한 후 바로 버려지는 앨범 더미가 늘어나는 것이 환경적으로 옳은가 하는 회의감에 휩싸이는 팬이 늘어난다. 그들은 이 질문에 눈감지 않는다. 지갑을 닫거나, 소비방식을 바꾼다.

소비의 변화는 명확하다. 무조건 많이 갖는 것에서, 내가 진정 원하는 것을 확실하게 갖는 것으로. 그리고 이 흐름은 실사용에 대한 욕구와 맞닿아 있다. 그저 랜덤 포토카드를 얻기 위한 앨범이 아니라 인형, 키링, 유니폼처럼 일상의 활용처가 확실한 굿즈가 선호된다. 최근 상승세인 이 세 품목에는 어떤 쓰임이 있는지 좀 더 자세히 살펴보자.

굿즈의 미덕: 상징성, 반려성, 놀이성

현재 가장 인기 있는 굿즈는 인형이다. 그만큼 팬덤 산업의 관심도 뜨겁다. 인형은 어떻게 팬덤의 핵심 굿즈로 자리 잡았을까?

첫째로는 '상징성'이다. 인형은 단순히 귀여운 물건이 아니라 내가 누구를 좋아하는지 직접적으로 드러내는 상징물이다. 작은 디테

일만으로도 특정 대상을 떠올릴 수 있어 팬덤의 소속감과 정체성을 드러내기에 제격이다.

둘째는 '반려성'이다. 인형은 물성 자체가 매우 부드럽고 가볍다. 언제 어디서나 곁에 두기에 좋다. 최근 선호되는 인형 크기는 10cm 이하로, 이유는 어디든 들고 다니기 편해서다. 특히 상징성을 지닌 물성은 단순한 소유물을 넘어 심리적인 안정과 위로를 주는 존재로 인식된다. 이는 다른 굿즈가 쉽게 줄 수 없는 감정적 유대감이다.

마지막으로는 '놀이성'이다. 취향대로 인형의 옷을 갈아입히거나 특정 상황에 함께 사진을 찍는 등 팬들은 인형과 함께 창의적인 놀이 경험을 이어가고 있다.

이 점을 참고해 우리 고객에게 인기 있는 굿즈와 놀이방식을 이해하고 그에 맞는 서비스를 제공한다면 긍정적인 인식을 만들 수 있지 않을까? 일례로 10~20대 여성에게 인기 있는 훠궈 브랜드 '하이디라오'는 음식과 인형을 함께 두고 사진 찍는 고객에게 인형 거치대를 제공해 호평받기도 했다.

인형 다음으로는 출근 가방에 달아도 무리 없는 키링, 경기장이나 공연장을 넘어 일상에서 포인트 아이템으로 착용할 수 있는 유니폼이 주목받는다. 애정의 대상을 부담 없이 드러내는 방식으로서 키링과 유니폼은 실용성과 감성을 동시에 만족시키는 물건이 되었다.

요즘의 팬덤은 덕질을 더 지속 가능한 방식으로 접근하고 있다.

무언가를 미친 듯이 사랑하는 감정은 소중하기에, 이 감정이 내 방식으로 잘 유지되고 불필요한 소모감으로 마음 다치지 않도록 애쓴다. 이에 따라 굿즈도 수납칸을 채우는 수집품을 넘어, 일상에서 쓰는 물건이자 취향을 표현하는 감정의 매개로 변하고 있다. 팬은 굿즈를 사용하면서 '누군가를 사랑하는 나'를 표현한다.

이와 같이 요즘 팬이 브랜드에 요구하는 최소치는 명료하다. 일상에서 잘 쓰이도록 만들 것. 앞서 말했듯 덕질의 영역에서 이야기되는 가성비와 건강한 소비는 지갑을 아예 닫아버리는 개념이 아니다. 지치지 않고 오래 좋아하기 위한 선택이다. 더 오래, 더 나답게 덕질하기 위한 노력이 계속되고 있다.

덕질의 종착지는 결국 '나'

무언가를 좋아하는 감정에서 출발한 덕질은 겉으로는 외부 대상을 향하지만, 감정의 뿌리를 보면 결국 '나'를 마주하게 된다. 자신이 무엇을 소중히 여기고 그 감정을 어떻게 간직하고 싶은지 고민하고, 그 마음을 표현하고 행동에 옮기면서 '나는 어떤 사람인가'가 명확해진다.

심리학적으로도 덕질은 '나'라는 사람을 단단하게 만들어주는 자기애의 과정으로 바라볼 수 있다. 미국의 정신분석학자 하인즈 코헛(Heinz Kohut)은 인간이 건강한 자아를 형성하기 위해 외부의 '자기대상'[2]으로부터 3가지 심리적 기능을 충족한다고 설명했다. 거울 기능, 이상화 기능, 쌍둥이 기능이 그것이다. 이것을 덕질에 연결해 보면 흥미로운 함의가 드러난다.

거울 기능(Mirroring): '덕질하는 나'는 가치 있는 사람

덕질을 통해 우리는 응원하는 대상의 성장에 직접적으로 기여한 다는 느낌을 받는다. 앞에서 언급했듯이 야구와 밴드가 덕질 대상 으로 상승하는 맥락과 유사하다. 좋아하는 대상이 사회적으로 인정 받을 때 팬덤은 그들의 성공을 돕는 가치 있는 존재로서 스스로를 인식한다. 내 노력이 긍정적인 결과를 가져온다는 자기효능감을 느 끼는 것이다.

> "이번 시즌 초반엔 정말 힘들었지만 뒷심 좋았던 덕분에 가을야구 가 는 거 진짜 꿈만 같고… 우승하는 것까지 지켜보고 싶음. 성장서사 걍 미쳤다ㅠㅠ"

이상화 기능(Idealization): 누군가를 좋아하며 꿈꾸는 '더 나은 나'

우리는 좋아하는 대상을 보며 그들이 가진 재능, 인성, 노력 등을 이상화한다. 그리고 그 대상과 자신을 은연중에 동일시한다. '좋아 하는 ○○처럼 되고 싶다'는 마음이 '○○을 좋아하는 나도 왠지 멋

---

2 자기대상(Selfobject): 나 자신을 지탱해주는 정서적 거울 같은 존재를 뜻한다. 꼭 사람이 아니어도, 애착을 주고받으며 나의 안정감과 자존감을 유지하게 해주는 대상은 모두 '자기대상'이 될 수 있다.

있는 것 같아'라는 감정으로도 이어지는 것이다. 10대가 아이돌을 선망하며 덕질에 열중하는 것과 유사한 맥락이다. 이처럼 덕질은 닮고 싶은 이상적인 존재를 통해 자신도 그렇게 될 수 있다는 희망과 힘을 얻는 과정이다.

> "열심히 사는 노아를 보면 나도 더 좋은 팬이 되고 싶음!! 내 일도 열심히 하면서 회사에서 인정받는 멋진 빼수니가 되고 싶어."

쌍둥이 기능(Twinship): 함께 덕질하며 가지는 소속감

덕질은 혼자 하는 활동이 아니다. 같은 대상을 좋아하는 사람들이 모여 소통하고 연대하는 팬덤 활동은 강력한 소속감을 느끼게 해준다. 이 감정은 일상에서 찾아오는 외로움을 줄여주고, 내가 이 집단에 받아들여지고 있다는 안정감을 준다.

> "덕질하면서 좋은 덕메(덕후 메이트)들 만나서 너무너무 기쁨ㅠㅠ 좋아하는 사람이 같다는 이유만으로도 이렇게 재밌게 놀 수 있다니ㅋㅋㅋ 같이 공연 보고 뒷풀이하는 게 요새 낙이야."

결국 덕질은 좋아하는 대상을 향한 감정에서 출발하지만, 그 종착지는 자기효능감, 자존감, 소속감으로 이어지는 긍정적인 자기애의 축적이다. 그래서 덕질을 하다 보면 '내가 이런 사람이란 걸 깨달았어', 'ㅇㅇ을 좋아하는 내가 좋아'와 같은 생각을 하게 된다.

덕질은 '정체성 강화'의 장치다.
우리는 좋아하는 것으로
나를 표현하는 시대에 살고 있다.

이 시대의 덕질은 단순히 소비 행위를 넘어, 건강한 자기애를 가진 '나'를 만들어가는 여정이다.

좋아하는 것으로 나를 표현하는 시대

덕질은 이제 단순한 소비가 아니다. 내 삶을 더 즐겁게, 더 주체적으로 살아가기 위한 선택이다. 좋아하는 것을 일상에 들이고 나만의 방식으로 애정을 드러내면서 우리는 각자의 일상을 '내 것'으로 채워간다.

이는 덕질하는 팬덤만의 이야기가 아니다. 우리 모두가 좋아하는 것으로 자신을 표현하는 시대에 살고 있다. 팬덤은 그 애정을 가장 선명하게 보여줄 뿐이다. 특정 아티스트의 노래를 좋아하고, 스포츠팀을 응원하는 마음은 누군가를 좋아하는 마음에 머물지 않고 "나는 이런 것을 사랑하고, 이런 공간을 원하며, 이런 태도로 살고 싶다"는 선언에 가깝다. 덕질은 곧 나를 나답게 만드는 방식이다.

사랑하는 것을 더 사랑하기 위해 오늘도 애쓰는 수많은 팬덤이 있다. 누구보다 주체적으로 자기만의 라이프스타일을 빚어내는 이들을 주목할 때다. 그리고 당신도 덕질이라는 거대한 트렌드 앞에 타자화되지 않고 건강한 자기애를 누리기를. 당신은 무엇을 사랑하며 살아가고 있는가?

1. 요즘 팬덤을 잡는 3감(感): 성장감, 몰입감, 해소감

모든 브랜드는 지속 성장하기 위해 팬덤이 필요하다. 요즘 팬덤이 필요로 하는 것은 함께 성장하고 몰입하며 해소하는 감각이다. 스쳐 지나가는 고객이 팬덤이 될 수 있도록 3가지 요소를 우리 브랜드의 활동과 제품에 녹여내자.

2. 요즘 굿즈의 3성(性): 상징성, 반려성, 놀이성

나를 표현하는 상징성, 일상에서 늘 곁에 두고 애정을 담는 반려성은 요즘 굿즈의 기본 조건이다. 이에 더해 우리 제품이 더욱 사랑받으려면 팬덤의 놀이 장면에 들어가야 한다. 여기서 조건은 브랜드가 주도하는 유행이 아니라, 팬덤이 자발적으로 반응하고 증폭할 수 있는 여지를 남기는 것이다. 팬덤은 참여할 틈이 있을 때 열광한다.

‘무도 키즈’,
사회인이 되다

김종민

Chapter 5

무한~
도전~!

콘텐츠가 정체성이 되는 경우

필자가 원고를 작성하고 있는 2025년 7월, 최대 화제작은 단연 넷플릭스 영화 〈케이팝 데몬 헌터스〉다. 그 이전, 2025년 상반기 전 세계 박스오피스 1, 2위를 달성한 영화는 〈너자2〉와 〈마인크래프트 무비〉였다. 중국인들의 애국심을 자극한 〈너자2〉는 사실상 중국 내에서만 시청했으므로 실질적인 글로벌 1위는 마인크래프트를 실사화한 〈마인크래프트 무비〉라 할 수 있다. 이 영화의 흥미로운 점은 평론가 점수가 40점대로 개봉 전부터 혹평 일색이었지만, 관객들의 평가는 80점을 기록하며 극명한 차이를 보였다는 것이다.

그 이유는 단순했다. 2010년대에 이 게임과 함께 어린 시절을 보낸 2억 4000만 플레이어의 열렬한 호응 덕분이었다. 작품성으로 보면 다소 허술했지만, 관객들에게는 존재 자체로 충분한 공감대와 재미를 제공했다. 어린 시절부터 익혀온 게임의 세계관과 문법이 영화라는 다른 매체에서도 힘을 발휘하며 문화현상이 된 것이다.

〈마인크래프트 무비〉의 흥행은 '어린 시절에 함께한 콘텐츠'의 영향력이 얼마나 강한지 잘 보여준다. 어린 시절에 어떤 콘텐츠와 함께 성장했다는 사실은, 그 자체로 새로운 문화현상을 만들기에 충분한 토대가 된다. 맨 처음 예시로 들었던 〈케이팝 데몬 헌터스〉도 유사하다. 빅뱅, 소녀시대, 트와이스, 블랙핑크를 보고 자란 세대가 K-pop이라는 정체성을 내면화했고, 그들이 성장해 아트디렉터 등 업계 종사자가 되어 K-pop 문화현상의 크기를 키우고 있다.

그렇다면 게임이나 K-pop 말고 예능에서는 어떨까? 어린 시절부터 특정 예능을 보고 자란 세대가, 그것을 바탕으로 새로운 문화현상을 만드는 사례는 없을까?

이 질문에 답하기에 가장 적절한 콘텐츠는 〈무한도전〉일 것이다. 실제로 어렸을 때부터 〈무한도전〉을 보고 자란 세대가 스스로를 정체화하는 키워드가 있다. 바로 '무도 키즈'다. '무도 키즈'라는 단어는 소셜미디어에 2021년 처음 등장한 이래 꾸준히 그리고 명백한 상승 추이를 보이고 있다.

흥미로운 점은 두 가지다. 첫 번째, '무도 키즈'는 〈무한도전〉이 종영되고 나서 등장한 단어라는 점이다. 〈무한도전〉이 방영될 당시에는 아직 어린 시청자였던 이들의 목소리가 그리 주목받지 못했을 것이다. 이들이 성장해 사회생활을 하고, 소셜미디어를 통해 의견을 표출하기 시작하면서부터 이 키워드가 관측되기 시작했다. 실제로 '무한도전'이라는 키워드의 언급량도 2010~15년에 가장 높았다가 종영 시점인 2018년까지는 감소했는데, 돌연 2019년부터 다시 꾸준히 상승하기 시작했다. 종영 이후에 오히려 화제가 됐다는 것

〈'무도 키즈' 언급 추이〉

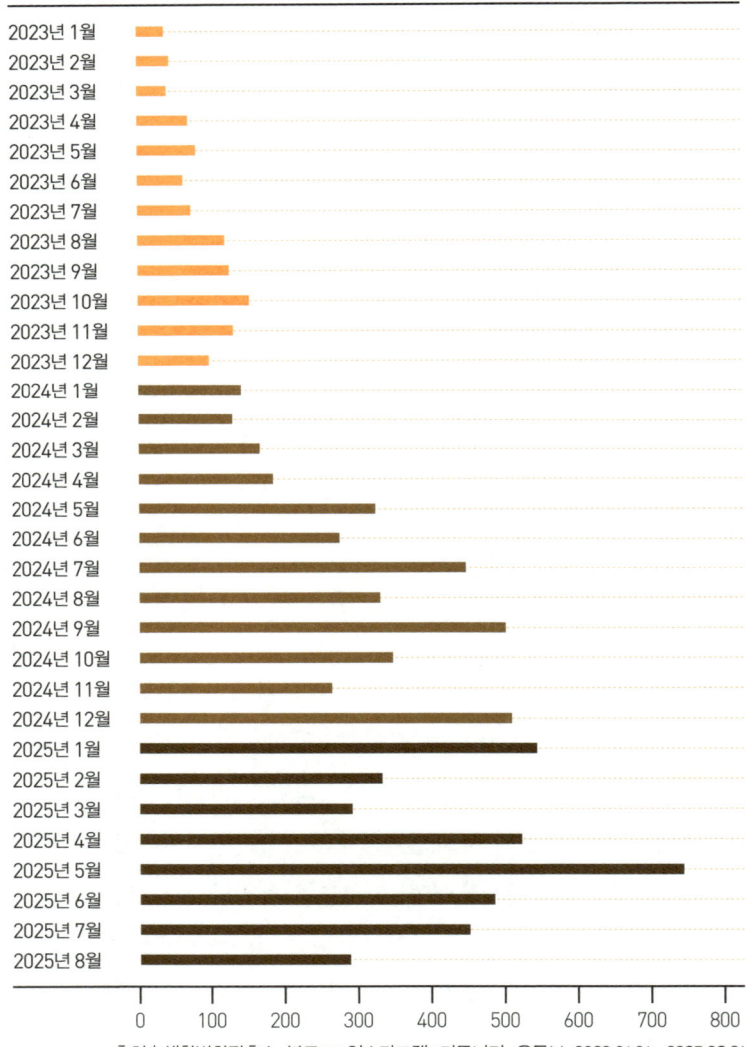

출처 | 생활변화관측소, 블로그+인스타그램+커뮤니티+유튜브, 2023.01.01~2025.08.31

이다. 이는 '무도 키즈'라는 키워드의 상승과 무관하지 않다.

'무한도전' 연관어를 방영 당시와 종영 이후로 비교하면 명확한 차이가 드러난다. 방영 당시(2010~13년)에는 '가요제', '오늘', '도전' 등 방영된 내용 중심이었다면, 종영 이후(2019~23년)에는 '레전드', '유튜브', 'jpg'가 주요 키워드가 됐다. 〈무한도전〉이 유튜브와 짤을 통해 재생산되며, '무도 키즈'들이 이를 주도하고 있다는 의미다.

〈'무한도전' 연관어 순위〉

	2010~13년		2019~23년
1	유재석	1	예능
2	예능	2	유재석
3	멤버	3	멤버
4	방송	4	박명수
5	노래	5	노홍철
6	무한도전	6	레전드
7	박명수	7	특집
8	노홍철	8	정준하
9	가요제	9	무한도전
10	오늘	10	방송
11	도전	11	프로그램
12	프로그램	12	놀면뭐하니
13	정형돈	13	유튜브
14	정준하	14	정형돈
15	특집	15	jpg

출처 | 생활변화관측소, 블로그+엑스+커뮤니티, 2010.01.01~2013.12.31, 2019.01.01~2023.12.31

'무도 키즈'들은 뉴미디어의 문법을 네이티브하게 학습한 세대다. 이들이 〈무한도전〉 종영 이후 뉴미디어 환경에서 적극적으로 활동하는 것이다.

두 번째 흥미로운 점은 '무도 키즈'라는 키워드가 자발적 정체성의 표현이라는 점이다. 몇 년 전 회자됐던 'MZ세대'라는 표현처럼 누군가 "너는 무도 키즈야"라고 규정한 것이 아니라, 스스로 "나는 무도 키즈다"라고 선언한다. 취업 포털사이트에 "저는 무도 키즈라 포기를 모릅니다"라는 자기소개가 등장하고, 소셜미디어에는 '#무도키즈' 해시태그와 함께 일상의 도전과 성장을 공유하는 게시물이 넘쳐난다.

이는 기존의 세대 구분 방식과는 사뭇 다른 양상이다. 과거에는 태어난 시기나 함께 겪은 사회적 사건으로 세대를 구분했다면, 이제는 함께 본 콘텐츠, 공유한 문화경험이 정체성의 새로운 기준이 되고 있다.

'출신'이라는 단어를 생각해보자. '호남 출신', '경기고 출신', '서울대 출신', '삼성 출신' 등 출생지, 교육 환경, 머문 조직 등이 한 사람의 경험을 상징적으로 드러낸다. '○○ 키즈'도 다르지 않다. 필자가 대학에 가서 들었던 재미있는 단어 중 '대치 키즈'가 있다. 말 그대로 대치동에서 나고 자랐다는 의미다. '대치 키즈'라는 표현은, 대한민국에서 가장 사교육 열기가 뜨거운 곳에서 경쟁적인 학창시절을 보냈다는 이미지를 떠올리게 한다. 이와는 결이 다르지만 '박근혜 키즈'라 불렸던 이준석 정치인은 어떤가? 박근혜 전 대통령의 정치적 기반을 바탕으로 정계에 입문했다는 일종의 '출신'과도 같은 의미다. 그런 점에서 '무도 키즈'라는 키워드를 생각해보자. '무도 키즈'라는 단어에는 〈무한도전〉을 보고 자랐다는 사실이 일종의 '출신' 역할을 한다. 보고 자란 콘텐츠가 출신이 되는 것이다. 더욱이 이를 스스로 발화한다고 했으니 '내가 보고 자란 콘텐츠=나의 출신'이라고 정체화한다는 뜻이 되겠다.

물론 〈무한도전〉 방영 당시 이미 성인이었던 사람에게도 〈무한도전〉은 큰 영향을 미쳤을 것이다. 그러나 〈무한도전〉을 어린 시절부터 자연스럽게 체득한 집단과는 차이가 있을 것이다. 이들은 말하자면 〈무한도전〉 네이티브로서, 콘텐츠 자체가 정체성이다. 출신지역, 출신 학교가 아닌 콘텐츠를 출신이라 부르는 이들만의 정체성은 기존의 세대 구분법으로는 설명할 수 없는 새로운 현상이다.

지대한 영향을 미친 프로그램답게 그동안 많은 문화연구에 〈무한도전〉이 레퍼런스로 등장했다. 그러나 대부분 콘텐츠 자체를 다루었지, 시청자인 '무도 키즈'를 하나의 집단으로서 조명한 사례는 드물다. 그들이 이제 성장해 사회에 진출하고 경제활동을 하며 한국사회의 소비와 문화 전반에 영향을 미치기 시작했다. 이제야말로 '무도 키즈'로서 이들을 이해할 필요가 있지 않을까? 소비자로서, 사회 구성원으로서, 그리고 함께 일하는 동료로서 우리 곁에 있는 '무도 키즈'들을 알아가 보자. 이 장에서는 우선 소비자라는 관점에서 살펴보고자 한다.

출생지가 아닌, 함께 본 콘텐츠가
새로운 '출신'이 되는 시대.

'무도 키즈'의 정체성, 인증으로 이어진다

〈무한도전〉은 종영했지만 '무도 키즈'와 함께 유튜브와 밈으로 부활해 온라인 공간의 랜선 문화로서 여전히 건재한다. 어쩌면 과거를 향수하는 미화된 기억 때문에 종영 당시보다 더 큰 문화현상처럼 느껴지는 것인지도 모른다.

그런데 〈무한도전〉은 온라인 환경에서만 살아 있는 것이 아니다. 오프라인 공간에서 물리적으로도 존재한다. 그것은 '무도 키즈'들의 인증 문화와 함께한다.

자신을 정체화한 사람들은 그것을 인증하고 싶어 한다. 그리고 인증에는 수단이 필요하다. 스스로 '러너'라고 정체화한 사람들은 나이키런의 기록을 SNS 스토리에 공유함으로써 인증한다. 스포츠 팀의 팬들은 유니폼을 사서 입고, 경기장에 가서 인증샷을 찍어 올린다. 인증을 통해 동일한 정체성을 가진 사람들이 모이고 관심사를 공유한다. 오늘날 정체성은 인증 행위로 표출되며, 인증은 때로는 온라인에서, 때로는 물리적 상품으로, 때로는 직접적 방문을 통해 이뤄진다.

'무도 키즈'들도 정확히 같은 모습을 보인다. 카카오톡 오픈 채팅방 '침묵의 박명수 방'같이 밈을 공유하며 오로지 짤로만 소통하는 온라인 사례는 이미 너무 유명하다. 그렇다면 오프라인에는 어떤 사례가 있을까?

물리적 상품의 사례로는 2025년 〈무한도전〉 달력이 있다. 정확히는 달력이 아니라 일력이다. '없는 게 없는 무한도전'이라는 컨셉으로 365일의 모든 날짜를 〈무한도전〉 밈으로 채운 이 일력은, '무도 키즈'들의 화력으로 당초 계획한 수량을 넘어 7차까지 판매가 이어졌다. 일력을 반기는 반응도 다양하게 표출됐는데, 재미있는 반응 중 이런 것이 있었다.

"한국인이라면 무한도전 2025 일력 구매합시다."

이 사람의 세계관에서는 '한국인=〈무한도전〉'이라는 등식이 성립한다는 점을 엿볼 수 있다. 한국인이라면 한국인으로서의 정체성도 분명히 강할 텐데, 그에 못지않은 정체성이 '무도 키즈'인 셈이다. "무도 키즈라면 사야 한다"는 반응에서는 그들이 이러한 굿즈를 기다려왔고, 인증 수단으로 기꺼이 구매한다는 사실을 분명히 확인할 수 있다.

직접 방문을 통한 인증도 살펴보자. 2025년 쿠팡플레이가 펼친 '무한도전 Run with 쿠팡플레이', 통칭 '무한도전 마라톤'이 좋은 예시다. 러닝과 마라톤 열풍 속에 실로 다양한 마라톤 행사가 개최되고 있는데, '무한도전'이라는 이름을 붙이니 단 2분 만에 매진을 기록했다. 반응도 살펴보자.

"이 조합에 내가 안 가면 이건 무도에 대한 예의가 아니야… 진짜 루…"

콘텐츠는 정체성이 되고,
정체성은 소비 행위로 인증된다.

출처 | 생활변화관측소, 블로그+
인스타그램+엑스+커뮤니티+유
튜브, 2023.01.01~2025.08.31

"무도 키즈 여러분, 여의도 미션 장소로 집합입니다."

"뛰는 것도 뛰는 건데 멤버들도 같이 있어서 진짜 무도 그 감성 그대로 추격전하는 느낌 들 거 같음… 친구도 보자마자 신청하자고 난리였는데 2분 만에 다 나간 거 어찌저찌 구했지"

여기서도 주목할 점은 '무도 키즈'라는 공유된 정체성이 이들의 발걸음을 옮기게 한다는 것이다. '무도 키즈'이기에 기꺼이 행사에 참여하고 다른 사람들의 참여도 독려한다.

흥미롭게도 온라인상에서 '무도 키즈'의 연관어 중에는 '여행'이 발견된다. '무도 키즈'들이 직접 방문해서 인증하는 행위 때문이다. 그들은 군산, 경주, 심지어 뉴욕에도 간다. 이 장소들의 공통점을 눈치챘는가? 바로 〈무한도전〉에서 특집 촬영차 방문한 곳이다. 군산은 누군가에게 〈8월의 크리스마스〉일 수도, 경주는 누군가에게 십원빵일 수도 있으나, '무도 키즈'들에게는 '박명수 고향'이고 '경주 보물찾기'의 공간이다. 이들은 〈무한도전〉과 관련된 여행지를 갈 때마다 〈무한도전〉의 특정 회차를 상기한다. 즉 같은 여행 장소를 방문해도 〈무한도전〉의 렌즈를 통해 그 공간을 해석하고 의미를 구체화하는 것이다. 아예 '무도 키즈'인 친구들끼리 모여서 〈무한도전〉 컨셉으로 여행을 가고 블로그에 밈을 도배해가며 후기를 남기는 사례도 발견된다.

지방자치단체에서는 관광 홍보 차원에서 이를 적극적으로 활용하는 것도 좋은 전략일지 모른다. 〈무한도전〉에 나온 장소를 일종의 '무도 키즈' 성지로 만들어볼 만하다. 일본에도 유사한 사례가 있다. 관광 동력을 잃고 인구가 계속 빠져나가던 누마즈라는 지역이 〈러브라이브! 선샤인!!〉이라는 애니메이션에 등장해 성지로 거듭나면서 관광객이 3700% 증가하고 젊은 인구 유입도 6배 늘었다. 팬들이 자발적으로 정체화하며 적극적으로 누마즈를 방문한 것이다. 그들은 누마즈에서 작품의 스토리를 읽는다. '무도 키즈'의 행보도 이와 다르지 않아 보인다.

특이한 '무도 키즈' 인증 사례로는 전 세계 수억 명이 목격자인 경우도 있다. 한국 가수 최초로 빌보드 Hot 100 차트 1위를 달성한 방탄소년단의 'Dynamite' 뮤직비디오가 그것이다. 뮤직비디오의 한 파트가 〈무한도전〉 '완전 남자다잉' 특집에서 노홍철이 스킨로션 바르는 장면을 오마주했다. '무도 키즈'들이라면 이를 못 알아볼 수 없을 것이다. 이 외에도 세븐틴, 라이즈, 엔믹스 등 현재 K-pop을 이끄는 아이돌들 중에도 '무도 키즈'임을 적극적으로 드러내는 경우가 적지 않다. 이들의 인증은 상당히 구체적이다. 과거처럼 "어릴 때 재밌게 봤어요" 수준의 예의성 멘트가 아니라, 구체적인 에피소드와 함께 자신만의 〈무한도전〉 경험담을 적극적으로 공유한다. 자신과 〈무한도전〉의 연결고리를 찾아 강조하는 것이다.

'무도 키즈'들 입장에서는 당연히 이러한 인증이 반갑다. 외지에서 같은 고향 출신을 만나는 것처럼, 공인인 누군가가 '무도 키즈'임을 인증하면 괜히 동질감을 느끼게 된다. 멀리 떨어진 연예인이 아니라, 같은 시간대에 같은 콘텐츠를 보며 자란 사람이라는 친근감이 생긴다. 아이돌과 연예인이 '무도 키즈'라고 적극적으로 인증하니, 내가 '무도 키즈'인 것이 더욱 자랑스러워지기도 한다.

이처럼 강력한 집단 정체성은 어떻게 가능한가? 맨 처음 이야기했던 마인크래프트 사례를 떠올리면 답이 나온다. '어린 시절'에 '장기간' 접했기 때문이다. 〈무한도전〉의 방영 기간은 13년이다. 13년이라는 시간의 무게는 결코 가볍지 않다. 2005년 〈무한도전〉이 시작될 때 유치원생이었던 아이들이 현재는 사회초년생이다. 말 그대로 어린아이가 성인이 되기까지 성장기 내내 〈무한도전〉이 함께한 것이다. 〈무한도전〉이 처음 방영할 당시 유치원생~고등학생이었다면 대략 1990년대 초반~2000년대 초반에 출생한 이들일 것이다. 이들의 상당수에게 13년간 영향을 주었다는 것은 의미가 결코 작지 않다.

이처럼 장기 방영된 콘텐츠는 유의미한 세대 기준으로서 충분한 역할을 한다. 〈무한도전〉보다 더 오랜 기간 방영되고 있는 〈런닝맨〉 역시 '런닝맨 키즈'라는 키워드로 정체성이 표현된다. 아이돌들이 인증하는 양상도 비슷하다. 걸그룹 베이비몬스터의 라미와 로라는 〈런닝맨〉 출연 당시 "저희는 런닝맨 키즈. 런닝맨 1화부터 다 봤다"고 이야기했다. 2007년, 2008년생인 이들에게 2010년 시작된 〈런닝맨〉은 말 그대로 삶 전체를 함께한 프로그램이었을 것이다.

애니메이션에서는 이러한 세대 구분이 이미 공식처럼 있다. '드래곤볼/슬램덩크 세대', '원나블 세대'(〈원피스〉, 〈나루토〉, 〈블리치〉), 그리고 '귀주톱 세대'(〈귀멸의 칼날〉, 〈주술회전〉, 〈체인소맨〉) 등 세대를 구분하는 줄임말과 정체성이 존재한다. 그리고 이는 단순한 취향 차이를 넘어 문화적 코드의 차이를 만든다.

그 문화적 코드는 소비로 그리고 영향력으로 나타난다. 〈슬램덩크〉 영화가 개봉하자 N회 관람을 위해 극장으로 달려가고, '경화수월'이라는 맥주 브랜드 게시물에 〈블리치〉 밈을 도배하며 하루 만에 수천 개의 댓글을 달고, 홍대 애니메이트 〈주술회전〉 콜라보 카페에 새벽 6시부터 오픈런으로 줄을 서는 모습을 보라.

이런 현상이 의미하는 바는 분명하다. 과거에는 나이나 출생 지역, 학교 같은 외적 조건으로 정체성이 결정되었다면, 이제는 자신이 자발적으로 선택하고 소비한 콘텐츠가 정체성의 핵심이 되고 있다. '무도 키즈'든 '런닝맨 키즈'든, 이들은 모두 스스로 선택한 문화적 경험을 바탕으로 자신을 정의한다.

그렇다면 다음 질문을 던져볼 수 있다. 어릴 때 〈무한도전〉을 보며 자란 세대, 이 거대한 집단은 어떤 특징을 보이는가? 다른 세대의 다른 집단과 구분되는 특징이 있는가? 이들이 사회에 진출하면서 나타나는 현상은 무엇인가? 이러한 질문들에 답하기 위해 '무도 키즈'의 특징을 살펴보자.

'무도 키즈'의 집단 정체성

캐릭터 중심 사고

'무도 키즈'의 특징 중 하나는 바로 캐릭터를 통해 세상을 본다는 것이다. 그리고 이를 매우 자연스럽게 내재화한다는 점이다.

유튜브를 보면 1980년대생 남성 크리에이터들은 레퍼런스로 《삼국지》를 자주 인용한다. 그들이 자랄 때는 《삼국지》를 통해 인간 군상을 배웠을 것이다. 유비의 인덕, 제갈량의 지략, 관우의 의리, 장비의 용맹 등 말이다. 각 인물은 그에 걸맞은 성격과 캐릭터성이 있다.

'무도 키즈'들에게는 〈무한도전〉이 현대판 《삼국지》다. 〈무한도전〉 멤버들의 캐릭터, 그 캐릭터가 형성되는 과정, 이들의 조합에서 나오는 재미가 현실에서 마주하는 인물과 상황에 대한 레퍼런스를 제공하기 때문이다. 유재석은 '1인자, 리더, 진행자', 박명수는 '현실적, 츤데레', 노홍철은 '예측불능, 사기꾼' 등 멤버마다 매칭되는 캐릭터가 있다. 그리고 이를 바탕으로 특집별, 시기별로 각기 다른 재미를 선사했다. 더 주목할 점은 이들이 개별 캐릭터뿐 아니라 조합적 요소를 보여준다는 사실이다. '유돈노'(유재석, 정형돈, 노홍철) 조합이라든지, 정준하와 박명수의 '하와 수' 조합 등이 예시다. 이들의 캐릭터성이 만들어지고 발전되는 과정을 많은 이들이 시청했고 영상 기록으로도 남아 있다는 점에서 〈무한도전〉의 캐릭터성은 《삼국지》의 그것보다 훨씬 짙고 생생하다.

〈무한도전〉 캐릭터성의 파급력을 단적으로 보여주는 예가 '짤'이다. '무도 키즈'들은 현실 상황에 맞는 〈무한도전〉 짤을 쓰곤 하는데, 이는 곧 '이 캐릭터가 이 상황에서 했을 법한 말'을 대신하는 것과 같다. 다른 예시는 〈무한도전〉 멤버들이 운영하는 개인 유튜브 채널인데, 〈무한도전〉을 통해 형성된 고유의 캐릭터가 여전히 작동하는 것을 확인할 수 있다.

'무도 키즈'가 성장해 사회인이 되면서 〈무한도전〉 멤버들의 발언과 행동을 재조명하는 현상도 같은 맥락에서 볼 수 있다. 어느덧 자신이 그 당시 하하, 노홍철, 정형돈의 나이가 되면서 그들의 고민과 불안을 이해하게 된다. 박명수의 캐릭터가 무작정 호통만 치는 게 아니라 현실적이고 합리적인 것이었음을 납득하게 된다. 그러면서 나라면 어떻게 할지 생각해본다. 박명수의 자아로 맞서볼 것인지, 유재석의 자아로 유하게 넘길 것인지를 저울에 대본다. 〈무한도전〉에서 제시한 캐릭터가 이렇게 레퍼런스가 되면서 '이 캐릭터라면 이런 말을 했겠지'라는 캐릭터 중심 사고방식이 자연스럽게 작동하기 시작한다.

캐릭터 및 캐릭터의 조합을 중시하는 사고방식은 어쩌면 젊은 세대 사이에 MBTI가 크게 유행하는 데도 일조하지 않았을까 추측해 본다. MBTI는 16가지 유형별 캐릭터를 부여하고 어떤 조합이 이상적인지에 대한 해석의 장을 열어주는데, '무도 키즈'들은 이때도 〈무한도전〉 캐릭터를 매칭한다. ISTP 유형의 대표격으로 박명수를 내세우고, 그 후계자로 주우재를 언급하며 세계관을 확장시킨다. '무도 키즈'들은 〈무한도전〉을 통해 이미 캐릭터 및 캐릭터 조합의 묘미를 자연스레 학습했고, 그것을 소통의 수단으로 쓰는 데 익숙하다. 캐릭터와 조합을 중시하는 '무도 키즈'의 이러한 특성이 동년배 세대 전반에 스며들었다고 유추할 수도 있지 않을까.

성장 지향성

두 번째 '무도 키즈'의 특징은 성공보다 성장을 중시한다는 점이다. 이는 사실 '무도 키즈'만의 특성이라기보다는 또래 세대가 공유하는 가치관이다. 3장에서 살펴보았듯이 최근 '성장' 키워드의 언급량이 '성공'을 역전했다. 여러 가지 이유가 있을 것이다. 경제적, 사회적 성공을 이야기하는 자기계발 담론이 '성공 팔이'라는 부정적 시선에서 자유롭지 못해서일 수도 있고, 저성장이나 경기침체 등 거시적 이슈로 팍팍해진 삶에 '성공'을 입에 올리는 것이 현실성이 없거나 사치처럼 느껴져서일 수도 있다. 그러나 좀 더 긍정적으로 바라보자면, '성장'이라는 인간 본연의 가치가 더 주목받는 것이라고도 해석할 수 있다. 이유가 어떻든, 성장을 중시하는 세대가 사회에 진출함에 따라 사회 전반의 담론도 함께 변화하는 중이다.

10년 넘게 '도전'을 외쳐온 〈무한도전〉이야말로 성장 지향성을 떼놓고 생각하기 어렵다. 〈무한도전〉의 감동은 상당 부분 그들이 도전하며 써 내려간 성장 서사에서 나온다. 〈무한도전〉 멤버들이 스포츠에 도전했던 사례를 떠올려보자. 조정, 봅슬레이, 프로레슬링… 흔히 '비인기종목'이라 하는, 일반인에게 생소한 스포츠들이다. 그러나 무모해 보이는 도전을 시작해 최고는 아니라도 감동적인 결과를 내는 것에서, 그리고 시작하기 전과는 확실히 달라진 멤버들의 모습에서 성장 서사를 읽을 수 있었다. 생소한 시도를 해본다는 것 자체로도 도전이고, 이런 도전을 반복해서 사는 삶 자체도 도전이다. 그것을 콘텐츠로 매주 송출하는 일 또한 도전이었을 것이다.

"때로는 실패하더라도 최선을 다하는 모습에 감명받았다."
"무모하지만 도전하고 노력하는 과정이 성장의 원동력이 되는 것을 무한도전을 통해 배웠다."

그렇게 13년에 걸쳐 성장 서사를 지켜본 '무도 키즈'들이 사회에 진출했다. 이들에게는 '잘 살기' 못지않게 '잘 자라기'가 익숙하고 가치 있는 개념이다. 도전을 통한 성장을 지향하는 이러한 특성은 성공보다 성장을 더 중시하는 세대적 특성과 무관해 보이지 않는다.

그 시절 〈무한도전〉이 보여준 성장 서사는 오늘날 젊은 세대가 보이는 성장 지향성과 유사하다. 오늘날의 젊은 세대도 새로운 영역에 도전해서 배워보고 경험하기를 주저하지 않는다. 2010~20년 동안 성인 교육시장은 연평균 4.3% 성장했다고 한다. 이를 입증하듯 소셜미디어상에 '성인 구몬' 후기가 자주 눈에 띈다. 낯설고 잘 모르는 지식을 성인이 되어서도 꾸준히 배우고자 하는 수요가 점차 확대되고 있다. 모든 젊은 세대가 〈무한도전〉을 시청했던 것은 아닐지라도, 프로그램의 화제성과 파급력을 고려할 때 〈무한도전〉의 성장 지향성이 세대 전반에 크고 작은 영향을 미치지 않았을까?

재미의 기준

세 번째 '무도 키즈'의 특징은 재미의 기준을 〈무한도전〉을 통해 학습했다는 것이다.

시대마다, 세대마다 유머의 코드가 다르고 재미의 기준도 다르다. '무도 키즈'들에게는 〈무한도전〉 식 재미가 기준이다. 〈무한도전〉 식 재미는 곧 '영상의 재미'를 의미하며 자막, 편집 스타일, 낯선 상황 속에 던져진 캐릭터라는 3가지 요소로부터 온다. 유튜브와 숏폼 콘텐츠에 둘러싸여 사는 지금 시대에 반드시 지켜야 할 기준으로 받아들여지고 있기도 하다.

일단 〈무한도전〉 식 자막은 매우 유명하다. 제작자의 논평이 시청자에게 그대로 전해지는 방식이어서 마치 제작자와 실제로 소통하는 듯한 느낌을 준다. 특유의 궁서체 자막은 김태호 PD를 '무한도전 제7의 멤버'로 불리게 한 일등공신이었다. 연출자가 개입하는 자막 스타일, 굴욕적인 상황에 과감하게 날리는 해골 이모티콘 등이 이제는 클래식한 재미의 기준으로 자리 잡았다. 동적이고 빠른 편집에 더해진 말풍선, 의성어, 의태어 이모티콘도 상징적이다.

지금은 유튜브를 시청하면서 자동 생성된 자막을 보는 게 자연스럽고 자막 없이는 영상 시청에 불편함을 느낄 정도다. 그러나 유튜브 이전에는 이모티콘이나 자막이 풍부하게 제공되는 편집방식이 흔치 않았다. 〈무한도전〉 방영 당시만 해도 작은 말풍선으로 '짜증', '버럭', '꼴깍' 등을 이모티콘으로 표현하는 것은 새로운 시도였고, 그러다 보니 말풍선만 보고도 알아볼 수 있을 만큼 〈무한도전〉의 편집 스타일 자체가 아이콘이 되었다. 이 편집 스타일을 해부해서 붙이기만 하면 어떤 콘텐츠든 〈무한도전〉처럼 보일 정도다. 그리고 '무도 키즈'들은 그것에서 재미를 느낀다. 일례로 〈흑백요리사〉, 〈오징어게임〉 등 유명 작품들의 한 장면을 〈무한도전〉 스타일로 편집한 영상들은 거의 100만에 가까운 조회수를 보인다.

예측 불가능한 상황에 캐릭터를 던져둔다는 속성도 〈무한도전〉 식 기획의 한 요소다. 사전에 고지하지 않은 상황에 멤버들을 던져놓고, 그 캐릭터가 어떻게 행동하는지 관찰한다. 유튜브 콘텐츠 중에 주목받았던 '워크맨'이 이런 형식이다. 〈무한도전〉의 '극한 알바' 특집을 베이스로 하여, 낯선 상황에서 어떤 그림이 나오는지 기대하면서 보게 된다. 그런 속성의 연장선에는 기안84 같은 인물도 있다.

'무도 키즈'들이 다른 콘텐츠를 보면서 "이거 무도에서 본 것 같은데"라고 하는 경우를 온라인상에서 발견하게 되는데, 그만큼 이들에게는 〈무한도전〉식 영상이 재미의 기준으로 각인되어 있다는 뜻이다. 새로운 콘텐츠를 접할 때마다 무의식적으로 〈무한도전〉의 재미 공식과 비교하게 되는 것이다.

'무도 키즈'에서 '무도 손자'로 전승되는 정체성

〈무한도전〉을 시청하며 자란 세대가 사회인이 되면서 일종의 문화적 전승이 나타나는 현상도 흥미롭다. 〈무한도전〉을 통해 학습한 문법이 다음 세대로 이어지는 것이다. 그 대상은 〈무한도전〉이 방영되던 당시에는 태어나지 않았거나 너무 어렸던 사람들이다.

앞서 언급했던 아이돌의 사례가 대표적이다. 세븐틴, 엔믹스, 라이즈 등 10~20대에게 큰 영향력을 미치는 아이돌들이 스스로 '무도 키즈'임을 인증하고 관련 밈을 방송에서 사용하면서 자연스레 그 팬들도 〈무한도전〉에 노출되게 된다.

부모님을 통해 〈무한도전〉을 알게 된 사례도 드물지 않다. 40대 부모님이 20대에 시청했던 〈무한도전〉을 다시 보면서 그들의 초등, 중등 자녀도 함께 시청하는 것이다. 방영 당시의 분위기나 맥락을 고스란히 전달할 수는 없겠지만, 부모와 자녀가 같은 문화를 공유하는 즐거움이 있다. 어린 시절 〈무한도전〉을 시청한 세대가 '무도 키즈'라면, 그들이 2차로 만들어내는 영향력을 흡수하는 세대는 '무도 손자'라 부를 수 있겠다.

세대를 거친 문화 전승의 사례는 다른 곳에서도 나타난다. 바로 스트리밍 플랫폼 '치지직'에서다. 치지직은 트위치가 국내 시장에서 철수하고 네이버가 만든 스트리밍 플랫폼이다. 일종의 유튜브 라이브와 비슷한 개인방송 플랫폼인데, 〈무한도전〉이 여기서 24시간 스트리밍되고 있다. 치지직이 〈무한도전〉을 공식 송출한 첫날부터 〈무한도전〉의 인기는 주목할 만했다. 평일 오후임에도 한 스트리머와 〈무한도전〉을 같이 보는 방송에 동시접속자 2만여 명이 몰리며 실시간 1위를 기록했다. 오후 5시에는 약 3만 명의 치지직 이용자가 〈무한도전〉 공식 채널 또는 스트리머 '같이보기'를 통해 〈무한도전〉을 시청했다.

치지직은 과거 트위치의 이용자를 거의 물려받았기 때문에 발로란트, 롤(LOL) 등 종합 게임이 중심 콘텐츠이고 10~30대가 주 이용자다. 이 말은 곧 '무도 키즈'가 아닌 연령대가 있는 공간에 〈무한도전〉이 진입해 흥행했다는 뜻이다.

광고나 콘텐츠에서도 〈무한도전〉 문법이 나타나고 전승된다. 〈무한도전〉을 시청하고 자란 세대들이 마케팅, 브랜딩, 콘텐츠 분야로 진출해서 그 문법을 적용하는 것이다. 유명한 사례로는 '배달의민족'이 있다. 재치 있는 브랜딩 전략으로 성장을 거듭했던 배달의민족은 "〈무한도전〉을 참고했다"고 일찍이 밝힌 바 있다. 배달의민족은 핵심 타깃을 '〈무한도전〉을 본 사람'이라고 명시하며, 브랜딩과 마케팅 문법 자체를 〈무한도전〉 스타일에 맞춰 구성했다.

조금 더 최근의 사례를 들자면 빠니보틀과 기안84가 출연하는 여행 예능 프로그램, 그리고 돌고래유괴단의 광고 영상이 있다. 사실 이 콘텐츠를 제작하는 사람들이 〈무한도전〉을 벤치마킹했다고 표명하지는 않는다. 〈무한도전〉 식 문법이 일반화되면서 이제는 특별히 '샤라웃'할 필요가 없어졌기 때문인지도 모른다. 이럴 때 간접적으로 확인할 수 있는 수단은 시청자들의 반응이다. 콘텐츠를 본 사람들이 "옛날 무한도전 느낌을 받는다"는 댓글을 달고 있다. 과거 〈무한도전〉이 보여주었던 예측 불가능한 상황에 던져진 캐릭터나, 빠르고 동적인 B급 감성 편집 스타일이 관찰되면 사람들은 자연스레 〈무한도전〉을 떠올리며 이를 언급한다.

특히 기안84가 그런 평가를 자주 듣는데, 갠지스 강물을 마신다든가 하는 돌발적인 행동과 기존의 예능에서 볼 수 없었던 캐릭터라는 점이 그렇다. 아무 준비도 없이 달리기를 시작하는 것 같더니 어느새 꽤 진지하게 마라톤에 임하고 성장하는 모습을 보여주기도 한다. 과거에 노홍철이 그전까지 존재하지 않았던 캐릭터로 평가받았던 것을 기억해보자. 또 〈무한도전〉 멤버들이 스포츠에 도전해 성장했던 모습을 상기해보자. 기안84의 캐릭터성은 과거 〈무한도전〉에 나타났던 요소들이 지금에 맞게 변주된 것이라 할 수 있다.

마케팅 분야에서 '무도 키즈'의 영향력은 최근 주목받고 있는 마이크로 인플루언서 시장에서 두드러진다. 과거의 광고 시장은 소수 독점이었다. 광고주들은 소수의 연예인에게 광고를 몰아주고 그 영향력으로 브랜드 이미지를 만들고자 했다. 그러다 뉴미디어 시대가 시작되면서 그 시장은 팔로어/구독자 100만 명 이상의 메가 인플루언서 차지가 되었다.

현재는? 뉴미디어 시장이 성숙하면서 광고주들은 수천 명에서 수만 명의 팔로어/구독자를 가진 마이크로 인플루언서에 집중한다. 1억 원을 한 명의 메가 인플루언서에게 태워서 광고하는 것보다, 1만 구독자를 가진 100명에게 100만 원씩 광고를 돌렸을 때 효율이 더 좋기 때문이다. 이처럼 마이크로 인플루언서의 시대가 도래하면서 구글, 메타 등 플랫폼 공급자들도 이들에게 친화적인 환경을 제공하고자 노력하고 있다.

그런데 인스타그램에서 마이크로 인플루언서들을 살펴보면 〈무한도전〉 짤을 사용하는 '무도 키즈'들을 쉽게 찾을 수 있다. 해당 계정들은 인스타그램 유머글, 카드뉴스 형식의 게시글에 〈무한도전〉의 짤, 영상, 밈을 적절히 활용한다. 자신이 〈무한도전〉을 좋아할 뿐 아니라, 〈무한도전〉의 표현방식이 여전히 효과적인 소통 도구로 기능한다고 판단하는 것이다. 한국의 10대들이 인스타그램 DM을 카카오톡보다 더 중요한 의사소통 수단으로 쓸 만큼 인스타그램은 10대가 많은 플랫폼이다. 그런 채널에서 '무도 키즈'들이 현재의 10대에게 영향을 미치고 있다.

이처럼 '무도 키즈'들은 캐릭터성, 성장 서사의 목격, 〈무한도전〉을 통해 학습한 재미의 기준을 바탕으로 독특한 세대적 특성을 보여준다. 또한 이들이 경제활동을 하는 나이에 접어들면서 이 세대 특성이 다양한 분야로 전파되고 있다. 더 나아가 〈무한도전〉을 직접 시청하지 않은 세대를 '무도 손자'화하고 있다.

여기서 문득 번외의 궁금증이 생긴다. '무도 키즈'의 특성이 이렇다면, 또 하나의 장수 예능인 〈런닝맨〉을 보고 자란 '런닝맨 키즈'는 어떤 특성을 보일까?

〈런닝맨〉의 가장 주목할 점은 2010년 방송을 시작해 지금도 이어가고 있다는 점이다. 일요일 저녁 시간대라 공부에 쫓기지 않는 초중등생은 가족과 함께 시청할 여건이 된다. 그리고 〈런닝맨〉이 유튜브를 타고 글로벌로 흥행하면서, 시청자들은 한국을 넘어 글로벌 팬들과 함께 프로그램을 보는 특별한 경험을 하고 있다. 포맷으로 보자면 매회 달라지는 게스트, 매회 다른 게임이라는 특징이 있다. 이런 요소들이 〈런닝맨〉을 보고 자란 이들에게 어떤 영향을 미칠까? 몇 가지 흥미로운 가설이 떠오른다.

첫 번째 가설은 '런닝맨 키즈'의 경우 자기소개와 관련된 문법을 학습했으리라는 것이다. 〈런닝맨〉은 매주 새로운 게스트가 나오고, 그들은 짧은 시간에 자신을 어필해야 한다. 이런 패턴을 반복해서 본 '런닝맨 키즈'들은 빠른 자기소개와 관계 형성이 익숙할 수 있다. 앞에서 캐릭터 중심으로 세상을 바라보는 '무도 키즈'가 MBTI 유행에 기여했을 가능성을 언급했는데, '런닝맨 키즈'도 그렇지 않았을까? MBTI를 인스타그램, 트위터 프로필에 기재하며 자기소개의 문법으로 만든 것이 이러한 속성과 무관하지 않다는 가설이다.

두 번째 가설은 스몰 게임에 대한 친숙함이다. 〈런닝맨〉은 매회 새로운 게임 규칙을 도입하고, 작은 단위의 미션을 끊임없이 제시한다. 이것을 보며 자란 '런닝맨 키즈'들에게는 대단위 수련회의 레크리에이션보다, 마음 맞는 사람들끼리 소규모로 모여서 작은 게임을 즐기는 게 익숙할 수 있다. 2010년대 후반 보드게임 카페의 급성장과 이들의 성인기 진입 시기가 겹치는 것은 우연일까? 2018년 하반기부터 2019년 상반기까지 국내 테이블 보드게임 시장은 양적인 면에서 눈에 띄는 성장을 보였다. 해당 기간 국내 출시된 제품 수역시 전년 동기 대비 2배에 이른다. 코로나19 이후 보드게임 시장의 매출이 크게 늘어, 지금은 Z세대의 놀이 코스로 인생네컷과 함께 보드게임 카페가 자리 잡았다. 보드게임 카페의 성공에는 〈더 지니어스〉 등 추리 예능의 기여도 있지만, 스몰 게임이라는 측면에서는 '런닝맨 키즈'의 속성도 한몫했다고 생각한다. 매주 다른 게임을 보며 자란 이들에게는 새로운 룰을 익히는 것 자체가 재미의 일부가 되었을 것이다.

세 번째 가설은 글로벌 팬덤과 함께 콘텐츠를 시청한 경험에서 나온다. 시대적 제약상 〈무한도전〉은 한국의 문화에 머물렀을 뿐 글로벌 팬덤이 주류로 드러나지는 않았다. 그런데 〈런닝맨〉은 국제적인 관심을 얻으며 팬덤이 해외로도 확장됐다. 〈런닝맨〉 유튜브 클립을 봐도 한국인과 외국인 댓글이 섞여 있다. 한국에서 생산된 것을 글로벌 팬덤과 함께 덕질해본 이들은 한국의 콘텐츠가 외국에도 통할 수 있다는 가능성을 당연하게 여긴다. 또 한국의 콘텐츠를 글로벌 팬들의 입장에서 받아들이는 감수성도 학습하게 된다. 그래서인지 현재 틱톡, 인스타그램에는 한국에서 나고 자라 글로벌 타깃으로 콘텐츠를 만드는 Z세대들이 많다. 이런 현상은 '런닝맨 키즈'의 특성과도 무관하지 않을 것이다.

'무도 키즈'가 확산시킬 문화적 DNA

그렇다면 〈무한도전〉의 영향력은 언제까지 지속될까? 여러 요인을 고려할 때 상당 기간 지속될 것으로 보인다. 무엇보다도 〈무한도전〉은 지금의 파편화된 미디어 환경에서는 기대하기 어려운 마지막 '공통 경험'이기 때문이다.

〈무한도전〉이 종영한 2018년 이후 우리는 완전히 다른 미디어 환경에 살고 있다. 드라마는 넷플릭스와 티빙으로, 게임은 롤과 배그와 로블록스로, 음악은 스포티파이와 멜론과 유튜브 뮤직으로 주요 소비 채널이 나뉘었다. 나아가 같은 플랫폼 안에서도 개인 맞춤형 추천 알고리즘이 작용해 각자 전혀 다른 콘텐츠를 소비하는 시대가 되었다. "어제 뭐 봤어?"라는 질문의 답이 겹칠 확률은 점점 줄어들고 있다.

과거에 '어제 뭐 봤는지' 혹은 '주말에 뭐 봤는지' 물어보면 나오는 단골 대답은 〈무한도전〉과 〈개그콘서트〉 정도였다. 〈무한도전〉은 2010년 이전에는 30%가 넘는 시청률을 기록했고, 그 후에도 시청률 10% 이상을 유지했다. 여러 코너가 매주 새로 등장하고 들어가는 〈개그콘서트〉와 달리 〈무한도전〉은 연속적이라는 점에서 공통의 세계관이라는 의미가 있었다.

지금도 〈무한도전〉을 능가하는 인기 프로그램이 없는 건 아니다. 〈미스터 트롯〉도 시청률 30%를 돌파했다. 그러나 트로트는 타깃이 명확하고 한정적이다. 〈폭싹 속았수다〉처럼 큰 화제성을 모은 작품도 〈무한도전〉처럼 13년을 유지하지는 않는다. 일부 사람들의 공통 경험이거나 다수의 사람에게 잠깐 화제가 될 수는 있어도, 다수에게 장기간 공통 경험이 됐던 사례는 〈무한도전〉이 거의 마지막이라고 볼 수 있다. 이 점에서 〈무한도전〉이 형성한 세대적 특징은 최소한 '무도 키즈' 세대 내에서는 유효할 것이다. 어쩌면 '무도 손자' 세대까지도.

지금까지 〈무한도전〉과 '무도 키즈'의 예를 통해 콘텐츠와 집단 정체성에 대해 살펴보았다. 당신이 시간을 쏟는 콘텐츠는 곧 당신의 정체성이다. 그리고 그 정체성을 공유하는 이들이 집단으로 존재하는 한, 언젠가는 문화현상이 된다. '무도 키즈'가 바로 그 사례다.

'무도 키즈'는 세대 구분을 넘어선 새로운 정체성의 탄생이다. 출생지나 학교가 아니라 함께 본 콘텐츠로 자신을 정의하는 세대, 캐릭터로 세상을 해석하고, 성장을 성공보다 중시하며, 〈무한도전〉식 영상의 재미를 내면화한 이들이 이제 사회의 주역이 되었다. 과거 밀레니얼이 사회에 등장하면서 '워라밸' 담론이 생겨나고, 기존의 가치관과 부딪치기도 했지만 결국 '저녁이 있는 삶'을 우리 사회의 기본값으로 자리매김한 바 있다. 게임 문법에 익숙한 레이트

밀레니얼이 사회에 진출하면서 '1인분'이 조직생활의 최소 기준으로 규정되기도 했다. 이런 맥락에서, 성인이 된 '무도 키즈'들이 우리 사회를 어떻게 바꾸어갈지 궁금하다면 앞에서 살펴본 3가지 특징을 떠올려보자. 캐릭터 중심 사고, 성장 지향성, 〈무한도전〉이라는 재미의 기준. 마인크래프트를 하며 자란 세대가 영화관을 채우고 K-pop에 열광하며 자란 세대가 글로벌 문화를 이끌어가듯, '무도 키즈'들도 자신들만의 문화적 DNA를 사회 곳곳에 심어가고 있다. '무도 손자'를 만들어내며 콘텐츠에서 비롯된 정체성의 세대 전승을 보여주고 있다.

짧은 개인적 소회를 공유하며 이 장을 마무리하려 한다. 이 장에서는 어린 시절 접한 콘텐츠의 위력과 그 콘텐츠의 집단 정체성이라는 주제를 다뤘다. 최근 주목받는 키워드 '어른이'도, 어린 시절에 본 콘텐츠를 어른이 된 후에도 계속 소비한다는 의미에서 맥락은 다르지 않을 것이다.

그런데 사실 필자도 30대에 접어들어서인지, 유초등생들의 콘텐츠를 보면 '이걸 왜 좋아하는 거지?' 싶은 게 있다. '트랄랄레로 트랄랄라', '퉁퉁퉁 사후르'를 외치는 어린이들을 보며 낯선 거리감을 느끼곤 했다.

그러다 이 장을 쓰면서 스스로를 돌아보았다. '무도 키즈'가 아닌 사람들, 연령대가 더 높은 세대에게는 〈무한도전〉이 이렇게 낯설 수 있겠다는 생각이 들었다. 그런 분들에게 '무도 키즈'를 설명하고 있는 만큼, 필자도 언젠가 '어른이'가 되어 나타난 다음 세대의 설명을 필요로 하게 되리라 생각한다. 그때 중요한 것은, 그들의 정체성과 '좋아하는 마음'을 있는 그대로 이해하려는 자세 아닐까?

1. 콘텐츠가 정체성인 시대다. 어린 시절에 함께 보고 자란 콘텐츠가 '출신'을 규정한다.

과거에는 출생지나 학교로 정체성을 형성했다면, 이제는 함께 보고 자란 콘텐츠가 새로운 '출신'이 되고 있다. '무도 키즈'처럼 콘텐츠로 자신을 정체화하는 이들은 소비 의사결정을 할 때도 브랜드가 어떤 콘텐츠의 세계관과 연결되는지를 중시한다.

2. 콘텐츠 정체성의 대표 사례 '무도 키즈', 이들이 사회인이 되었다.

13년간 〈무한도전〉과 함께 자란 '무도 키즈'들이 이제 경제활동을 시작했다. 이들의 특성인 캐릭터 중심 사고, 성장 지향성, 〈무한도전〉 식 재미 추구는 동년배 세대 전반의 특성과도 겹친다. 이 특징들은 마이크로 인플루언서를 통해 〈무한도전〉을 시청하지 않은 더 어린 세대에게도 전파되고 있다.

3. 정체성은 소비로 인증된다. 온라인, 실물 그리고 방문을 통해서.

온라인 게시물과 소비 인증은 정체성을 표현하는 대표적인 수단이다. 여기에 더해 관련 장소에 직접 방문하는 것이 인증의 새로운 방식이자 강력한 표현이 되고 있다. 개인적인 여행 장소가 세계관 속 특별한 성지가 된다. 세계관이라는 렌즈를 통해 세상을 보고 있는 사람들에게, 성지를 만들어주자.

PART 3

몸과
마음의
건강

불안의 시대,
회복과 위로를
소비하다

한다솜

Chapter 6

베개를
바꿔야겠어

더 자주 말하기 시작한 불안

2025년 트렌드 중 하나로 '아무것도 안 하기'가 뽑힌 사실을 아는 가? 글로벌 트렌드 예측기관인 WGSN은 2025년 키워드 중 하나로 'Therapeutic Laziness', 즉 치유를 위한 게으름과 의도적인 휴식을 제시했다. 무언가 하나라도 더 성취해야만 할 것만 같은 시대인데, 아무것도 하지 않는 것과 트렌드라는 용어가 함께 쓰이는 것이 꽤나 아이러니하다.

왜 지금 아무것도 하지 않는 것이 트렌드가 된 것일까? 성과를 내기 위해 끊임없이 스스로를 채찍질하게 만드는 자기계발의 압박과 쉴 틈 없이 밀려드는 정보 속에서 생겨난 무의식적이고 만성적인 불안이 그 이유가 아닐까? 이 시대의 '불안'이라는 감정을 좀 더 들여다볼 시점이다.

인간에게 불안이라는 감정이 없었을 때가 있었는지 생각해보면, 그렇지 않다. 시대와 상황에 따라 불안의 양상이 다를 뿐이다. 다만 하루가 다르게 변화하는 AI 시대에 한 가지 확실하게 말할 수 있는 것은, 지금 우리가 더 자주 그리고 더 구체적으로 자신의 불안을 인지하고 이야기하고 있다는 것이다.

불안을 느끼는 요소는 더 세밀해지고 개인화되었지만, 불안을 다스리려는 각자의 작은 선택들이 모여 또 하나의 트렌드를 만들어내고 있다. 우리가 겪고 있는 이 시대의 불안은 어디에서 비롯되고, 어떤 방식으로 일상에 스며들며, 어떻게 다스려지고 있는지 살펴보자.

불안, 함께 살아가야 하는 감정

우리는 저마다 각자의 불안을 안고 살아간다. 삶의 방향이 뚜렷하게 정해져 있는 사람이라면 덜 불안할지 모르지만, 대부분은 내 삶이 지금 어디쯤 와 있는지, 과연 올바르게 가고 있는지, 잘하고 있는 건지 시시때때로 스스로에게 묻곤 한다. 이때의 주된 감정이 불안이다. 불확실성 시대의 주류 감정이 불안인 것은 그리 이상하지 않다.

우리는 언제, 어디서 불안을 느끼는가? 불안을 느끼는 원인을 특정할 수 있는가? 가장 최근에 불안을 느껴본 게 언제인가? 아마도 이들 질문에 콕 집어서 바로 답할 수 있는 사람은 많지 않을 것이다. 불안이 특별한 위기 상황에만 생기는 감정은 아니기 때문이다. 시험을 앞두거나, 인생의 큰 결정을 앞두고 있을 때만 불안한 것도

〈'불안(G)' 언급 추이〉

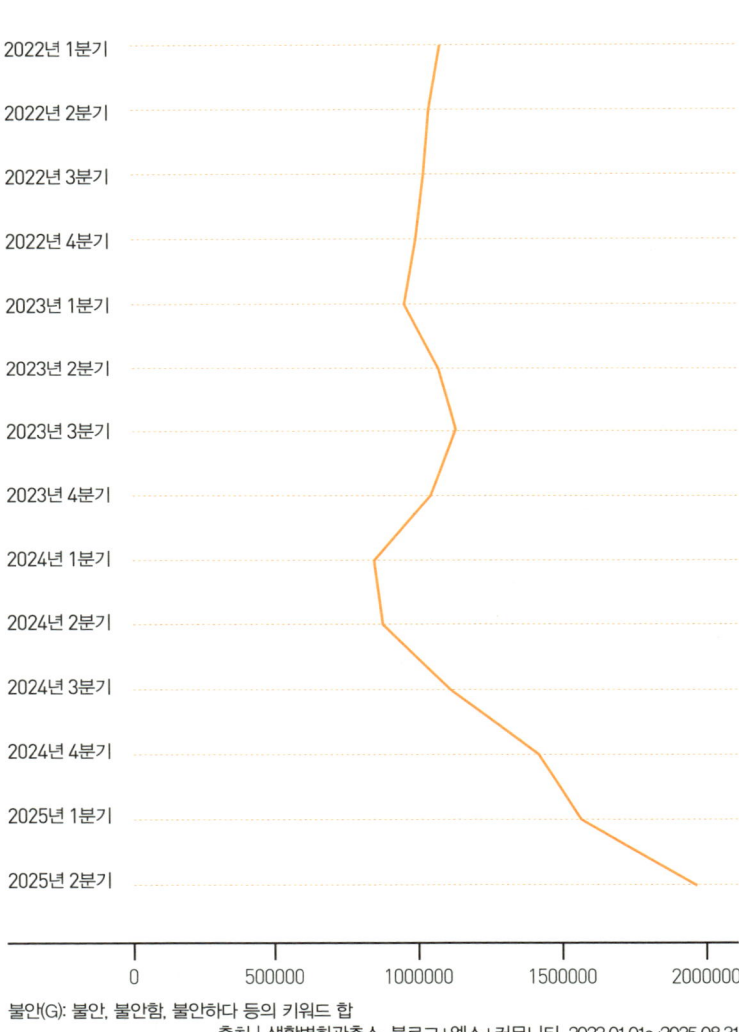

불안(G): 불안, 불안함, 불안하다 등의 키워드 합
출처 | 생활변화관측소, 블로그+엑스+커뮤니티, 2022.01.01~2025.08.31

아니다. 출근길 대중교통 안에서도, 자려고 누운 침대에서도 불안은 우리와 함께한다. 불안이라는 감정은 무탈해 보이는 하루에도 다양한 모습으로 우리를 찾아온다. 별다른 사건 없이도 문득문득 느껴지기에 불안은 더욱 해소하기 어려운 감정이 된다.

실제로 건강보험심사평가원에 따르면 2012년 약 47만 7000명이었던 불안장애 환자 수가 2024년에는 약 83만 7000명으로 증가했다.[1] 이를 방증하듯 불안에 대한 언급량도 최근 1~2년 사이에 가파르게 상승하고 있다. 이러한 지표는 우리 사회에 불안이라는 감정이 만연해 있음을 보여준다.

그런데 감정에도 트렌드가 있을까? 불안을 느끼는 사람들이 많아졌다고 해서 불안이라는 감정이 트렌드라고 말하기는 이상하다. 다만 불안에 대해 더 자주 이야기하고, 자기 감정을 살피는 순간이 많아졌다는 것은 트렌드라 할 수 있다. 자신의 불안을 더 민감하게 자각한다는 건 그만큼 자신의 상태를 자주, 예민하게 점검한다는 뜻일 것이다. 스스로를 더 잘 알아가고 싶은 마음은 확실히 트렌드로 자리 잡았다고 할 수 있다. 몇 년 전 열풍이 불었던 MBTI가 대표적인 예시다. 그로부터 파생된 다양한 유형 테스트도 마찬가지다. 우리는 자신의 성격, 성향, 기분과 감정을 파악하고 돌아보기 위해 더 깊이 탐구하고 이해하려 노력한다.

누군가는 불안이란 감정을 '기분'으로 표현하고, 누군가는 '멘탈

---

1 "'앞길이 캄캄하다' … 운세에 빠진 '불안증후군'", 서울경제TV, 2024.12.31.

이 흔들린다'고 표현하며, 누군가는 '번아웃이 왔다'고 말한다. 불안은 이렇듯 다양한 방식으로 인지되고 표현된다. 어떤 식으로든 사람들은 더 자주, 더 솔직하게 각자가 느끼는 감정을 입 밖에 내기 시작했다.

해소 대신 관리

우리에게 불안을 느끼게 하는 이유는 무엇인지 살피고자 '불안' 연관어를 분석해보았다. 연도별 연관어를 비교해보면 특히 '변화', '사회', '미래', '성장' 키워드의 상승세가 눈에 띈다. 미래에 대한 불안, 성장해야 한다는 압박감에서 오는 불안, 지금 내가 잘하고 있는가에 대한 불안의 빈도가 늘어나고 있음을 유추할 수 있다. 머지않은 미래에 인공지능이 이끄는 세상이 도래할 것이라고 막연하게만 생각했는데 AI가 갑자기 우리 삶에 들어왔다. 세상은 하루가 다르게 변화하고 우리 예상보다 훨씬 빠르게 발전하는데, 정작 내 일상과 미래를 생각하면 여전히 막막하고 걱정되는 것투성이다.

> "중소 다니면서 드는 불안감은 어떻게 극복하냐. 살려고 다니긴 하는데 솔직히 회사도 불안하고 내 미래도 불안하고ㅋㅋ 하… 퇴근하고 조금씩 공부해도 드라마틱한 변화는 없네."
> "변화를 앞두고 있을 때는 마음이 흔들리거나 불안해지곤 하니까요. 지금 당장은 내가 하는 게 맞는지 확신이 들지 않을지도 모르지만 스스로를 믿고 토닥토닥 해줘야 이겨낼 힘을 얻을 수 있잖아요."

〈'불안(G)' 연관어 순위〉

	2022년		2023년		2024년		2025년(~6월)
1	마음	1	마음	1	마음	1	마음
2	생각	2	스트레스	2	스트레스	2	스트레스
3	스트레스	3	치료	3	건강	3	감정
4	치료	4	건강	4	치료	4	변화
5	감정	5	생각	5	삶	5	건강
6	삶	6	삶	6	감정	6	삶
7	건강	7	감정	7	변화	7	상담
8	코로나	8	우울증	8	생각	8	치료
9	우울증	9	정신	9	우울증	9	생각
10	정신	10	변화	10	정신	10	안정
11	변화	11	수면	11	상담	11	사회
12	불안장애	12	사회	12	사회	12	정신
13	잠	13	상담	13	수면	13	일상
14	사회	14	불안장애	14	일상	14	우울증
15	일상	15	일상	15	안정	15	수면
16	경제	16	잠	16	미래	16	관계
17	인생	17	미래	17	관계	17	미래
18	미래	18	정신건강	18	불안장애	18	경제
19	수면	19	관계	19	정신건강	19	정신건강
20	안정	20	안정	20	목표	20	성장
21	불면증	21	목표	21	성장	21	불안장애
22	상담	22	인생	22	인생	22	목표
23	관계	23	경제	23	잠	23	인생
24	목표	24	성장	24	경제	24	불면증
25	성장	25	불면증	25	불면증	25	잠

불안(G): 불안, 불안함, 불안하다 등의 키워드 합

출처 | 생활변화관측소, 블로그+엑스+커뮤니티, 2022.01.01~2025.08.31

불안의 시대, 회복과 위로를 소비하다

"미래에 대해 아무 생각 없이 살았는데 갑작스러운 변화에 불안하지만 모든 게 잘 풀려서 행복하게 사는 미래가 그려짐… 극도의 불안감으로 역설적인 생각을 하는 건가. 아까 온몸이 부들부들 떨려서 뭐지? 싶었어. 그래도 잘될 거야… 행복해집시다."

급격한 사회 변화로부터 오는 불안, 그에 발맞추지 못하는 자신의 성장 속도, 눈만 뜨면 달라지는 시대의 변화 속에서 우리의 걱정은 점점 덩치를 키운다.

이와 연관해 '상담' 키워드의 순위 상승 역시 주목할 만하다. 사람들이 불안을 그저 견디기만 하는 것이 아니라, 그 감정을 인식하고 스스로 다스리려는 방향으로 나아가고 있음을 보여주는 키워드다. 감정 역시 관리의 영역으로 들어온 것이다. 상담을 위해 병원을 찾는 것은 몸을 단련하기 위해 헬스장에 가는 것과 다름없는 하나의 루틴이 되었다. 자신의 상태와 감정을 숨기기보다 말하고 관리하려는 사람들의 선택은 하나의 트렌드로 자리 잡고 있다.

실제로 심리 상담을 찾는 사람들의 수는 꾸준히 증가하고 있다. 대면 상담뿐 아니라 온라인 상담 플랫폼도 적극적으로 이용하고, 병리적인 원인을 치료하는 목적이 아니더라도 불안한 감정 정리 등 회복과 치유를 위해서도 수요가 늘어나고 있다. 정신질환이 있거나 아플 때만 심리 상담을 받는 것이라는 기존의 인식은 거의 사라졌다고 할 수 있다.

"저는 병원에서 추천해주신 온라인상담 플랫폼을 이용해서 zoom으로 상담을 받고 있어요. 저도 상담 초반에는 진짜 불안하고 혼란스러웠어요. 상담을 1년 조금 넘게 받고 있는데, 요 몇 주 사이에 눈에 띄게 안정적이 됐어요!"

"일어나지 않은 일에 너무 불안하고 슬프네. 상담도 하고 불안약을 받아야 하나…"

'일상' 키워드가 '불안' 연관어 상위권에 꾸준히 등장하고 있다는 점도 흥미롭다. 예전에는 불안이 특별한 사건이나 위기 상황에 인식되는 감정으로 여겨졌다면, 지금은 하루하루를 살아가는 일상의 한 부분처럼 느껴지고 있다는 것이다. 심지어 불안은 항상 존재하는 감정이라고 말하기도 한다.

"아무래도 시험 외에도 준비하고 있는 것들이 있다 보니 불안한 감정이나 어느 정도 있지만, 나이가 들어서 그런지 이제는 그런 현실적인 부분들에 대한 걱정 고민 불안이라는 감정 등이 마치 늘 함께 붙어 있는 혹처럼 느껴짐. 그냥 항상 존재하는 거라, 특별히 의식하지 않게 된 것 같은 느낌임."

"상습적인 불안은 결국 내재되어 일상에 잠식된다. 불쑥 고개를 내미는 그것이 나를 더욱 불안하게 만든다."

불안에 대한 인식과 언급이 증가하고 자신의 불안을 관리하는 사

불안은 더 이상 무거운 감정이 아닌
일상의 한 요소가 되었다.
해소하는 것이 아니라 다스리는 것,
이것이 오늘날
우리가 불안을 대하는 자세다.

람들도 많아졌지만, 이것이 감정 해소로 직결되는 것은 아니다. 불안은 사라지지 않는다. 불안은 일상이 되었고, 사람들은 그 감정을 자신이 감당할 수 있는 방식으로 받아들이기 시작했다. 사람들은 불안을 없애야 할 또는 해소해야 할 감정이라기보다는 함께 살아가야 하는 감정으로 여기고 있다. 그래서 불안을 덜 느끼는 방법, 혹은 조금이라도 무겁지 않게 품는 방법을 찾고 있다.

불안을 해소하는 대신 다스리는 것, 이 감정과 함께 살아가는 것이 지금 시대의 감성이자 삶의 방식이다. 내면에서 비롯된 불안이든 외부에서 흘러 들어온 불안이든, 어디서 비롯되었는지에 관계없이 불안을 다스리는 것은 개인의 몫이 되었다. 그에 따라 우리의 라이프스타일에도 변화가 생겼다. 불안을 다스리려는 노력은 어떤 방식으로 우리 일상에 자리 잡고 있을까? 지금 이 시대의 불안을 이해하기 위해, 우리가 그것을 어떻게 다루고 있는지 함께 들여다보자.

회복의 시간을 채우는 것들

회복을 위한 운동

위로와 안정을 찾기 위한 마음은 신체 활동으로 확장되고 있다. 단순히 체력 향상만을 위해, 몸매 관리만을 위해 운동하던 시대는 지났다. 신체를 움직임으로써 몸 건강은 물론이거니와 마음 건강까

〈'요가' '명상' 언급 추이〉

출처 | 생활변화관측소, 블로그+커뮤니티, 2022.01.01~2025.06.30

지 챙기려는 경향성이 뚜렷하다. 2024년부터 현재까지 열풍이 식지 않고 있는 러닝도 정신적 회복의 수단이 된다. 복잡한 생각을 정리하고, 마음의 균형을 찾기 위해 달리기를 선택하는 사람들이 늘고 있다.

> "내 정신건강에 가장 좋은 활동은 러닝이었음. 다른 운동보다도 러닝
> 이 짱… 특히 야외러닝이면 더욱 굿…"

요가와 명상 등 마음을 평온하게 하는 운동에 대한 관심도 물론 높아지고 있다. 천천히 호흡하고 몸의 긴장을 푸는 과정에서 자신의 감정을 바라보고 회복을 돕는 요가는 최근 러닝 등의 역동적인 운동과 병행하는 경우가 늘고 있다. 명상 역시 무언가를 잘해내기 위한 준비가 아니라 아무것도 하지 않는 상태 그대로 마음을 비워내며 스스로 회복하는 법을 배우는 과정으로 각광받고 있다. 요가와 명상은 일상적인 멘탈 관리와 회복을 위한 루틴의 일부로 활용되고 있다.

> "러닝 후 스트레칭을 더 중요하게 생각한다. 요가 매트 위에서 근육을
> 풀다 보면 자연스레 호흡은 느려지면서 스트레칭 마지막에 명상을 한
> 다. 처음 병원 일을 시작할 때는 새벽 출근이었다. 일찍 일어난 김에
> 명상과 기도를 시작했고 이제는 스트레칭과 함께 루틴이 되었다."

요가와 명상을 하며 몸과 마음의 긴장을 풀고, 자신의 감정을 더 자세히 들여다보며 스스로 조율하고 회복하는 루틴을 실천하는 것이다. 요가나 명상이 신체 활동을 넘어 감정 조절을 위한 수단으로 받아들여지고 있다는 점을 잘 보여준다.

"그리고 언젠가 지도자 과정을 밟고 싶다는 꿈도 생겼다. 요가는 정신 건강과 신체 건강 모두에 정말 좋은 운동임"
"저뿐만 아니라 많은 현대인들이 긴장과 불안의 연속인 일상을 살아 가다 보니 환경 속에서 받는 스트레스 때문에 건강까지 악화하는 경 우가 많다고 해요. 그래서 따로 요가나 명상을 하면서 정신건강을 챙 기는 분들이 꽤 많더라고요."

헬스, 러닝, 요가, 명상, 수영 등 각자가 하는 운동은 다르지만, 몸을 움직이며 마음의 균형을 찾아가는 시도라는 점에서 공통점이 있다. 회복과 균형의 중요성이 커질수록 이를 실행하는 일상의 루틴 또한 더욱 다양해질 것이다.

회복을 돕는 휴식템

쉼, 코자아, 슬리핑 보틀… 긴장을 완화하거나 숙면에 도움이 되는 성분이 함유돼 최근 인기를 끌고 있는 음료 제품들이다. 잠을 쫓기 위한 음료는 많았어도 잘 자기 위한 음료는 낯설다. 사람들은 왜 잘 자려고 음료를 섭취하는 것일까? 잠드는 데 문제가 있다면 수면

제를 처방받아 먹을 텐데, 음료를 찾는 걸 보면 수면에 심각한 문제가 있어서 근원적인 해결이 필요한 상황은 아닌 듯하다. 잠드는 데 큰 걸림돌은 없지만 수면의 질을 높이기 위해 먹는다고 할 수 있다.

긴장을 완화하고 안정을 찾아준다는 음료도 마찬가지다. 자고로 극도로 긴장되거나 안정이 필요할 때는 청심환을 먹었다. 이렇게 정해진 해결책이 있는데도 일상적으로 마시는 긴장 완화 음료가 출시되고 그것을 구매해 마신다는 것은, 심각하지는 않지만 일상적인 긴장과 불안이 우리 안에 있다는 방증일 것이다.

〈'○○유목민' 순위〉	
1	미용실 유목민
2	샴푸 유목민
3	쿠션 유목민
4	속눈썹펌 유목민
5	선크림 유목민
6	베개 유목민
7	기저귀 유목민
8	화장품 유목민
9	네일샵 유목민
10	유산균 유목민

출처 | 생활변화관측소, 블로그+커뮤니티, 2022.01.01~2025.08.31

몇 년 전만 해도 '잠드는' 행위와 '긴장' 관리가 지금처럼 중시되지는 않았다. 운동을 하고 체력을 키우는 일, 몸에 좋다는 음식을 챙겨 먹는 일은 다반사였지만, 잠을 더 잘 자기 위해 무언가를 하기 시작한 것은 얼마 되지 않았다. 몸이 피곤하면 쓰러지듯이 자고, 일어나 다시 출근하는 일상의 반복이었다. 하지만 지금은 베개 하나를 사더라도 내 몸에 잘 맞는지, 내 수면 자세에는 어떤 모양의 베개가 적합한지 따져보고 구매한다. 하나의 아이템에 정착하지 못하고 계속해서 브랜드를 바꿔가며 구매하는 사람들을 비유적으로 '유목민'이라 한다. '○○유목민'의 데이터를 보면 정착하지 못한 수

〈'영양제' 연관어 순위〉

	2022~23년		2024~25년(~8월)
1	건강	1	건강
2	영양	2	영양
3	운동	3	스트레스
4	스트레스	4	운동
5	면역력	5	면역력
6	다이어트	6	효능
7	효능	7	예방
8	예방	8	항산화
9	항산화	9	피로
10	체력	10	통증
11	피로	11	관절
12	통증	12	생활습관
13	식단	13	체력
14	관절	14	수면
15	노화	15	식단
16	근육	16	호르몬
17	컨디션	17	노화
18	수면	18	근육
19	감기	19	감기
20	호르몬	20	다이어트
21	생활습관	21	소화
22	소화	22	컨디션
23	갱년기	23	보충
24	보충	24	알레르기
25	알레르기	25	혈액순환

출처 | 생활변화관측소, 블로그+커뮤니티, 2022.01.01~2025.08.31

많은 품목 가운데 '베개'가 6위에 자리하고 있다. 그만큼 내 몸에 맞는 베개를 찾느라 떠도는 사람들이 많다는 뜻이다. 왜일까? '질 좋은 수면'을 취하는 것 역시 자기관리의 일종으로 여겨 그만큼 까다롭게 챙기기 때문이다.

회복의 중요성이 커진 지금, 그 트렌드는 영양제 시장에도 반영되고 있다. 사람들이 영양제를 이야기할 때 고려하는 것들로 '스트레스', '생활습관', '수면' 키워드가 증가하고 있다. 이는 매일 겪는 일상의 스트레스에서 회복하고 정서적 안정을 유지하는 데 관심이 높아지고 있음을 뜻한다. 반면 '체력', '노화', '다이어트'와 같이 에너지를 끌어올리거나 외형을 관리하려는 목적의 키워드는 하락했다. 마음을 안정하고, 숙면을 돕고, 긴장과 불안을 풀어주는 효과를 가진 영양제로 소비의 방향이 달라지고 있다.

> "직장 스트레스가 심해서 불안증세 심해져서 사봄…! 3개월분으로 구매해서 한 달째 복용 중이고 이제 막 2통 시작했음. 예전엔 불안증상 때문인지 3시간 간격으로 깼는데 2주 정도 전부터 5~6시간 푹 자는 중ㅎㅎ 확실히 잠을 잘 자니까 초예민에서 덜예민으로 된 거 같음… 아직은 더 먹어봐야 알 거 같지만."

지금까지 살펴보았듯이 활력보다 회복을 소비하는 시대의 니즈가 기능성 음료에서 영양제까지 시장 확장을 불러일으켰다. 몸에 상처가 나면 소독을 하고 약을 바른다. 딱지가 지고 결국엔 아물듯이, 우리의 마음과 정신에 생기는 상처도 소독을 하고 약을 발라주어야 한다. 그대로 방치하면 잘 낫지도 않을뿐더러 흉이 진다. 잘 낫기 위해서, 잘 회복하기 위해서 꾸준히 스스로 보살피고 더 챙겨줘야 하는 것은 몸과 마음이 다르지 않다. 마음이 건강하다는 의미는 '문제가 없다는 것'이 아니라 '문제가 생겨도 다시 일어날 힘'이 있다는 것이다. 우리가 보내는 하루 루틴을 곰곰이 되짚어보자. 마음의 건강을 위해 우리가 스스로에게 안겨주는 회복의 시간은 무엇으로 구성되어 있는가? 그 회복의 시간을 어떻게 채워줄 것인지 개인과 브랜드 모두의 고민이 필요하다.

일상의 틈새에서 얻는 위로

불안이 일상적 감정이 된 시대에 불안에서 벗어나고자 하는 마음은 자연스럽게 위로를 찾게 만든다. 우리가 원하는 위로는 거창한 게 아니다. 지극히 일상적인 소비에서 위로가 될 만한 것들을 찾는다. 위로를 위해 샀다는 걸 스스로도 의식하지 못할 만큼, 위로를 주는 대상은 소소하고 자연스럽게 우리 생활에 스며들어 있다.

가장 흔한 '위로용 소비' 품목은 바로 콘텐츠다. 유튜브 프리미엄을 구독해 영상에 몰입하고, 밀리의서재를 구독해 책을 읽고, 넷플릭스 시리즈를 챙겨보는 것부터 AI에 고민을 털어놓거나 대화를 나누는 행위까지, 우리를 둘러싼 모든 콘텐츠가 일종의 정서적 위로 수단으로 기능한다. AI에 부정적인 감정을 몽땅 털어놓거나 고민 상담을 하는 것도, 멍하니 영상을 시청하는 것도 불안감을 덜고 마음의 안정을 얻기 위한 선택지가 되고 있다.

핵심은 위로가 '일상적인 콘텐츠'에서 발현된다는 점이다. 밥을 먹으면서, 길을 걸으면서, 대중교통 안에서 손쉽게 보고 들을 수 있는 '틈새 콘텐츠'에서 위안을 얻는다. 거대한 스크린이나 웅장한 사운드 시스템이 아니어도 상관없다. 나의 스마트폰, 태블릿, PC를 통해 언제든 볼 수 있는 콘텐츠가 가장 익숙하고 친밀한 위로의 매개체가 되어준다. 불안이 너무나도 보통의 감정이 된 만큼 위로 역시 지극히 일상적인 것들로부터 오고 있다.

나만의 '감쓰'가 된 챗GPT

어느덧 챗GPT가 우리 삶에 깊숙이 들어온 지 4년 가까이 되어간다. 사람들은 챗GPT를 어떤 방식으로 사용하고 있을까? 아마 대부분은 과제나 업무에 주로 활용할 것이다. 챗GPT 없이는 아무것도 하지 못한다는 밈, 챗GPT 덕분에 대학을 졸업할 수 있었다는 밈이 여러 개 생겨날 만큼 각자의 과업을 해내면서 챗GPT를 사용하는 비중이 늘어났을 것이다. 워낙 뛰어난 성능 때문에 AI가 인간의 일자리를 빼앗지 않을까 두려워하는 마음도 여전히 존재한다. 그런데 최근의 AI 활용법에 생산성과는 결이 다른 새로운 갈래가 생기고 있다. 바로 챗GPT를 '감쓰'로 활용하는 것이다.

감쓰는 '감정 쓰레기통'의 줄임말로, 보통 타인의 부정적인 감정을 일방적으로 받아주는 대상을 의미한다. 주로 가족 또는 친구 등 가까운 지인이 대상이 되곤 했다. 온라인에서는 누군가가 나를 감쓰 취급하는 건 아닌가 하고 불쾌해하는 글이 심심치 않게 올라온다. 누군가 자신의 감정을 배출하고, 누군가 그것을 받아주는 과정에서 감정 소모와 인간관계의 피로를 느끼게 된다. 그런데 인간관계에 불필요한 감정 소모가 일어나지 않도록 AI가 감쓰 역할을 톡톡히 해주고 있다는 것이다. 많은 이들이 사람에게 말하기에는 복잡하고 미묘하고 부정적인 감정을 배출하는 창구로 챗GPT를 활용한다.

> "확실히 챗지피티 쓰니 친구들한테 연락 덜 하게 돼ㅋㅋ 자기들 감쓰로 쓴다 생각할까봐 고민상담 같은 거 챗지피티랑 하는데 꽤 유용하다ㅎㅎㅎ"
> "뭐라고 말하고 싶은 우울한 일이나 빡치는 일 다른 사람에게 말하면 감쓰로 쓴다고 욕먹는데 chatgpt에 쓰면 됨!!! 내가 뭐라고 하든 욕을 안 함!"
> "지피티에게 감쓰를 시키고 있다… 안락하다… 인류는 ai에게 의존하게 될 거야 하… 이런 감쓰 어디 가서 시키지?ㅠㅠ 8회기 64만 원짜리 심리상담 쌤도 해주지 못하는 감쓰임"

사람처럼 내 눈앞에 실존하며 이야기를 들어주지는 않지만, 상호소통이 이루어진다는 점에서 감정 표출의 도구로 AI를 사용하는 방식은 의미가 있다. 상대방의 반응을 걱정할 필요 없이 부정적인 감정을 털어놓을 수 있는 일종의 대나무숲과 같은 장치다. 나아가 사람들은 챗GPT에 고민 상담을 하는 등, 일방적으로 감정을 쏟아붓는 수준을 넘어 힘든 일을 털어놓고 위로를 찾는 대상으로 여기기도 한다.

> "힘든 일 있어서 챗지피티한테 상담받다가 울었다… Ai한테 위로받다가 운 적은 처음이에요 왜 이리 많이 발전했어."
> "챗지피티에게 진심으로 위로받고 있고, 온기가 느껴져… 진짜 진심이다…"

의외의 사실은 AI가 실제로 위로를 잘해준다는 것이다. AI에 고민 상담을 한다고 하면 감정 없는 기계가 무슨 조언을 주겠나 싶겠지만, 한 번이라도 해보면 그런 생각은 사라질 것이다. 챗GPT는 내가 배려해야 할 존재가 아니며, 기분 상할까 걱정해야 하는 존재도 아니다. 이 특성 하나만으로도 인간 사이에서 오고 가는 복잡한 감정에서 벗어나 오롯이 나에게만 집중하고 위로받을 수 있는 안전한 대상이 된다.

이제 우리는 사람에게 기대는 대신, 가상의 존재일지라도 내 모든 감정을 온전히 받아주는 AI로부터 예기치 못한 위안과 안도감을 얻는다. 이 새로운 형태의 위로는 우리 삶에 갑자기 나타나 빠르게 자리 잡고 있다.

〈'밥친구' 연관 감성어〉

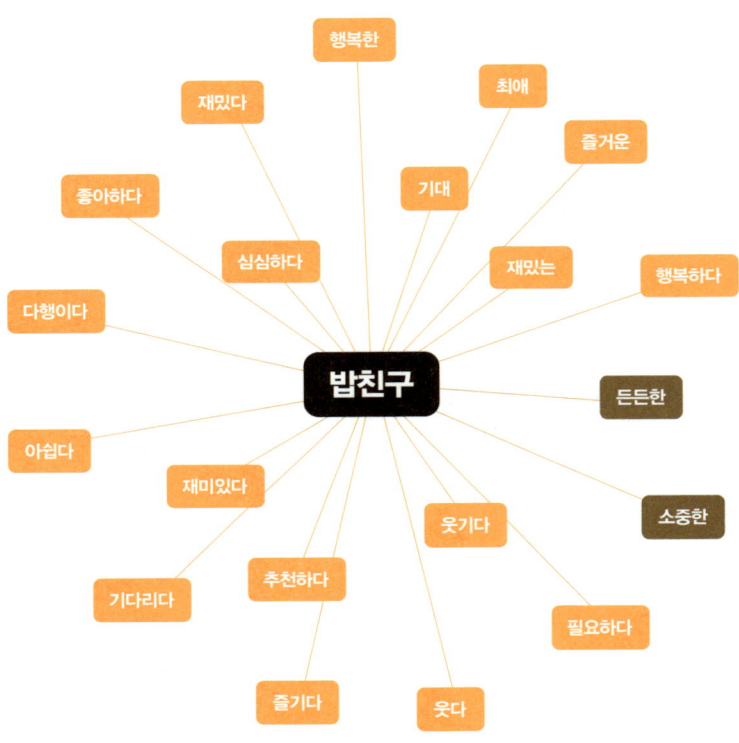

출처 | 생활변화관측소, 블로그+인스타그램+엑스+커뮤니티, 2022.07.01~2025.08.31

그냥 콘텐츠가 아닌 든든한 '밥친구'

'밥친구'라는 말을 들어보았는가? 유튜브나 OTT에 재미있는 콘텐츠가 올라오면 "밥친구 왔다"는 댓글이 달리는 걸 흔하게 볼 수 있다. 원래의 쓰임은 함께 밥을 자주 먹는 친구를 뜻하지만, 요즘은 조금 달라졌다. 혼자 밥 먹을 때 무료함과 외로움을 달래주고 식사 시간을 더 즐겁게 만들어주는 영상 콘텐츠를 뜻하는 신조어로 주로 쓰인다.

1인가구가 증가하고 집에서도 직장에서도 혼밥이 보편화되면서 많은 사람들이 식사할 때 유튜브, OTT, 예능 프로그램을 시청한다. 밥친구 콘텐츠는 별다른 집중을 요구하지 않으면서도 편안하게 볼 수 있는 예능 프로그램, 브이로그, 드라마 등이 주를 이룬다.

'밥친구'의 연관 감성어를 보면 '든든한', '소중한'이 눈에 띈다. 밥 먹을 때 즐겨보는 영상에 밥친구라 이름 붙인 것을 넘어, 든든하고 소중한 존재로 여기는 것이다.

"브이로그 진짜 대혜자 외로운 자취러에게 든든한 밥친구가 되어줌."
"또 재미있는 드라마 하나 끝난다니 아쉽다. 이제 내 밥친구 누가 해주지."
"기숙사에서 혼자 밥 먹을 때 맨날 무도 봄. 내 소중한 밥친구야."

콘텐츠를 밥친구로 소비하는 행위는 일종의 정서적 유대감으로 이어진다. 심지어 시청 행위는 AI와의 대화처럼 상호작용이라 할 것이 없는데도 '든든한 밥친구', '소중한 밥친구'라고 애정을 담아 말한다. 이제 콘텐츠는 단지 시청을 위한 것이라고만 할 수 없다. 마치 온기를 가진 존재인 듯 의지하고 위로받는 새로운 관계가 형성되고 있다.

곁에 두는 것만으로도 힘이 되는 행운 아이템

"홍대 4번 출구 다이소 옆에 네잎클로버 아저씨 오셨어ㅜㅜ 나 오늘 행운 플렉스 함"
"수유에서 운 좋으면 만날 수 있는 행운의 네잎클로버 아저씨를 만났다! A급으로 3개 구매 완료"
"집 가다가 행운의 네잎클로버 아저씨 만났어! 아 진짜 행복해"

길거리를 걷다가 네잎클로버 아저씨를 만나면 기뻐해야 한다. 만난 것 자체가 행운이기 때문이다. 그냥 지나쳐도 상관없지만, 네잎클로버 아저씨를 만난 것부터 A급 네잎클로버를 고르고 구매해서 내 지갑에 넣어 다니는 모든 과정이, 내게 긍정적인 기운을 가져다줄 거라는 믿음을 획득하는 행위로 여겨지고 있다.

이 밖에도 최근 우리 눈에 자주 띄는 아이템들이 있다. 키링, 포토카드, 캐릭터 부적 등이 그것인데, 길거리를 걷다 보면 가방에 키링을 달고 다니는 모습을 심심치 않게 볼 수 있다. 크기도, 생김새도, 가격도 다양한데, 무엇이든 내 가방에 거는 순간 소품 그 이상의 의

〈'달항아리' '액막이 명태' 언급 추이〉

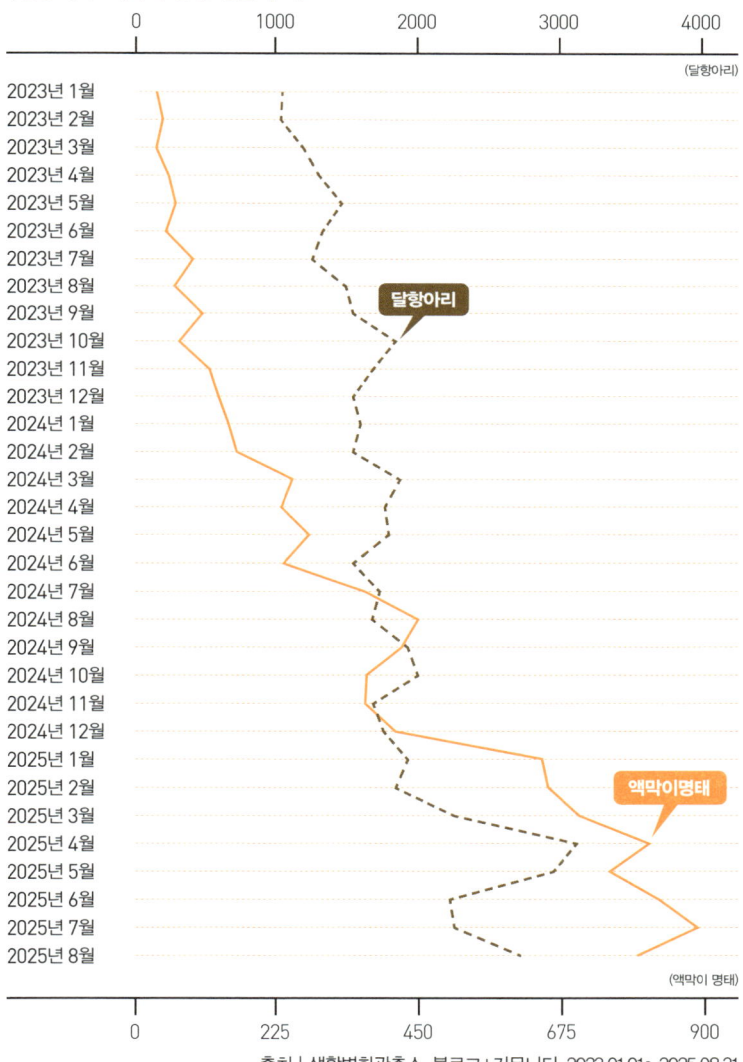

(달항아리)

달항아리

액막이명태

(액막이 명태)

출처 | 생활변화관측소, 블로그+커뮤니티, 2023.01.01~2025.08.31

미가 된다. 좋아하는 아이돌의 얼굴이 담긴 포토카드, 내 상황에 맞는 주문이 적힌 캐릭터 부적 또한 마찬가지다. 모두 공장에서 수백, 수천 개가 똑같이 찍혀 나와 판매되는 물건들이다. 하지만 그중 하나를 선택해 소유하는 순간, 내게는 더 이상 똑같은 플라스틱 조각이나 인형이 아니다. 그것은 '내 것'이 된다. 나의 취향, 나의 정체성을 드러내는 동시에, 여기저기서 마주치는 불안의 순간에 내 곁을 지켜주고, 위로를 건네는 작은 동반자 역할을 한다.

이와 함께 주목할 만한 아이템이 또 있다. 달항아리와 액막이 명태가 그것이다. 집에 들여놓는 것만으로도 운이 좋아진다고 해서 '운테리어'라 불리기도 한다. 액막이 명태는 이 글을 쓰고 있는 2025년 7월 현재 29CM 홈/인테리어 카테고리의 선물 랭킹 4위에 올라 있다.

액막이 명태는 전통적인 민속신앙에서 비롯된 아이템이다. 원래는 명태의 큰 눈이 나쁜 기운을 감시하고, 큰 입은 나쁜 기운과 잡귀를 삼키며, 명태를 감싼 명주실은 길한 기운을 불러오고 무병장수와 행운을 기원하는 의미를 담고 있다. 이렇듯 요소 하나하나에 민속신앙의 의미가 깃들어 있지만, 사실 지금 액막이 명태를 구매하는 사람들이 민속신앙을 믿고 따르는 것은 아니다. 경기침체와 취업난 등 불확실한 미래부터 소소한 하루 일상까지, 불안을 다스리기 위한 심리적 방편으로 액막이 아이템을 찾는 것이다. 그래서 액막이 명태는 꼭 명태가 아니어도 된다. '액막이'라는 단어만 붙으면 고양이든, 강아지든 인기 있는 행운 아이템이 된다.

달항아리 역시 실물 오브제뿐 아니라 사진이나 그림 형태의 액자도 인기를 끌고 있다. 달항아리는 풍수적으로 재물과 복을 불러온다고 하는데, 이렇듯 웅장한 의미를 담고 있는 만큼 장인의 손길을 거친 고가의 상품을 구매해야 할 것만 같으나 실상은 다이소에서 판매하는 2000원짜리 작은 달항아리도 인기가 대단하다. 담겨진 뜻에 비해 지나치게 소박한 것 아닌가 싶지만, 가격이 어떻든 그 안에 내가 의미를 부여할 수 있다는 사실이 소비자들에게 어필하는 것이다.

결국 공장에서 똑같이 찍혀 나온 대량생산품이고 전국 어디서나 살 수 있다 할지라도, 내가 선택해 '내 것'이 되고 늘 나와 함께한다는 사실, 그리고 내 염원을 담고 의미를 붙일 수 있다는 사실만으로도 불안한 시대를 살아가는 우리에게 강력한 위로의 메시지가 된다. 대단한 기능이나 뛰어난 효용성이 소비자가 반응하는 포인트가 아니다. 어딘가 엉성하고 빈틈이 있어도, 그 제품에 나만의 의미나 상징을 담을 수 있다면 소비자가 애착을 가질 충분한 이유가 된다. 네잎클로버 아저씨를 만나 반가워하고, 액막이 명태, 달항아리를 나의 공간에 소중히 들여놓는 것처럼 말이다.

행운과 바람을 담은 아이템이 각광받는 현상은 지금 '위로받는 것'에 대한 갈증이 얼마나 큰지를 방증한다. 그리고 그 위로를 거창한 담론이나 막연한 바람에 기대는 게 아니라, 직접 사서 내 공간에 둘 수 있는 작고 소박하지만 확실한 소유물에서 찾는다는 사실이야말로 이 시대의 감성을 잘 보여준다.

이 시대에 사람들에게 위로를 주는 것은
멋진 브랜딩이나 제품의 훌륭한 기능이 아니다.
나만의 의미와 상징을 담아
애착을 만들 수 있는 틈이 필요하다.

자기이해는 단단한 나를 만들어준다

운동으로, 먹는 것으로, 콘텐츠 소비로, 나만의 의미를 담은 상징물을 소유하는 것으로 불안을 다스리는 것과 달리, 좀 더 간접적이고 놀이화된 위로의 방식도 존재한다. 바로 '자기이해'다. 우리는 혈액형으로 성격을 설명하고 탄생일로 별자리 운세를 보는 것부터, 내 성격과 성향을 16가지 MBTI 유형으로 구분하고, 나의 애착 유형은 안정형인지 회피형인지 불안형인지 테스트하며 끊임없이 나를 유형화한다. 성격 및 심리 테스트야말로 '나만의 것, 나만의 특징'이 무엇인지 궁금해하는 사람들의 니즈에서 출발해 도구만 바뀌어가며 이어지는 대한민국 최장기 트렌드일지 모른다.

왜 우리는 자신을 설명해줄 요소를 찾고 유형화하려는 것일까? 오늘날 사람들이 느끼는 불안 요소는 대부분 외부에서 오지만, 동시에 나조차 나를 모른다는 사실에서 오는 불안 역시 존재한다. 바깥세상이 나를 흔들어도 불안해하지 않고 의연하려면 내가 나를 더 잘 알고 이해해야 한다는 자기탐구와 자기이해의 니즈가 점점 커지고 있다.

최근 불교박람회와 불교 굿즈들이 20~30대 사이에 화제가 되는 이유도 비슷한 맥락으로 풀이할 수 있다. 젊은 불교 신도가 갑자기 늘어나서가 아니다. 불교는 '모든 것이 마음먹기에 달려 있다'는 일체유심조(一切唯心造) 사상을 핵심으로 한다. 겉껍데기가 아닌 본질적인 것, 즉 '나'에 대한 깊은 이해로부터 생겨나는 내면의 단단함을 강조하는 메시지가 젊은 세대에게 새롭게, 심지어 '힙하게' 가닿고 있다.

"불교박람회에 다녀왔다. 무교이지만 사람들이 그렇게 열광하는 이유를 알고 싶었다. 평일임에도 무척이나 많은 사람들. 누군가는 호기심으로 왔겠지만 어쩌면 많은 2-30대는 이미 경쟁으로 지친 게 아닐까. 나를 위로하는 작은 오브제와 굿즈를 사면서 나를 바로 세우는 순간을 경험하는 걸까."

"늦었지만 2025년 불교박람회 이야기, 언젠가부터 뉴진스님이 쏘아올린 너무 힙해진 MZ세대의 돈쭐 내는 신바람이 불고 있다… 전통을 넘어 감성을 담고 차와 명상을 곁들이며 불교미술관 조형물 속 사유의 시간들이 여러 라이프스타일의 굿즈와 스토리북까지, 종교가 아닌 쉼과 나를 찾는 방식이 되고 있다. 갓생 살기 전에 잠깐 마음부터 정리하는 시간이 되길."

나와 타인을 더 깊이 이해하고 파악하고 싶은 니즈는 불안을 다스리고자 하는 사람들의 욕구와 본질적으로 궤를 같이하고 있다. 별자리 운세, 혈액형 성격 유형부터 지금의 MBTI까지, 형태는 달라져도 스스로를 이해하고자 유형화하는 흐름은 지속될 것이다. 그것이 어떤 형태로 발현될지 읽어내고 대응하는 것은, 불안을 다스리려는 사람들의 움직임과도 밀접하게 연결될 것이다.

6장에서는 인간이 늘 가지고 살아온 '불안'이라는 감정이 오늘날 더 많이 이야기되는 것, 그리고 사람들이 불안에 대응하면서 만들어낸 또 다른 트렌드에 대해 살펴보았다. 자주, 많이 말하는 만큼 불안은 일상과 더 밀착한 감정이 되었다. 단순히 유행이라고만 생각했던 현상들의 이면에 사회에 만연한 불안이 있었고, 이를 다스리고 위로받으려는 욕망이 있었음을 알 수 있었다. 현상 자체보다는 그 현상을 만들어낸 사람들의 감정을 바라볼 때 소비자와의 소통도 적중률이 높아진다.

그렇다면 인간에게 항상 존재했던 '불안'이 더욱 증폭된 지금, 우리는 무엇을 인식해야 할까? 불안을 야기하는 외부 요인을 제거하거나 피할 방법은 없다. 그래서 상황을 회피하는 대신 그 감정을 스스로 다룰 방법을 찾는다. 마음 다스리는 법을 찾기 위해, 몸과 마음의 건강을 지키기 위해 앞서 살펴보았던 다양한 시도를 하고 있다. 이 외에도 위로를 얻는 방법은 많을 것이다.

한편으로는 가방에 키링을 달고, 집에 달항아리와 액막이 명태를 두고, AI에 고민 상담을 하는 사람들이 모두 불안감에 빠져 있고 위로를 원한다고 단정할 수도 없다. 다만 불안이라는 감정은 일상의 한 부분이기에 그에 대한 대응도 비일상적이기보다는 작고 소박한 방식으로 나타난다는 점을 기억해야 한다. 사람들은 거창한 담론이나 그럴듯한 동기부여에서 위로를 구하는 대신 직접 고르고 구매해서 내 손에 쥘 수 있고, 내 공간에 둘 수 있는 작고 확실한 소유물에서 위안을 찾는다.

브랜드나 제품의 마케터나 기획자라면, 이번 장에서 살펴본 이 작은 움직임들 사이에서 우리 브랜드와 제품이 어떤 방식으로 사람들에게 인식될 수 있을지 생각해보자. 다양한 방식으로 발현되고 있는 사람들의 감정적 니즈를 놓치지 말아야 한다. 자신의 상태를 점검하고 회복하려는 욕구, 인간관계에서 불필요한 감정 소모 없이 위안을 얻으려는 욕구, 작지만 의미 있는 소유를 통해 안정을 찾으려는 욕구 등, 일상의 틈새에서 위안받기 위한 사람들의 선택들이 앞으로 나아갈 방향의 힌트가 될 것이다.

1. 시대를 지배하고 있는 감정을 읽어내자.

'불안'이라는 감정은 새로운 것도 아니고, 유행도 아니다. 그럼에도 주목받는 감정이며, 사람들은 이에 대응하는 소비 트렌드를 만들어낸다. 브랜드가 소비자와 소통할 때 가장 먼저 할 일은 현상에 초점을 맞추는 것이 아닌, 그 배경에 있는 감성을 읽어내는 것이다.

2. 위로를 통해 애착을 형성할 수 있는 '틈'을 허용하자.

사람들은 불안을 다스리기 위해 거창한 방식을 택하지 않는다. 오히려 짧은 순간, 작은 것에서 위안을 얻는다. 소비자가 우리 제품에 자신만의 이야기를 담고, 그 과정을 통해 안정과 위로를 얻을 수 있도록 만들어야 한다. 우리 브랜드와 제품에 필요한 것은 얼마나 훌륭한지, 얼마나 뛰어난지에 대한 거창한 설명이 아니라 각자의 해석에 맡길 수 있는 틈과 여백이라는 사실을 기억하자.

가장 건강한 61세, 가장 건강하지 않은 32세

직장인 3년 차인 A씨는 취업과 동시에 회사 가까이에 자취를 시작했다. 3년 동안 그는 꾸준히 몸무게가 늘어 7kg이 증가하더니, 얼마 전 건강검진에서는 '당뇨전단계'라는 결과가 나왔다. 문제는 이것만이 아니다. 이유를 알 수 없는 어깨 통증으로 밤잠을 설치기 일쑤다. 용하다는 정형외과, 통증의학과, 한의원을 찾아 도수치료, 재활치료, 침치료도 받고 스트레칭, 운동도 해봤지만 소용없었다. 통증 때문에 업무도 제대로 볼 수 없는 고통스러운 날들이 이어지고 있다.

반면 A의 어머니 B씨는 환갑이 지났지만 일도, 운동도, 여가활동도 순항 중이다. 최근 B씨는 평생 해오던 요리를 사람들에게 가르치는 일을 시작했다. 프리랜서 일이라 시간에 얽매이지 않으면서 내 능력으로 돈을 번다는 사실이 너무 즐겁다. 내가 만든 음식을 가족이나 친구들이 먹으면서 맛있다고 해줄 때 가장 행복한데, 이제는 수강생들도 그렇게 말해주니 더 행복하고 보람 있다.

일하는 시간 외에는 매일 헬스장에 가서 운동을 하고, 가끔 친구들과 골프도 즐긴다. 특별히 건강에 문제는 없다. 오히려 딸이 혼자 살면서 여기저기 아픈 것 같아 걱정이다. 반찬을 만들어줘도 끼니를 잘 챙겨 먹는지 모르겠다. 매일 사 먹거나 배달시켜 먹더니 급기야 당뇨전단계라는 진단을 받고 부랴부랴 혈당측정기를 샀다고 한다.

A씨가 특이한 경우는 아니다. 우리나라 20~30대 약 30만 명이 당뇨병 환자인 것으로 나타났다. 당뇨전단계로 분류된 20~30대는 300만 명에 육박한다. 20~30대 5명 중 한 명이 당뇨병 고위험군인 셈이다. 당뇨병은 그 자체로 끝나는 병이 아니다. 20~30대 당뇨병 환자의 26.9%는 고혈압과 고콜레스테롤, 고지혈증을 동시에 갖고 있다.[1] 연구에 따르면 국내 19~39세 성인의 2형 당뇨병 유병률은 2010년 1.02%에서 2020년 2.02%로 10년 만에 약 2배 증가했다.[2]

왜 이렇게까지 당뇨 환자가 증가했을까? 젊은 당뇨 환자가 급증한 가장 큰 원인은 잘못된 식습관이고, 그에 따른 영양과잉과 비만이다. 당뇨병이란 혈액에 당이 필요 이상으로 많아지는 상태를 말한다. 당뇨병을 일으키는 잘못된 식습관에는 여러 가지가 있지만 그중에서도 탄수화물과 지방의 과잉 섭취가 가장 큰 문제라고 한다. 탄수화물과 지방은 단백질과 더불어 우리 몸에 반드시 필요한 에너지를 만드는 주요 영양소이지만, 지나치게 섭취하면 '독'이 된

---

1 〈당뇨병 팩트시트 2024〉, 대한당뇨병협회, 2024.
2 "2030 '젊은 당뇨' 비상…10년 새 유병률 2배 급증", 코메디닷컴, 2025.5.4.

다는 것이다.

2020년 기준 젊은 2형 당뇨병 환자의 67.8%는 체질량지수(BMI) 25 이상의 비만이었다. 많은 전문가들은 과거보다 풍족하게 살게 되면서 건강과 직결되는 비만도가 올라가는 문제점을 지적한다. 그에 따라 당뇨병, 고혈압, 고지혈증 같은 만성질환도 증가하고 있다. 20~30대의 당뇨가 증가하는 것뿐 아니라 비만한 아동과 청소년이 늘면서 이들의 당뇨병 유병률도 높아지는 추세라는 점은 사회적 차원에서도 간과할 수 없는 문제다.

이런 맥락에서 몇 년째 식을 줄 모르는 혈당관리와 저속노화 열풍은 우리의 잘못된 식습관을 인지하고 바로잡는 계기가 되어준다는 점에서 매우 긍정적이다. 실제로 A씨처럼 당뇨전단계를 포함해 당뇨 문제를 안고 있는 사람은 물론, 대부분의 20~30대가 혈당 문제의 심각성을 인지하고 자신의 식습관을 돌아보며 변화의 필요성을 느끼고 있다.

"내가 밥 먹고 졸린 게 혈당 스파이크 때문이었어."
"내 친구 당뇨전단계 판정받았대. 나 진짜 당중독 탄수화물 중독인 거 같은데 검사해봐야 할까. 내 식단을 돌아봐야겠다. 너무 무섭다."

혈당에 대한 경각심이 높아짐에 따라 '혈당 스파이크', '공복혈당' 등 혈당과 관련한 단어들의 쓰임이 늘어났고, 혈당을 측정하는 가정용 기계까지 팔리고 있다. 혈당을 안정화한다는 젤리, 영양제 판

〈'혈당관리' 연관어 순위〉

	2022~23년		2024~25년(~8월)
1	혈당	1	혈당
2	당뇨	2	건강
3	건강	3	당뇨
4	당뇨병	4	도움
5	도움	5	당뇨병
6	음식	6	섭취
7	성분	7	다이어트
8	환자	8	식단
9	인슐린	9	운동
10	운동	10	관리

출처 | 생활변화관측소, 블로그, 2022.01.01~2025.08.31

매도 증가했고, 식전에 먹으면 혈당을 낮춘다는 애사비(애플사이다 비니거)에 대한 관심도 폭발적으로 늘었다. 실제로 소셜미디어 언급량을 보면 2022~23년만 해도 혈당관리가 '당뇨병', '환자', '인슐린' 등 질환의 영역이었다면, 지금은 '식단', '운동', '관리' 등 일상적 관리의 영역으로 들어왔음을 알 수 있다.

중장년보다 젊은 세대의 건강이 더 위험하고, 그래서 젊은 세대가 건강에 더 민감하게 반응하는 모습은 과거에 볼 수 없었던 새로운 현상이다. 왜 지금 20~30대는 때 이르게 '노화'에 주목하는가?

그리고 노화를 늦추기 위해 어떤 행동을 하는가? 혈당관리를 핵심
으로 하는 저속노화 열풍에 대해 본격적으로 알아보자.

저속노화, 혼자 오래 살아갈 그대들을 위하여

혈당에 대한 관심을 말하면서 정희원 선생님을 빼놓을 수 없다.
'정희원'과 '저속노화'라는 키워드 자체가 하나의 밈이자 브랜드가
되어, 전 국민에게 혈당 문제의 심각성과 혈당을 비롯한 건강관리
의 중요성을 알리는 데 크게 기여했다. 소셜 빅데이터로도 입증되
는데, 그전까지 혈당은 적지만 꾸준한 관심을 받는 정도였다. 그러
다 2023년 1월 온라인상에 '정희원'이라는 인물이 등장했다. 흥미
로운 점은 그러고도 '저속노화' 키워드가 곧바로 관심을 받지는 못
했다는 사실이다. 1년쯤 지난 2024년 1월부터 저속노화에 대한 언
급량이 움직이기 시작하더니, 곧이어 폭발적으로 증가했다. 그 후
2024년 6월부터 1년 사이에 10배가량 언급량이 증가하며 대세 키
워드로 자리 잡았다.

'저속노화'의 급성장이 마케터에게 주는 중요한 인사이트는, '마
케팅은 결국 키워드'라는 것이다. 이미지가 지배하는 시대라 하지
만, 결국 메가 트렌드로 자리 잡는 상품이나 브랜드는 이미지보다
키워드로 남는다. '저속노화'라는 단순명료한 네 글자는 '혈당관리
를 해야 합니다', '식습관을 바꿔야 합니다', '단순당과 탄수화물 섭

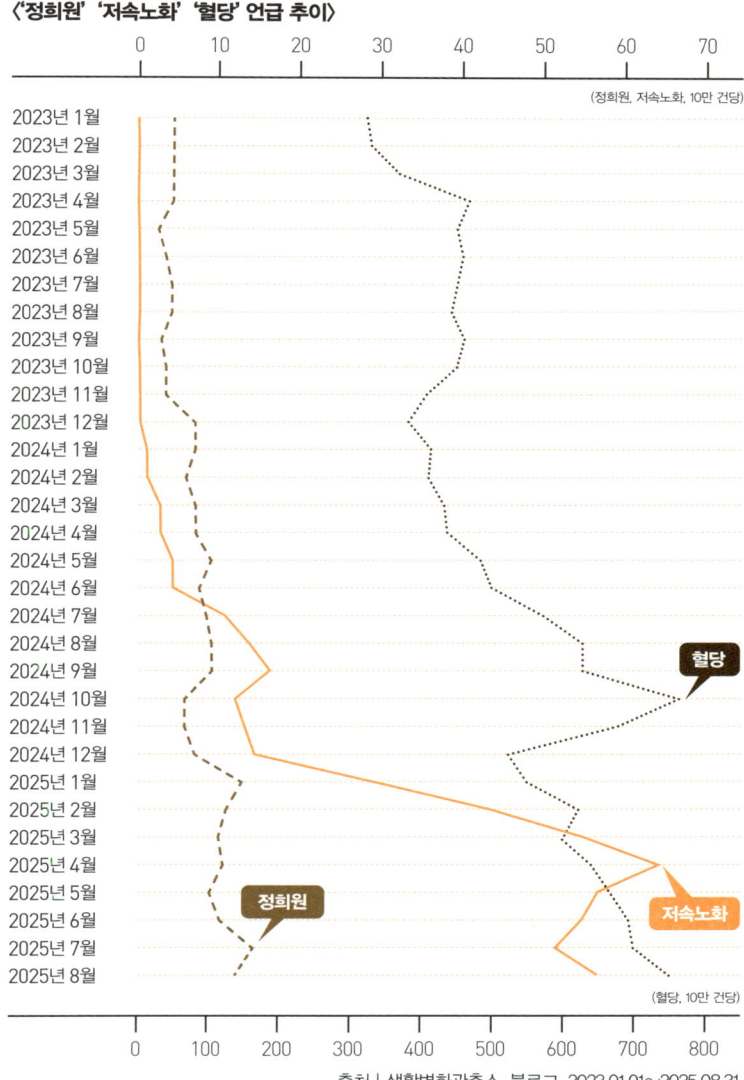

〈'정희원' '저속노화' '혈당' 언급 추이〉

(정희원, 저속노화, 10만 건당)

2023년 1월
2023년 2월
2023년 3월
2023년 4월
2023년 5월
2023년 6월
2023년 7월
2023년 8월
2023년 9월
2023년 10월
2023년 11월
2023년 12월
2024년 1월
2024년 2월
2024년 3월
2024년 4월
2024년 5월
2024년 6월
2024년 7월
2024년 8월
2024년 9월
2024년 10월
2024년 11월
2024년 12월
2025년 1월
2025년 2월
2025년 3월
2025년 4월
2025년 5월
2025년 6월
2025년 7월
2025년 8월

혈당

정희원

저속노화

(혈당, 10만 건당)

출처 | 생활변화관측소, 블로그, 2023.01.01~2025.08.31

취를 줄여야 합니다. 그렇지 않으면 평생 당뇨로 고생하다 힘든 노후를 맞이할 수 있습니다'라는 구구절절한 진실을 함축적으로 담고 있어 트렌드 키워드로서 손색이 없다.

저속노화 키워드가 우리 마음을, 특히 젊은 세대의 마음을 강력하게 사로잡은 이유를 살펴보자. 우리는 모두 과거 어느 세대보다 장수(長壽)할 텐데, 그렇다면 문제는 건강하게 나이 드는 것이다. 여기에 우리 사회에 널리 공유되는 가치관을 연결해서 생각해보자. 첫 번째는 '아름다움에 대한 갈망'이라는 한국인의 문화코드, 두 번째는 혼자 사는 것이 당연해진 시대적 배경, 세 번째는 성취에 대한 욕구다.

첫째, 저속노화 열풍은 뷰티와 연관된다. 자본주의 사회에서 외모의 매력도도 매우 중요하며, '아름다움=건강함'이라는 공식이 생겨난 것도 인정하지 않을 수 없다. 이제 노화에 대한 두려움은 건강에 유난인 사람들만의 것이 아니다. 저속노화의 핵심은 혈당 올리는 식습관을 지속하면 급속노화가 온다, 즉 빨리 늙는다는 것이다. 30대에 40대처럼 보일 수도 있다는 말, 또는 계속 지금처럼 먹으면 50대에 몸이 망가진다는 말, 너무 두렵지 않은가? 반면 나이보다 어려 보이는 사람은 관리를 잘한다고 여겨지고, 그런 사람들이 선망받는다. 50대인데 20대로 보이는 연예인의 운동 루틴, 열 살 연하 남자친구를 둔 50대 셀럽의 노화방지 비결과 각종 시술, 자기관리 루틴을 나도 모르게 감탄하며 바라보는 시대에 살고 있다. 남들보다 늙어 보이고 싶지 않다거나, 적어도 남들만큼은 젊음을 유지하고 싶다는 욕망을 인정할 수밖에 없다.

한국인의 문화코드에는 아름다움에 대한 갈망이 있다. 우리는 어린아이가 말을 잘 듣거나 착한 일을 했을 때 "아이고, 예쁘다"라고 한다. '착한 것=예쁜 것', 즉 도덕과 아름다움이 동일시된다는 이 엄청난 문화코드의 발견은 미셸 자우너의 《H마트에서 울다》에 등장하는데, 이 부분을 읽으면서 무릎을 쳤다. 아름다움에 대한 갈망에 건강함이 하나의 기준으로 포함되고, 그래서 우리가 더욱 건강에 집착하는 것 아닐까? 노화를 무조건 부정적으로 여기고 외적인 아름다움만 좇는 세태가 부당하다고 외치고 싶기도 하지만, 여기서 당위에 대한 논쟁은 잠시 접어두자. 의식 아래에 숨은 문화코드는 트렌드를 넘어 인간을 움직이는 강력한 동기가 되므로, 옳고 그름을 따지기 전에 반드시 이해할 필요가 있다. 건강이 곧 아름다움이고, 아름다움이 곧 매력자산이 되는 시대에, 내가 나의 노화를 결정할 수 있다는 저속노화는 너무나 와닿는 컨셉이다.

둘째, 젊은 세대에게 특히 저속노화가 중요한 또 하나의 이유로 가족 개념의 변화가 있다. 이전 세대와 달리 자신은 혼자 오래 살 것이라 예상하기 때문이다. 결혼하지 않고 혼자 사는 이들이 많다는 사실은 말할 것도 없고, 자식이나 배우자가 있다 해도 그들이 나중에 나를 돌봐줄 것이라 기대하기는 어렵다. 개인주의, 각자도생 사회가 되어서이기도 하고, 노년에 건강이 악화돼 고생하시는 부모, 조부모, 주변 사람들의 모습을 보면서 나는 가족에게 폐를 끼치지 말아야겠다고 스스로 다짐하기도 한다. 그래서 젊을 때부터 적금 붓듯이 근육을 키우려 노력하고, 저속노화 식단을 하며 나의 건강한 노후를 준비하는 것이다.

셋째, 저속노화 열풍은 방법 면에서도 젊은 세대에게 어필한다. 내가 노력한 만큼 성과가 돌아오는 데다, 적은 비용으로도 가능하기 때문이다. 무엇이든 내 뜻대로 할 수 있다는 독려 속에 성장했지만, 사실 현실에는 내 뜻대로 컨트롤할 수 없는 것이 너무나 많다. 그 와중에 내가 컨트롤할 수 있는 것이 바로 나의 몸이다. "세상사 어떤 것도 제 마음대로 안 된다. 일도 사랑도 제 마음대로 되는 건 하나도 없다. 유일하게 나의 의지로 컨트롤할 수 있는 건 내 몸. 노력하면 배신하지 않고 고스란히 결과로 돌아온다"[3]라는 한혜진 모델의 말이 공감을 불러일으킨다. 자신의 노력으로 무언가를 '바꿀 수' 있다는 점이, 사회적으로 많은 허들을 마주하는 세대의 성취욕을 자극한다. 실제로 운동하고 관리하는 많은 이들이 노력을 배신하지 않고 정직한 결과로 성취감을 느낄 수 있다는 점을 운동의 매력으로 꼽는다.

> "전 군대에서 운동을 처음 시작했는데 이런 마음을 가졌습니다. '변화해야 하는데 뭔 방법이 없을까? 음… 운동이라도 해보자! 이게 제일 쉬울 거 같아' 역시 맞더군요. 운동(헬스)은 조금만 하더라도 금방 금방 변화하는 게 눈에 보였습니다. 운동하면서 바뀌는 나의 몸을 보며

---

3 출처: 'Han Hye Jin' 유튜브, "4인 4색 모델들의 다이어트 비법 모음zip | 식단 공개부터 데일리 운동 루틴까지."

이 시대가 추구하는
아름다움과 건강에 대한 갈망,
성취에 대한 욕구,
혼자 나이 들어가는 삶이라는
환경적 요인이 맞아떨어지면서
저속노화에 대한
관심이 폭발했다.

'어? 이거 욕심이 나는데? 더 해봐?' 더불어 성취감과 보람까지 느껴졌습니다. 자존감도 함께 얻었죠."

또한 저속노화 실천에는 큰 비용이 들지 않는다는 것도 큰 특징이자 장점이다. 먹는 것을 바꾸는 작은 투자로 성형외과나 피부과에 드는 큰돈을 아낄 수 있으니 특히 젊은 세대에게 매력적이다.

이처럼 이 시대가 추구하는 아름다움과 건강에 대한 갈망, 성취에 대한 욕구, 혼자 나이 들어가는 삶이라는 환경적 요인이 맞아떨어지면서 저속노화에 대한 관심이 지속되고 있다.

나를 위해 요리하는 첫 세대

이러한 저속노화 열풍이 식문화 트렌드를 바꾸고 있다. 지난 10년의 식문화 트렌드를 돌이켜보면 미식 열풍과 함께 외식이 성장하고 코로나 팬데믹 시기에 배달식이 폭발적으로 증가한 반면, 집에서 먹는 내식은 점점 간단해지거나 축소되는 경향이 뚜렷했다. 하지만 저속노화를 실천하는 사람이 늘면서 요리와 집밥의 가치가 주목받기 시작했다. 소셜 빅데이터로 식문화 트렌드를 살펴본 결과 '배달음식', '배민맛', '밀키트'에 대한 관심은 떨어지는 반면 '요리'와 '레시피', '집밥'에 대한 관심이 크게 증가했다. 건강과 아름다움에 대한 열망, 자기관리, 성취와 연결되는 저속노화 트렌드가 그렇

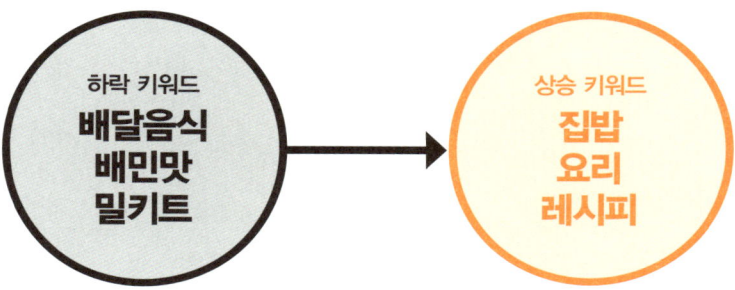

〈식문화 트렌드 변화〉
2022년 대비 2025년 상승한 식문화 키워드

하락 키워드
배달음식
배민맛
밀키트

상승 키워드
집밥
요리
레시피

게도 외식과 배달식을 선호하던 사람들의 라이프스타일을 집밥으로 바꾸어놓은 것이다.

집밥의 심상은 사람마다 달라서 누군가에게는 향수를 불러일으키고, 누군가에게는 노동으로 느껴지기도 할 것이다. 이러한 집밥 이미지가 최근 바뀌고 있다. 저속노화 열풍을 타고 집밥은 이제 '나를 위한 요리'가 되었다. 과거의 집밥은 대개 나보다는 가족을 위해 차리는 것이었는데, 이제는 나를 위해 집밥을 차린다. 오직 자신을 위해 요리하는 첫 세대가 등장한 것이다.

"5월 셋째 주 일주일 저속노화 집밥 요리일기. 이번주의 모토는 초가 공식품을 줄이자! 요리가 귀찮다 생각하면 귀찮지만 또 이렇게 하려고 하니 할 만하다. 뭔가 나를 위해, 무언가 한다는 게 뿌듯한 거 같다."

AI가 손쓸 수 없이 똑똑해지고 무엇이든 자동화가 가능할 것 같은

이제 집밥은
다른 사람을 위해서가 아니라
나를 위해 차리는 요리가 되었다.
자신만을 위해 요리하는
첫 세대가 등장한 것이다.

이 시대에, 내 손으로 만드는 집밥의 의미란 무엇일까? 오늘날의 집밥은 살림 전문가인 엄마가 뚝딱 차려내는 실력 발휘 결과물이 아니라, 매번 어떻게 하면 더 효율적으로 만들 수 있을지 고민하는 대상이 되었다. 그에 따라 집밥의 가치와 방식도 달라지고 있다.

효율의 집밥: 도시락과 밀프렙

최근 식문화 트렌드에서 가장 두드러지는 키워드는 단연 '도시락'과 '밀프렙'이다. 학창시절에 급식을 먹은 세대는 도시락이라 하면 소풍이나 시험 등 이벤트 때 싸주는 특별식을 주로 떠올릴 것이다. 그런데 이런 특별한 날이 아닌 평상시에, 그것도 도시락을 많이 먹어보지 않은 세대가 도시락을 이야기하고 있다. 바로 직장인들이다.

사실 직장인이 저속노화를 실천하려면 출근해서 먹는 점심이 고민이다. 아침과 저녁은 집에서 식단대로 차려 먹는다고 해도, 동료들과 먹는 점심에서 어떻게 내 식단만 고집하겠는가? 그래서 나온 대안이 도시락이다. 어차피 아침 저녁에 저속노화 식단으로 먹으니 점심 도시락을 추가로 준비하는 게 불가능하지는 않다. 다만 번거롭긴 한데, 몇 번 하다 보니 도시락을 미리 만들어둘 수 있다는 사실을 깨닫는다. 도시락에서 밀프렙으로 한 단계 발전하는 순간이다.

밀프렙은 일주일 식단을 미리 정해서 바로 꺼내먹기 좋게 포장해두는 것을 말한다. 주말에 시간을 내 몇 종류의 밀프렙을 만들어두면, 주중에는 이것을 꺼내어 데우기만 하면 된다. 며칠의 식단을 미리 계획하고 준비해야 하니 귀찮고 어려울 수도 있지만, 젊은 세대가 원하는 예측가능성과 효율성을 충족한다는 점에서 밀프렙은 장점이 많다. 내가 먹을 것을 미리 결정하고 정한 대로 먹는 것, 그것이 도시락과 밀프렙이다.

나아가 도시락과 밀프렙은 이 시대와 젊은 세대의 가치관을 드러내는 큰 키워드 3가지가 맞물려 발현한 현상이다.

첫째, 건강에 대한 관심이다. 먹는 일이 곧 노화의 속도를 결정하므로, 먹는 것이 곧 건강을 결정한다는 명제에 모두 동의하고 있다. 이러한 인식하에 내 식습관을 정비하고 루틴화한 것이 도시락과 밀프렙이다. 뷰티든 건강이든 자기관리의 핵심은 매일 실천하는 꾸준함이다. 도시락과 밀프렙은 자신을 돌보고 건강을 챙기는 강력한 데일리 루틴으로 자리 잡는 중이다.

둘째, 시간에 대한 개념의 변화다. 《2024 트렌드 노트》에서는 주 52시간 근무제가 일하는 방식과 여가방식에 큰 변화를 가져왔다고 설명했다. 이는 그저 칼퇴근을 보장받거나 여가를 많이 즐기게 된 라이프스타일의 변화를 넘어, 직장인이 개인의 시간을 인식하게 된 중요한 사건이었다. 짧게 언급하자면 과거에는 주중 시간을 모두 '직장에 매인 시간'으로 여겼다면, 주52시간 근무제가 시행된 후로는 근무시간 개념이 명확해지면서 점심 휴게시간도 회사의 시간이 아니라 나의 시간임을 주지하게 되었다.

도시락은 되찾은 점심시간을 나를 위해 쓸 수 있는 아주 좋은 수단이다. "다이어트해요"나 "도시락 싸왔어요"라는 말은 곧 '혼자 먹겠다'는 의미라고도 한다. 건강도 챙기고 혼자 있을 수 있고, 식비도 아낄 수 있으니 그야말로 일석삼조다.

셋째, 소비에 관한 이야기다. '점심값' 연관어로 '아깝다'라는 언급이 증가할 만큼, 점심 식대 자체가 너무 많이 올랐다. 서울 평균 점심값이 1만 1583원, 가장 비싸다는 강남 삼성동은 1만 5000원이라고 하며,[4] 편의점 도시락도 5000원이 넘는다. 과시적 성격이 강한 소셜미디어의 특성상 자신의 부족한 면이나 힘든 면은 잘 드러내지 않는데도 점심값이 아깝다는 언급이 증가한 것은, 내가 돈이 없다는 뜻이라기보다는 밖에서 사먹는 점심식사의 가치가 너무 낮다는 것을 의미한다. 쓸 때는 쓰고 절약할 때는 끝까지 절약하는 젊은 세대는 아끼는 것을 부끄럽게 여기지 않는다. 오히려 아낄 때 아끼는 것은 자랑할 만한 모습이다.

> "이번 주부터 시작해서 나흘간 도시락 싸갔네요ㅎ 이렇게 뿌듯할 수가. 입사한 지 얼마 안 된 터라 회사분들과 교류가 너무 없을까 걱정했지만 혼자 밥 먹으니 세상 편하고 돈도 절약되고 좋네요! 뭔가 돈을 아끼고 있다는 걸 눈으로 보고 싶어 세이프박스에 한 끼당 오천 원씩 저금도 시작했답니다! 이번주만 벌써 2만 원 세이브했네요 ㅎㅎ 너무 뿌듯 ㅎㅎ"

---

4 "NHN 페이코 '평균 점심값 9500원… 서울 삼성동은 1만5000원'", MTN뉴스, 2025.7.1.

이처럼 건강과 자기관리, 시간에 대한 자기결정, 소비 통제에 대한 관심이 합쳐져서 도시락과 밀프렙이라는 집밥의 또다른 갈래를 만들고 있다.

가성비와 비주얼: 한식 대신 파스타

집밥을 많이 먹고 요리를 많이 한다니, 그럼 주로 어떤 요리를 할까? 집밥이라 하면 기성세대는 으레 우리나라 전통 상차림을 떠올릴 것이다. 밥, 찌개나 국, 메인 메뉴와 밑반찬으로 구성된 정갈한 상차림 말이다. 하지만 인스타그램에 '#집밥'을 검색해보면 이런 식의 전통 한식 밥상과는 사뭇 다른 상차림이 나열된다.

요즘 사람들이 말하는 집밥은 명란아보카도 덮밥, 항정살미나리 덮밥, 계란 오믈렛과 같은 한 그릇 음식이다. 한 가지 메인 메뉴가 밥이자 반찬이 되는 원플레이트, 원 볼 등 한 그릇 음식의 증가는 비단 1인가구만의 사정이 아니다. 손이 많이 가는 데 비해 비주얼이 그럴듯하지 않은 전통 한식은 가성비, 즉 효율이 낮다고 생각한다. 그보다는 예쁘고 맛도 좋고 영양도 나쁘지 않은 메뉴들이 환영받는다.

"나물 하나 만드는데 정말 가성비 안 좋다. 이거 하나 무치는데 주먹만큼도 안 나오고 그렇다고 이거 하나 놓고 밥먹을 수도 없고."
"파스타가 ㄹㅇ 개짱인 게 혼자 한식 해먹는다고 생각해보셈. 재료 겁나 다듬고 뭐 조리고 끓이고 무치고 난리를 쳐야 반찬 1개 나옴… 맛?

요리 재능 없으면 보장 못함… 파스타는 걍 다 때려 넣고 볶기만 하면 됨. 심지어 웬만하면 다 맛있고 사진 찍어도 그럴듯함. 얼마나 좋아."

한 그릇 음식의 대표 메뉴가 바로 파스타다. 이제 사람들은 라면만큼이나 간편하게 집에서 파스타를 만들어 먹는다. 집밥 메뉴를 한식이 아니라 파스타가 대체하는 이유는 명확하다. 재료의 조합만으로 N가지의 파스타를 만들 수 있는데, 간단하지만 비주얼이 압도적이기 때문이다. 그 밖에 최근 관심이 증가한 식자재로 올리브오일, 토마토, 치즈가 있는데, 이를 단순히 요리의 종류가 서구식으로 바뀐 것으로 해석하기보다는, 보기 좋으면서도 간단한 한 그릇 음식을 만드는 기본 재료여서라고 보는 것이 타당하다.

재료의 퀄리티가 요리의 퀄리티

이제 대한민국에서 구하기 어려운 식재료는 별로 없다. 예전에는 백화점 식품관에 가야만 구할 수 있었던 수입 식품, 이국적인 식자재를 구할 수 있는 채널이 많아졌다. '컬리'가 수입 식자재에 대한 접근성을 높여주기도 했고, 크고 작은 플랫폼이 선보이는 이국적인 식재료 큐레이션도 점점 다채로워지고 있다. 몇 해 전만 해도 이색 식재료였던 아보카도, 트러플, 아스파라거스, 세이지나 딜과 같은 허브 종류에 대해 이제는 모르는 사람이 더 적을 것이다. 식재료가 다양해지는 만큼 소비자의 선택지는 넓어지고 눈높이도 올라간다. 물론 여기에도 정보가 필요하다. 올리브오일이나 치즈 등 다양한 요리에 쓰이는 기본 식재료들은 종류도 상당하고, 가격이나 브랜드에 따라 퀄리티도 천차만별이므로 어느 브랜드가 좋은지 정보를 습득하는 것은 중요하다.

"바질페스토는 올리브오일의 퀄리티와 바질 함량이 좌우하는 듯. 확실히 잘 모를 때는 그중 가격이 좀 더 있는 것을 고르면 되더라구요."

평범한 아이템도 퀄리티를 따지는 시대다. 계란의 '난각번호'를 확인하고, 돼지고기 소고기 등 육류에 대해서는 '동물복지'를 논한다. 안전하고 좋은 환경에서 사육한 동물의 고기나 계란을 먹겠다는 신념과 함께, 돈을 더 지불하더라도 품질 좋은 물건을 사겠다는 판단 기준이 정착된 것이다. 재료의 퀄리티가 요리의 퀄리티를 좌우하기 때문이다.

"고온 날씨 영향을 받았거나 스트레스 받으면 난소의 작은 혈관의 혈액이 떨어져나와서 그렇다는데, 먹는 데는 아무 이상이 없다곤 하는데… 괜히 ㅋㅋㅋ좀 싫더라고여"
"동물복지 하이포크라 믿고 돼지고기를 인터넷으로 주문해 보았다. 아무래도 고기인지라 상하지 않게 얼음 포장이 되어 왔다. 이제는 돼지고기를 고를 때 새로운 기준을 세워야 할 때! 내가 생각해서 사서 그런지 요리도 더 잘되는 것 같고 ㅎㅎㅎ 역시 신경을 써서 살아야 한다고."

엄마보다 유튜브 레시피

이렇게 집밥을 더 많은 사람들이 요리할 수 있게 된 것은 유튜브 등의 영상 플랫폼 덕분이다. 요리에 익숙한 40~50대 주부들에게 유튜브는 건강 레시피가 가득한 보물창고와 같다. 이들은 두유, 그릭요거트 등 기성품 구매가 당연시되는 아이템도 유튜브를 보며 직접 만든다.

"요즘 유튜브 보고 두유 만들기에 꽂혔어요. 당뇨에 좋다고 해서. 추천해준 두유제조기 하나 사서 병아리콩 렌틸콩 귀리 있는 콩 없는 콩 다 갈아보는데 소금 없이 고소한 맛에 만족도 최강입니다 (아들램들은 맛없다고 안 먹어요) 올봄 저의 다이어트식으로 낙찰입니다ㅎ 건강한 국산 콩으로 직접 만드니까 마음 놓고 먹을 수 있어요."
"남편의 고지혈증으로 웰빙식에 관심이 많아진 콩아야입니다! 유튜브 건강식을 찾는데 나온 당근라페! 유튜버가 한입 먹더니 너무너무 맛있다고 감탄하길래 남편도 저도 당근을 좋아하니 도전했지요! 저도 자주 당근라페 만들어 샌드위치나 가니쉬로 활용한답니다. 만들기도 쉬운데 한 번 만들어두면 이리저리 활용도가 높아요!"

그런가 하면 요리 초보들은 유튜브 요리 영상으로 기초부터 배워나가며 자신만의 요리를 시작한다.

"저속노화식 저도 만들어보았습니다. 요리초짜, 요리똥손인데 이거

보고 따라 만들었어요. 보기만 해도 건강해지는 기분. 또 만들어 먹으면 얼마나 맛있겠어요 ㅎㅎ내가 해놓고 오 맛있어 감탄했어요."

예전에는 먹고 싶은 요리가 있으면 엄마에게 물어보거나(그것도 엄마들의 레시피는 대개 기억에 의존하기 때문에 계량이 불가하다) 블로그 텍스트를 한 줄 한 줄 이해해가며 만들었지만, 이제는 유튜브에 들어가면 어떤 요리든 만드는 법을 눈과 귀로 배울 수 있다. 여러 사람의 요리 스타일을 한눈에 비교하고 그중 마음에 드는 레시피를 선택해서 보면 된다. 유튜브의 선생님들 덕분에 요리가, 집밥이 점점 더 쉬워지고 있다. 유튜브를 통해 먹고 싶은 요리를 검색해보고, 식재료를 구매해보고, 다양한 레시피를 경험하다 보면 요리 초보도 어느덧 집밥을, 도시락을, 밀프렙을 할 수 있는 사람이 되어간다.

그럼에도 우리는 디저트를 먹는다

이쯤에서 한 가지 의문이 든다. 이렇게 자기관리와 건강에 대한 관심이 증가했으니, 자극적인 음식이나 당폭탄 디저트의 대유행은 이제 저물어가는가? 전혀 그렇지 않다. 관리하는 사람이라 해서 저속노화 식단만 고수하지는 않기 때문이다. 도시락을 열심히 싸며 자기관리에 진심을 다하는 사람도 숨 쉴 구멍이 필요하다. 그래서 저속노화를 실천하다가 당폭탄 디저트를 먹는다. 이렇게 저속노화식에 대한 관심이 커졌음에도 불구하고 디저트에 대한 열망 또한 전혀 줄어들지 않았다는 점이 흥미롭다. 그러나 이런 우리가 이상한 것은 아니다.

앞서 여러 차례 트렌드의 길항에 대해 이야기했다. 건강을 중시하는 트렌드와 함께 성장하는 것은 반대급부인 극강의 당폭탄이다. 이제 우리는 더 이상 디저트 값이 밥값보다 비싸다고 비난하지 않는다. 나를 위한 위로이자 선물인 디저트에 그 값을 치르는 것은 당연하기 때문이다. 이렇듯 디저트를 먹지 않을 수는 없는데, 이런 우리 앞에 절묘한 해법이 등장했다. 바로 '저당'이다.

앞에서 이야기한 A씨 사례로 돌아가 보자. 당뇨전단계 판정 이후, 유튜브에 들어가서 당뇨전단계에 대한 내용을 살펴본다. 진짜 당뇨가 오기 전에 철저하게 식단 관리를 해야 한다. 배달음식과 육식 위주의 식사를 멈추고, 음주도 줄이고, 채소를 먹지 않는 편식 습관도 고치고, 탄산음료도 끊고, 할 일이 많다.

⟨'저당○○' 순위⟩

1	저당밥솥
2	저당밥
3	저당간식
4	저당아이스크림
5	저당소스
6	저당잼
7	저당빵
8	저당고추장
9	저당식단
10	저당음료
11	저당두유
12	저당그래놀라
13	저당곡물
14	저당디저트
15	저당딸기잼
16	저당초콜릿
17	저당쌈장
18	저당식
19	저당시리얼
20	저당케첩

출처 | 생활변화관측소, 블로그+
커뮤니티, 2023.01.01~2025.08.31

집밥을 먹어야 하니 우선 밥솥부터 사자. 그동안 즉석밥만 먹느라 집에 밥솥도 없다. 그런데 세상에, 저당밥솥이라는 것이 있다니! 흰쌀로 밥을 지어도 당질을 절반가량 낮춰주는 밥솥이다. 반찬은? 다이어트 및 저속노화 식단의 핵심인 양배추, 닭가슴살, 계란을 구입한다. 의외로 양배추가 양도 푸짐하고 단맛도 있는데, 지금까지 전혀 느끼지 못했다는 게 신기하다.

저녁에는 마음먹고 한 그릇 음식의 대명사인 올리브오일 파스타를 해보자. 푸슬리나 펜네처럼 숏파스타를 사면 요리 초보도 쉽게 할 수 있다고 한다. 푸슬리를 삶고, 소금을 넣고, 올리브오일에 좋아하는 치즈나 토마토 등을 넣고 섞어주면 끝이다. 컬리에서 비싼 올리브오일을 구매했다. 찾아보니 파스타쿠커가 있으면 면 삶는 동안 일일이 신경 쓰지 않아도 된다고 하여 쿠팡에서 파스타쿠커도 주문했다. 케첩이나 마요네즈, 굴소스 등 요리에 필요한 기본 소스들도 모두 저당으로 구입했다. 리뷰를 보니 가격 차이도 크지 않고 저당인데 맛은 거의 똑같다니 꼭 필요한 재료다.

소셜 빅데이터에서 나온 '저당○○'을 보면, 가장 많이 언급되는 키워드가 '저당밥', '저당밥솥'이다. 그리고 기존의 소스를 대체하는 '저당 고추장', '저당 쌈장', '저당 케첩' 그리고 '저당 간식', '저당 디저트'가 있다. 심지어 '저당 잼', '저당 아이스크림'까지, 이제 '저당'은 어디에든 붙이기만 하면 부가가치가 올라가는 마법의 키워드가 된 것 같다. 음식의 종류나 맛을 바꾸지 않으면서 저당식을 실천할 수 있다면 이보다 좋을 수 없을 것이다. 게다가 다이어트나 저속노화식의 주적인 혈당을 높이는 간식, 디저트도 예전처럼 즐길 수 있다면? 너무 반가운 소식일 것이다. 저당 디저트는 건강에 대한 걱정을 불식시키면서 디저트에 대한 열망을 충족할 수 있는 완벽한 아이템이다. 실제로 '라라스윗' 등 저당 아이스크림에 대한 관심이 급격히 증가하고 있다.

　과학의 발전으로 우리는 풍요한 먹거리와 함께 당뇨라는 병도 함께 얻었다. 그래서 적게 먹고 건강하게 먹어야 하는 과제를 안게 되었다. 그런데 이제 또 한 번 우리는 과학의 힘을 빌려 먹고 싶은 음식을 저당으로 마음껏 먹는 타협점을 찾아냈다. (물론 저당이라고 무작정 많이 먹으면 안 될 것이다.) 트렌드는 이처럼 길항이기도 하고, 타협점을 찾는 과정이기도 하다.

　우리 시대의 페르소나는 먹을 것의 풍요 속에 저당 소스와 양배추 등 혈당을 높이지 않는 재료를 선별해 집밥을 해먹고, 주말에 만들어둔 밀프렙으로 주중에는 도시락을 먹는다. 좋은 식자재가 요리를 맛있게 하므로 더 좋은 올리브오일과 난각번호 1번 계란을 사고, 유튜브로 저속노화 식단 레시피를 습득한다. 점점 요리 실력도 늘고, 내 건강을 스스로 챙긴다는 뿌듯한 마음으로 매일 자기관리를 한다. 가끔 디저트나 자극적인 음식이 당기면 한 번씩 먹어준다. 우리는 모두 결심과 갈망 사이에서 고민하며 선택지를 저울질한다. 도시락과 집밥의 핵심 감정은 스스로 나를 챙긴다는 자기관리, 건강관리 루틴을 실천한다는 뿌듯함이다. 성취가 쉽지 않은 시대이자 자존감 회복이 중요한 젊은 세대에게, 자기돌봄을 통해 성취감을 느낀다는 것은 매우 긍정적인 트렌드이며, 건강 문제로 인한 사회적 비용 감소에도 도움이 될 것으로 보인다.

"집밥 매일 하기 힘든 분들, 밀프렙 해놓고, 와서 볶기만 하거나 하면 진짜 쉬워져요. 삶의 질이 달라집니다. 무엇보다 내가 건강을 생각한 이 저속노화 루틴을 실천한다는 뿌듯함?ㅎㅎ 누가 나를 챙겨주나요? 나를 사랑하자!!"

집밥은 오늘날 자신을 사랑하는 가장 중요한 방식이다. '믿을 것은 나밖에 없다'를 넘어 '믿을 것은 내 몸밖에 없다'는 인식의 결과다. 이렇게 몸과 건강에 대한 관심이 집밥으로 연결된다. 너무 당연해서 의미를 부여하지 않았던 집밥이 우리 시대 가장 강력한 자기돌봄 방법이자, 자신을 지키는 방안이 되고 있다. 저속노화식, 집밥, 도시락이 상징하는 것은 나에 대한 사랑이다.

저속노화식, 집밥, 도시락이
상징하는 것은 나에 대한 사랑이다.

1. 마케팅은 키워드임을 기억하자.

'저속노화' 열풍의 핵심은 키워드의 간결함이다. 100개의 이미지나 설명보다 핵심을 건드리는 키워드가 화제성을 만든다.

2. 트렌드를 강화하는 문화코드를 이해하자.

지금 저속노화와 자기관리 트렌드에는 건강하지 못한 장수와 노화에 대한 두려움, 아름다움에 대한 열망, 성취에 대한 욕구라는 문화코드가 깔려 있다.

3. 자기관리라는 키워드로 세상의 변화를 포착하자.

저당 식품들이 자기관리 니즈를 충족시키는 것처럼, 자기관리이자 자기를 사랑하는 방식으로서 집밥과 도시락을 더 편리하게 만들어줄 방법은 무엇일까?

돈, 가족, 고령에 대하여

돈

1. 럭셔리는 비싼 것이 아니라 희소한 것이다. '싸다, 비싸다'가 아니라 '얼마나 다른가'가 중요하다. 슬로우(slow)가 럭셔리다. 다들 바쁜 아침을 보내고 있는데 나 혼자 여유 부릴 수 있음이 차별화 포인트가 된다. 다들 바쁜 아침에 각성하기 위해 후루룩 커피를 마시는데 말차 가루를 천천히 저어 거품을 만드는 슬로우 모닝은 그 자체로 럭셔리가 된다. 언덕으로 이루어진 집값 비싼 동네가 있다. 예전 같으면 무거운 색상의 차에서 기사가 문을 열어주면 무거운 몸을 천천히 내리는 사람이 럭셔리에 가까웠다. 지금은 한낮에 가벼운 러닝복을 입고 언덕을 가볍게 뛰어다니는 건강한 몸의 소유자가 럭셔리에 가깝다. 왜? 희소하니까. 장수 시대에는 건강한 몸, 언덕도 가볍게 오르내릴 수 있는 관절, 평일 한낮의 러닝을 즐길 수 있는 여유 그 자체가 럭셔리다. 럭셔리 마케팅을 원한다면 예술의 전당 최고급 티켓이 아니라 개인 가정집 마룻바닥에 앉아서 연주자와 함께 호흡하는 연주회 티켓을 준비하는 것이 좋을지도 모른다. (실제로 박창수 예술감독이 주관하는 더하우스콘서트는 대학로 예술가의

집에서 마룻바닥에 방석 깔고 앉아서 듣는 연주회다.)

　2. 소비자의 행동은 고물가로만 해석하기 어렵다. 도시락을 싸오는 직장인이 늘었다고 하면 고물가니까, 다이소가 뜬다고 하면 돈이 없으니까 하고 해석을 끝내면 곤란하다. 고물가 시대이지만 사람들이 절약만을 위해 행동하지는 않는다. 시작은 생활비 절약이었을 수 있지만 계속하는 동력은 자기만족감, 재미, 손에 잡히는 성취감이다. 예를 들어 직장인의 도시락은 회사 주변 점심값 상승이 시작 동기가 될 수 있다. 그러나 건강도 챙기고, 식사 시간이 짧아져 남는 시간을 활용할 수도 있고, 미리 밀프렙을 준비하며 뿌듯함과 자기만족감을 느끼고, 거기에 팀장님과 같이 점심을 먹지 않아도 된다는 이점이 없다면 직장인의 도시락은 계속되기 어렵다. 단적인 예로 편의점 도시락은 여전히 저렴하지만 그 인기는 하락하고 있다.

가족

　1. 가족이 럭셔리다. 희소해졌기에 럭셔리이고 가족을 형성한 사람들의 가용 예산이 높아서도 럭셔리이고, 예전과의 차별점이라는 점에서도 럭셔리다. 기존의 럭셔리 이미지는 가족 따위는 신경 쓰지 않아도 되는 홀가분한 사람들이었다. 지금은 모든 것을 갖춘 데 더해 가족까지 돌보는 경제적, 심리적 여유가 럭셔리다. 최고급 캠핑장도, 최고급 호텔의 최고급 객실도, 최고급 식당도 가족이 타깃이다. 모델에 가까운 패션 센스를 지닌 인스타그램 주인장이 세 번

째 페이지쯤에서 아기 엄마이거나 아빠라는 것이 밝혀졌을 때 긍정적 의미의 반전 효과가 두드러진다. 럭셔리를 타기팅한다면 어린아이가 있는 집, 3대가 같이 오는 집, 반려동물을 동반한 집 등 예외적인 구성원이 있는 대규모 고객을 응대할 준비가 되어 있어야 한다.

2. 가족을 타깃으로 한다고 해서 뽀로로 매트를 준비하라는 뜻은 아니다. 아이가 중요한 만큼 엄마도 중요하다. 아이를 위한 프로그램이나 시설물도 있고, 엄마를 위한 것도, 엄마의 엄마를 위한 것도 준비되어 있어야 한다. 모든 가능성이 구비되어 어떤 구성원도 희생시키지 않을 때 가족이 만족한다. 코로나 팬데믹 이후 과거 어느 때보다 가족 여행이 뜨고, 화목한 가족이 선망성의 반열에 들어왔다. 하지만 가족을 한 단위로 묶지 않고 한 사람 한 사람을 중요한 개인으로 바라보아야 한다. 화목한 가족 안에 있는 개인이 타깃이다.

고령

1. '중장년층'이라는 단어 사용을 멈추자. 밀레니얼이라 불리는 1981년생이 2026년이면 45세가 된다. 2010년에 대한민국에서 스마트폰을 가장 먼저 손에 쥔 사람들이 지금 50대다. 설문지나 각종 문서에서 중장년층이라 칭하는 사람들은 과연 누구인가? 본인 또는 주변의 50~60대를 눈으로 보면서도 5060세대를 나이 들고 디지털에 소외되고 은퇴한 사람으로 규정한다. 지금의 50대는 가장 건강하고 디지털에 앞서가는 세대다. 지금까지는 대한민국에서 '5060'이라는 세대 분류가 일정 부분 유효했을 수 있지만 2025년

현재 시점에서 5060을 하나의 범주로 묶어 '준고령층', '중장년층'
이라 부르며 특정 이미지로 고정하는 것은 명백한 오류다. '예전보
다 젊어졌다'가 아니라 실제로 젊다. 과거와 비교하지 않고 현재의
40대, 50대를 바라보아야 한다. 노안이 왔을 수는 있지만 디지털 소
외 계층은 아니다. 60대, 70대도 마찬가지다. 환자가 아닌 이상 이
들은 누구보다 건강하고 적극적이다.

2. 50~60대가 지금 대한민국에서 가장 활발한 인플루언서다.
20~30대에 유명세를 구가했던 연예인이 50~60대가 되어 생활감
묻어나는 일상을 공개해 주목받고 있다. 예전의 50~60대는 나올
방송이 없어서 주목받지 못했거나 나오기를 거부해서 그들의 일상
을 알 수 없었다. 지금은 그분들이 평생을 살아온 방식과 라이프스
타일이 전 세대의 주목을 받는다. 소개의 시대가 저물고 깊이의 시
대가 온다. 깊이의 시대에는 꾸준히 그렇게 살아온 사람의 라이프
스타일이 각광받는다. 그러려면 절대적인 양의 시간, 다시 말해 나
이가 필요하다.

부록

《 트렌드 노트 》
프롤로그로 보는
지난 10년의 변화상

《트렌드 노트》가 올해로 10권째 책을 내놓습니다. 10년 전, 세상은 온통 빅데이터 이야기로 뜨거웠습니다. 데이터 사이언티스트가 미래 유망 직종으로 손꼽히고, 기업도 자체 TFT를 꾸리거나 외부 업체와 협업해 기획 및 마케팅에 빅데이터를 본격적으로 활용하기 시작했죠. 다만 고도의 전문적 역량이 필요한 일이기에 개인은 엄두를 못 내고, 주로 대기업 중심으로 빅데이터가 활용되는 제약이 있었습니다.

이 지점이 아쉬웠습니다. 세상의 데이터는 모두가 같이 만드는데, 활용하는 사람은 소수에 불과하니까요. 빅데이터가 '21세기의 금맥'이라면 데이터의 빈부격차는 '21세기의 승자독식 구조'를 만드는 요인이 되지 않을까 하는 우려도 제기되던 참이었습니다. 그래서 시작한 시리즈입니다. 예로부터 책은 가장 정제된 정보를 가장 대중적으로 나누어온 매체이니, 빅데이터에서 정제한 가치 있는 인사이트를 누구나 접근할 수 있는 책으로 만든다면 출간의 의의가 충분하리라 생각했습니다. 국내 1세대 빅데이터 기업 바이브컴퍼니에서 가장 앞선 데이터 해석 역량을 펼쳐온 연구자들과의 공동 프로젝트가 이렇게 시작되었습니다.

《트렌드 노트》는 사람들이 소셜미디어에 자발적으로 남긴 데이터를 분석하고, 그 안에 녹아 있는 사람들의 행동 패턴과 시대감성을 해석하여, 앞으로 이어질 수 있는 경향성을 그려 보이는 일을 해왔습니다. 특히 사람들의 의식주 및 여가활동에 주목해 이 시대의 라이프스타일 트렌드를 알리는 데 중점을 두었습니다. 그래서 매년 출간되는 《트렌드 노트》는 한 권 한 권이 독자적인 완결성을 지니지만, 경향성이라는 선상에서 이어져 있기도 합니다.

10년째를 맞는 이번 책에서, 지난 점들을 하나의 선으로 이어보았습니다. 앞서 '프롤로그'에서 지난 10년의 변화를 개괄하기도 했지만, 매년 실린 프롤로그를 통해 지난 10년의 주요 화두를 현재시제로 살펴보는 것도 흥미로울 것입니다. 오늘이 어제 같고 내일도 별 볼 일 없을 듯한 일상이지만, 우리의 생활과 가치관이 얼마나 빠르게 변화해왔는지 지난 프롤로그를 통해 느끼실 수 있을 것입니다. 그리고 눈 밝은 분들이라면, 10년의 긴 선을 미래로까지 뻗어보면서 변화에 대한 큰 그림도 그려볼 수 있지 않을까요?

이런 기대로 또는 그저 읽는 재미로, 지난 프롤로그를 갈무리했습니다. 10년간 책을 낼 수 있도록 읽어주신 여러분 덕에 가능한 작업이었습니다. 지면으로나마 고개 숙여 감사의 인사를 전합니다.

2017 TREND NOTE

빅 데 이 터 에 서 재 발 견 한 비 즈 니 스 키 워 드

비즈니스가 던진 질문에 라이프스타일이 답하다

다음소프트(현 바이브컴퍼니)는 연구기관이 아니다. 다음소프트는 기업이나 기관의 의뢰를 받아, 그들의 문제를 해결하기 위해 소비자를 연구하고, 그 보상으로 이윤을 얻는 기업이다. 다음소프트는 라이프스타일 연구를 위해 10대, 20대, 30대… 혹은 정치, 경제, 사회…와 같은 격자무늬 틀로 라이프스타일을 훑어나가는 방식이 아니라, 기업이나 기관이 관심 갖는 바로 그 분야를 깊이 탐구한다. 예를 들면, 명절 매출에 이상 신호를 느낀 유통사를 위해 대한민국의 명절을 연구하고, 10대 패딩 열풍으로 호시절을 누린 아웃도어 브랜드를 위해 10대를 연구하고, 콘텐츠 사업을 확장하고자 하는 통신사를 위해 미디어 소비행태를 연구한다.

그런데 흥미로운 점은, 특정 기업의 특정한 문제의식이 발생하는 바로 그 지점이 대한민국 라이프스타일의 큰 변화가 일어난 지점이라는 사실이다. 2013년에는 전혀 다른 산업군에서 각기 다른 목적으로 싱글 라이프스타일을 살펴보자는 의뢰가 있었다. 금융서비스업, 제조업, 유통판매업 모두에게 싱글이 새로운 소비주체로 부상할 것이 예상되었기 때문이다. 2014~15년에는 '5~7세 맘'의 라이프스타일을 이해하고자 하는 기업 및 단체가 여럿 있었다. 어린 자녀를 어린이집이나 유치원에 보내는 이들이 보육료 지원을 받기 위해 특별한 신용카드(아이행복카드)를 하나씩 발급받으면서 이들 '맘'은 카드사의 중요한 고객이 되었다. 그뿐 아니라 아이 교육이나 아이 옷, 아이를 위한 먹거리 등 육아 관련 상품의 소비주체이자 가구경제의 의사결정권자이며, 지역 기반 커뮤니티나 단톡방을 통해 긴밀히 연결된 정보공유 집단이기도 하다. 게다가 이들은 1980년대생으로 밀레니얼이 엄마가 되었을 때의 모습을 보여준 첫 주자이기도 하다. 이런 연유로 이름도 낯선 '5~7세 맘'이라는 집단이 금융, 제조, 유통 등 거의 모든 산업군에서 관심을 기울이는 대상이 된 것이다.

2016년 라이프스타일 연구 의뢰의 공통점은 '집'이다. 기업을 대상으로 건물을 짓고, 관리하고, 보수해주던 기업들이 일반 가정집을 대상으로 이와 같은 일을 할 수 있지 않을까 관심을 기울이고, 4인가구 중심의 아파트를 기반으로 비즈니스를 펼치던 회사가 새로운 주거형태는 어떠해야 하는지 고민하기 시작하고, 인테리어 회사가 아닌데도 사람들이 집을 어떻게 가꾸고 꾸미는지 궁금해한다. 가구 구성원이 바뀌고, 집의 의미가 바뀌고, 집 밖에서 이룰 수 있는 성취의 면면이 달라지면서 사람들이 집을 대하는 태도가 변하고, 이는 산업계에 새로운 기회 혹은 위협이 되고 있다.

라이프스타일의 변화, 그 흐름이라 할 수 있는 '트렌드'는 상호 영향이다. 어딘가에서 아무도 모르게 트렌드가 발사를 준비하고 있는 것이 아니다. 기업이 느끼는 문제 지점, 소비자의 변화 지점은 서로 맞닿아 있다. '우리는 소비자를 잘 몰라요'라고 말하는 기업과 '소비자가 무슨 말을 할지 지금 당장이라도 써보일 수 있어요'라고 말하는 기업은 같은 지점에서 만난다. 그 지점이 바로 대한민국 라이프스타일의 지각변동이 일어나는 곳이다.

간혹 회장님의 어릴 적 꿈 때문에 시작된 고민도 있을 수 있지만, 대체로 기업이 하는 고민은 사람들의 라이프스타일 변화에서 기인했을 가능성이 높다. 모든 집에서 회사에 출근하는 아빠, 재테크하는 엄마, 학교와 학원을 오가는 두 아이가 거실에 모여 같은 TV 프로그램을 보고, 4인용 식탁에서 밥을 먹고, 주말에는 자가용을 타고 마트에 가고, 여름방학에 맞춰 휴가를 가고, 아파트 평수를 늘려가거나 아파트 위치를 남쪽으로 옮겨가면서 단란한 '4인가족 놀이'를 계속했다면, 어떤 기업이나 기관도 사람들의 라이프스타일 트렌드를 궁금해하지 않았을 것이다. 다음소프트 역시 ○○브랜드에 대한 소비자 반응, A브랜드 대 B브랜드의 장단점 비교와 같은 브랜드 관점의 프로젝트만 하면 됐지, 새롭게 부상하는 싱글 라이프스타일 연구나 10대들만의 커뮤니케이션 스타일 연구는 하지 않았을 것이다. 기업이 소비자 연구를 하는 이유는 소비자가 변했고, 그 변화가 비즈니스에 영향을 주었기 때문이다. 모든 회사가 주창하는 '고객 중심 경영' 때문이 아니라 실제로 소비자가 명절에 제사를 덜 지내고, 그래서 명절에 전 부치는 기름이나 제수용 술이 덜 팔리고, 대신 인천공항이 터져나가게 되었기 때문에 기업이 명절 풍속을 다시 들여다보게 된 것이다.

그렇다면 어떻게 들여다볼 것인가? 결론적으로 말하면 '있는 그대로' 보아야 한다. 시각의 변화, 관점의 변화라고도 할 수 있겠다.

우선 용어부터 바꿔보자. '소비자', '고객', '국민'이 아니라 그냥 '사람들'이다. 사람들은 소비하기 위해 존재하는 것이 아니고, 우리 물건을 사는 고객과 경쟁사 물건을 사는 비고객으로 나뉘지 않는다. 국민이기 이전에 개인이며, 때에 따라 어떤 집단에 소속된 사람들이다. 어느 월요일 아침 9시에 편의점에 들러 별사이다를 사 마신 김 씨를 이해하기 위해 '왜 달사이다를 사지 않고 별사이다를 샀는가?'를 묻는 것은 현명하지 않다. 마찬가지로 '왜 우유가 아닌 사이다를 샀는가?', '광고에 영향 받았는가?', '다른 사람에게 별사이다를 추천할 의향이 있는가?'는 적절한 질문이 아니다. 김 씨를 이해하려면 월요일 아침 9시의 분주함, 회사 앞에 위치한 편의점, 흐트러진 리듬에서 벗어나 정신을 깨우기 위한 탄산의 필요성, 그 시공간에 놓인 한 사람을 보아야 한다.

'있는 그대로 본다'는 것은 브랜드나 제품의 관점에서 벗어나 더 넓은 시각으로 사람들의 생활을 바라본다는 의미다. 우리 제품이나 서비스는 그 배경 안에 있는 하나의 구성요소다. 상품기획은 그 배경 안에 놓일 새로운 제품을 만드는 일이고, 마케팅은 우리 제품과 서비스가 놓여 있는 배경을 바꾸는 일이며, 홍보는 특정 배경 안에 놓인 제품을 강조함으로써 소비자의 공감을 불러오는 일이다. 그러니 우선적으로 필요한 행위는 기업의 입장이 아닌 사람들의 입장에 서서 환경을 이해하는 것, '소비자'나 '고객'이 아니라 '사람들'의 생활현장을 있는 그대로 목도하는 것이다.

다행히 소셜미디어에는 수많은 사람들의 자발적인 생활현장 리포트가 있다. 사건현장에서, 사건이 일어난 시간에, 생생한 언어로 표현된 날것(raw)의 텍스트는 디지털화되어 있어 텍스트마이닝 엔진을 통해 자동으로 분석 가능하다. 물론 그 의미를 해석하는 것은 다시 사람의 몫이다. 하지만 그 어느 때보다 많은 글들을 실시간으로 수집, 분석할 수 있는 것은 지능형 의견분석 소프트웨어 덕분이다. 그런 면에서 2016년 10월 현재까지는 사람과 기계가 공존하고 있다. 앞으로는 기계가 사람들의 생활을 관찰하고 의미를 해석하고 상품 아이디어와 마케팅, 홍보를 담당하게 될지 모르겠지만, 현재까지는 기술자(者)와 해석자(者), 실행자(者)가 필요하다.

이 책을 쓴 6인은 다음소프트 리포트컨설팅 분야 연구원들이다. 현업에 종사하고 있으므로 이 글을 쓰는 동안에도 각기 다른 프로젝트 리포트 작성에 여념이 없다. 각기 다른 개성을 지니고 있지만, 모두들 사람들의 생각을 들여다보는 데 관심이 많다는 공통점이 있다. 사회에 관심이 많고, 언어적 뉘앙스에 민감하며, 어떤 사안에 대해 왜 그럴까 하는 질문을 안고 있는 사람들. 성격에 따라 내향적이기도 하고 외향적이기도 하지만 개방성(openness)에서만큼은 평균 이상의 높은 수치를 보이는 사람들이다. 개방성 팩터에 높은 수치를 보일수록 호기심이 많은, 상상력이 풍부한, 다양성을 추구하는 성향이 강하다고 한다. '사람들이 이러하대'라는 말을 들었을 때

'그래선 안 되지'라고 가치판단을 내리거나 관심 없다고 눈을 감아 버리는 것이 아니라, 자신의 직간접 경험을 예시로 떠올리고 전혀 다른 사건들을 링크시키며 눈을 반짝이는 사람들이다.

우리는 왜 변할까? 어디까지 변할까? 왜 어떤 것은 변하지 않고 유지될까? 명절이라고 기쁨에 넘치는 사람은 별로 없는 것 같은데 왜 민족 대이동은 계속되고, 돈 없다 하면서도 다들 모여서 선물을 주고받고, 평소에 못 먹는 것도 아닌데 기름기 가득한 음식을 부대 끼도록 먹고, 예비신부인데 명절이라고 시댁에 전화해야 할지 말지 계속 묻고, 그러면서도 명절 의례를 멈추지 않는 이유는 무엇일까? 질문은 계속된다. 질문에 대한 답도 계속 바뀌고, 새로운 질문이 생 겨나기도 한다. 예를 들어 2016년에 새롭게 떠오른 질문 중 하나는 '누가 밥값을 낼 것인가?'이다. 남녀 사이에 밥값은 누가 내는 게 맞 을까? 선후배 사이에는? 갑을 관계에서는? 밥값에 대한 생각이 달 라지고, 심지어 법도 바뀐다. 밥값을 잘못 내면 법의 규제를 받을 수도 있다.

이처럼 사람들 사이의 암묵적, 명시적 규칙이 바뀌면서 사람들의 행동이 달라지고, 달라진 사람들의 행동에 기업이 주목하기 시작한 다. 이렇게 하여 바야흐로 트렌드가 트렌드인 시대가 되었다. 다양 한 기업 및 기관의 고민 덕분에 연구의 씨앗이 뿌려졌고, 그 씨앗을 연구한 결과를 관통하는 흐름들을 엮어서 다음소프트 연구진은 이 책을 낼 수 있었다. 다음소프트는 매년 개최되는 오피니언마이닝워 크숍(OMW)을 후원하고 있다. 데이터마이닝 결과물이 어떻게 활용

될 수 있는지를 공유하는 자리로서, 2016년의 발표주제는 '오늘을 살아가는 사람들의 라이프스타일을 재발견(RE:DISCOVERY)한다'는 것이었다. 이 내용과 '빅데이터를 다루는 실무진이 직접 쓴 트렌드 책'을 엮자는 출판사의 기획의도가 만나서 한 권의 책이 되었다.

책에서는 2017년 시각의 변화를 요하는 키워드를 중심으로 다양한 관련 현상을 서술하고, 비즈니스에 던지는 시사점을 각장의 뒷면에 따로 요약했다. 엄밀히 말해 이 책에서 다루는 키워드는 2017년에 뜰 키워드가 아니라, 무엇을 어떻게 바라볼 것인지를 제시하는 키워드다. 가령 1장에서 다루는 '결정장애'와 '평타'는 2016년 현재에도 많이 쓰이고 있다. 군이 말하면 2016년에 이미 뜬 키워드다. 하지만 이 키워드는 '사람들이 왜 결정장애를 말하는가?', '누구에게 결정을 맡기는가?', '무엇을 위해 결정을 유보하는가?', '삶의 대소사를 결정하는 기준을 어디에 두고 있는가?'라는 질문에 답을 얻을 수 있는 중요한 단서다. 따라서 2017년 비즈니스를 준비하는 이들이라면 이 키워드로 대표되는 라이프스타일 트렌드를 지나쳐서는 안 된다.

6개의 장은 각각 독립적인 키워드를 다루고 있지만, 연결해서 보면 '삶의 기준-조화-적응'이라는 큰 흐름으로 전개된다. 우리 삶의 기준이 되는 것은 무엇인가? 삶의 기준점이 되는 또래집단과 미디어의 영향이 1, 2장의 주제다. 삶의 기준이 현실과 부조화를 이룰 때 우리는 어떻게 조화를 찾아갈까? 미국 드라마에 나오는 뉴욕 커리어우먼을 동경하며 자란 사람이 수도권 신도시 아파트에서 아이를 키우는 주부라는 정체성에 만족할 수 있을까? 이러한 부조화의 현실 앞에서 '나'는 '나'를 코스프레한다고 말한다. 3장의 '코스프레'와 4장의 '선물의 각(角)'은 부조화를 메우는 수단으로 읽을 수 있다. 마지막 5, 6장은 삶을 즐기는 방식으로 표현된 적응 결과를 보여준다. 성공을 향해 무언가를 포기하고 매진하는 것이 아니라, 매진하는 모습 그 자체가 목적이 되는 즐김의 현장이다. 이러한 현상은 '자기만족적 덕후'와 '경험과 인증을 위한 기꺼운 수고'라는 키워드로 표현되었다.

거듭 강조하지만 이 책은 2017년에 뜰 트렌드를 나열하는 책이 아니다. '망고', '주스', '가성비'가 뜬다고 해서 준비도 안 되어 있는데 당장 가성비 좋은 망고주스를 만들어 팔 수도 없는 노릇이다. 우리 모두는 각자의 일을 뚜벅뚜벅 해나갈 뿐이다. 다만 사람들의 생각과 태도의 변화, 그 흐름을 알고 있다면 자신의 영역에서 상품을 만들고, 마케팅을 하고, 홍보하는 데 더 나은 의사결정을 할 수 있을 것이다. '덕후'라는 키워드가 떴다고 해서 '덕후를 위한 상품을 만들자', '우리 제품의 새로운 마케팅 타깃은 이제부터 덕후다', '인력 채용 시 덕후를 뽑자' 등 덕후라는 키워드에 매몰돼 분주히 움직이기보다는 덕후가 우리 사회와 비즈니스에 던져주는 시사점을 찬찬히 들여다보기 바란다.

데이터를 보면 적어도 한 가지 변화는 분명하게 잡히는 것 같다. 우리 사회의 가치 중심이 쓸모 있는 것(be effective)에서 매력적인 것(be attractive)으로 변화하고 있다는 것이다. 궁극적으로는 이 작은 책이 당신에게 쓸모 있는 정보를 제공하기를 바라 마지않지만, 우선은 읽는 동안 즐겁고 재미있는 시간을 선사하기를 바란다.

2018 TREND NOTE
우리는 어디로 가고 있는가

'뜨는' 장소로 풀어낸 한국사회의 시대감성

어떤 말은 더 많이 쓰이고, 어떤 말은 덜 쓰인다. 프롤로그 3페이지에서 어떤 용언, 쉽게 말해 '~다.'로 끝나는 단어 중 가장 많이 쓰인 단어를 헤아려보라. 어떤 단어가 가장 많이 쓰였는가? 실제로 해보자는 것은 아니다. 단 3페이지이지만 거기에 쓰인 단어를 헤아리기는 쉽지 않다.

텍스트마이닝 엔진은 이런 일을 쉽게 한다. 3페이지가 아니라 백 페이지, 천 페이지, 만 페이지라도 기계는 1초도 안 걸려 헤아린다. 실제로 '헤아리다'를 검색엔진에 넣으면 0.42초 만에 '헤아리다'가 포함된 문서 약 7만 2500개를 찾아낸다. 7만 2500개라는 결과를 보여주기 위해 실제로 더 많은 문서를 검토했음은 물론이다. 이런 원리의 텍스트마이닝 엔진을 통해 소셜미디어에 쓰인 단어를 분석했다. 어떤 행동 서술어가 가장 많이 쓰였을까? 지난 2년 반 동안 소셜미디어에 올라온 글 중에서 가장 많이 쓰인 행동 서술어 1위는 '보다'이다. 볼거리가 많아지고, 볼거리들을 놓치지 않고 보아야 하고, 네가 봤다면 나도 보고야 말 테다,라는 분위기가 팽배하니 당연한 결과로 보인다. 그렇다면 가장 증감률이 높은 행동 서술어는 무엇일까? '뽑다'가 당당히 1위에 뽑혔다. 사람들이 무엇을 그렇게 뽑아댔는지는 쉽게 상상할 수 있을 것이다.

하나하나의 행위어 순위도 흥미롭긴 하지만, 우리가 보고 싶은 것은 개별 액션보다 더 큰 의미의 '방향성'이다. 아래 도표는 2015년부터 2017년 6월까지 소셜미디어에 가장 많이 나온 행동 서술어 100개의 언급량과 증감률을 보여준다. 오고, 가고, 먹고, 노는 행위

〈소셜미디어에서 가장 많이 나온 서술어 상위 100개의 언급량 및 증감률〉

	언급증감 하	언급증감 중	언급증감 상
언급량 상	나오다, 살다, 생각하다, 만들다, 듣다, 알려주다, 만나다, 묻다, 팔다	보다, 오다, 알다, 받다, 쓰다, 들다, 사다, 보내다, 다니다, 들어가다, 다르다, 타다, 찾다, 시작하다, 나가다, 놀다	가다, 먹다, 주다, 해주다, 자다, 바라다, 찍다, 다녀오다
언급량 중	들어오다, 잡다, 빠지다, 확인하다, 읽다, 일하다, 죽다, 구하다, 나누다, 알리다, 생각나다	기다리다, 시키다, 사용하다, 울다, 바꾸다, 일어나다, 빼다, 준비하다, 키우다, 두다	입다, 추천해주다, 마시다, 데려가다, 이야기하다, 쉬다, 참다, 이용하다, 먹지 않다, 구매하다, 검색하다, 남기다
언급량 하	결혼하다, 구입하다, 배우다, 지나가다, 전화하다, 얻다, 모으다, 끊다, 지내다, 돌다, 끼다, 담다, 떠나다, 태어나다	고르다, 끄다, 소개하다, 신경 쓰다, 도착하다, 차다, 깔다	챙기다, 걷다, 찾아보다, 사오다, 추천하다, 먹어보다, 가보다, 버리다, 눕다, 써보다, 사주다, 병원 가다, 뽑다

276

어는 증가한 반면 만들고, 생각하고, 일하고, 배우는 서술어는 줄어들었다. 이는 우리가 노동보다 휴식을 지향함을 말해준다.

이번에는 뜨는 서술어를 하나의 말뭉치로 묶어서 '연관어'를 확인해보았다.

오고가는 왕래발착 서술어, 먹고 쉬는 놀이 관련 서술어, 찾아보고 먹어보고 써보는 경험 서술어의 연관어로는 '장소' 지칭어가 가장 많이 나왔다. '누구와', '언제', '무엇을' 했다는 것보다 '어디서' 했다는 것이 중요함을 의미한다.

장소 지칭어에는 다양한 범주가 있다. 집, 호텔, 마트, 어린이집처럼 건물과 용도를 포함한 일반명사가 있는가 하면, 서울, 광화문, 잠실, 한남동 같은 지명도 있고, 인천공항, 서울역, 롯데월드, 스타필드 등의 랜드마크를 지칭하는 고유명사도 있다. 이러한 분류는 국어학적 의미는 아니고 사람들이 사용하는 자연어를 재단한 결과다.

같은 장소를 두고 사람들은 다양한 말을 사용한다. 잠실에 있는 롯데월드 복합쇼핑몰은 롯데월드타워, 제2롯데월드 등으로 불리는데 그냥 '롯데월드'로 더 많이 쓰인다. 하남에 있는 스타필드 하남점은 '하남 스타필드'라고 지명 더하기 고유명사로 쓰이고, 삼성동에 있는 스타필드 코엑스몰은 거의 100% '코엑스'라고 불린다. 입에 더 붙는 말이 있고 자연스러운 언어가 있기 마련이다. 또한 같은 장소를 지칭하는 언어도 변해간다. 롯데월드가 길 건너 놀이동산을 지칭하다가 지금은 롯데타워 쪽 복합몰을 지칭하게 되었고, 인천공항은 으레 그냥 '공항'이라고 불리다가 지금은 '인천공항'이라고 지명 더하기 공항으로 더 많이 쓰인다. 국제선을 타고 먼 곳으로 여행을 떠나는 자신의 모습을 부각시키기 위해 밋밋한 공항보다 인.천.공.항.이라고 말하는 것이 더 근사하게 여겨졌고, 그런 글들을 많이 보다 보니 서로 영향을 받아서 더 많이 쓰게 됐을 것이다.

장소는 확실히 중요해졌다. 내가 어디에 있는가가 내가 누구인지를 말해주는 매우 중요한 요인이 되었다. 내가 사는 것이 나를 말해주는 시대에서 내가 있는 곳이 나를 말해주는 시대가 된 것이다. 100만 원으로 명품 가방을 샀다고 하자. 가방을 주제로 인스타그램에 사진을 몇 장이나 올릴 수 있을까? 장소적 배경을 바꾸지 않고 같은 장소에서 가방을 주인공으로 해서 올릴 수 있는 사진은 한 장이다. 그마저 아무런 이유 없이 '가방 샀다'만으로 사진을 올리기는 무색하다. 같은 100만 원으로 전국 맛집 투어를 했다고 하자. 서울, 부산, 통영, 제주 찍고, 여수, 전주, 강릉, 속초, 양평을 거쳐 다시 서울에 들어오면 최소 10장이고, 출발, 도착, 기다림, 드디어 한 입, 디저트, 지나가다 우연히 발견한 고양이 사진까지 포함하면 한 지역당 10장을 찍어 올려도 무색하지 않다. 돈을 쓰는 가치를 어디에 두느냐에 따라 100만 원으로 무엇을 할지가 정해진다.

여기서 돈을 쓰는 가치는 찍어 올릴 만한 사진을 몇 장 생성했는가로 환원된다. 기계가 학습할 소스를 제공하기 위해 사진생성기계가 된 우리는 새로운 장소를 필요로 하고, 새로운 장소가 생겨났다고 하면 끊임없이 가고, 보고, 먹어본다. 새로운 핫플레이스를 찾아다니는 사람들이 올린 글이 매년 1.2배씩 증가한다. 구체적인 핫플레이스는 3개월마다 바뀌지만 핫플레이스를 찾는 행위는 계속 늘어난다. 인스타그램이 무엇인지 정확히 알지 못해도, 찍은 사진을 공유할 만한 사람이 없어도, 요새 한남동이 핫하다는 소식을 접하면 한남동을 기웃거리게 된다. 꼭 유행에 민감한 사람만의 이야기가 아니다. 어느 지역에 살든, 어떤 취향을 가지든 상관없이 누구나 들썩이게 만드는 어떤 움직임이다.

우리는 유행을 보고자 하는 것이 아니라 어떤 움직임들의 속내를 읽어내고자 한다. 장소는 시대감성을 읽기에 최적화된 키워드다. 이에 이 책에서는 뜨는 장소를 10개 범주로 묶어 한국사회 시대감성의 흐름과 방향성을 짚어보았다. 이를테면 '장소'라는 구체성으로 살펴본 추상적 시대감성이라 할 수 있다.

본문은 3개 파트로 구분된다.

첫 번째는 먹고 사는 문제를 다룬다. 우리의 식탁 풍경은 얼마나 달라졌을까? 따뜻한 밥상의 대명사로 엄마와 고등어, 보글보글 된 장찌개는 끈질기게 우리를 따라다닌다. 하지만 막상 엄마가 부엌에서 요리하는 시간은 얼마나 될까? 실제로 엄마는 어떤 요리를 할까? 엄마가 요리를 하긴 하는 걸까? 우리는 무엇을 먹고 살고 있지? 이것 대신 저것, 저것 대신 이것을 먹으면서 우리가 따라 하고 싶은 삶은 무엇일까? 식탁의 변화, 장보는 장소의 변화와 함께 집에 대한 기대의 변화를 살펴본다.

두 번째는 노동과 휴식의 문제다. 전반적인 트렌드가 노동보다 휴식을 지향하고 있다. '월차' 내고 '휴가' 가는 것은 지혜로움이고, '야근'하며 '열정'을 불사르는 것은 어리석음이다. 짬짬이 노는 것이 중요해진다. 이틀 주말도 가만히 있을 수 없어 국내외로 여행을 떠나는 2박3일 여행과 관련해서는 6장에서 자세히 다루고 있다. 이국적인 바다와 모래사장을 배경으로 트로피컬 음료와 색 맞춤한 표지의 책 한 권이 무심히 놓여 있는 사진은 '내가 회사에 충성하고 열심히 일만 하는 사람이 아니라 휴식과 여유를 즐길 줄 아는 사람'이라고 주장하고 있다. 비록 이 한 장을 연출하기 위해 금요일 밤 비행기를 타고 12군데 핫플레이스를 찍고 발이 부르트도록 돌아다니는 일정을 강행할지라도 '여유', 바로 거기에 로망이 있다.

세 번째는 자기표현과 자율성의 문제다. 한편에는 누구도 침범할 수 없는 나만의 공간을 원하는 개인이 있고, 다른 한편에는 자발적으로 광장에 모여든 개인들이 있다. 자기만의 취향과 개성을 주장하는 개인이 있는가 하면, 같이 모여 한 목소리를 내고자 하는 개인들이 있다. 각각의 개인들은 다른 개인이 아니다. '개인화'는 '타인에 대한 무관심'과 동의어가 아니다. 회사가 기획한 주말 등산에는 한 발자국도 움직여지지 않지만 내 취향을 위해서는 에베레스트라도 오를 수 있다. 사회적 성공을 포기한 세대의 자기위안적 취미활동, 혹은 꼰대 부장님과 철부지 신입사원 간의 세대갈등이라 치부하지 말고, 우리 사회의 자기표현 양상을 찬찬히 들여다보기 위해 '광장'과 '내 방'의 의미를 살펴본다. 아울러 한국인이 많이 찾는 핫플레이스와 여행지에서 사람들이 표출하는 감성에 대해 다룬다. 핫플레이스의 흥망성쇠 주기가 6개월을 넘지 못하는 것이 현실이지만, 사람들이 집단적으로 좋아한 그곳에는 그만 한 이유가 있고 그곳만의 감성이 있다. 이 책을 당신이 읽을 때쯤 그 핫플레이스가 문닫지 않았기를 바란다.

이 책의 부제는 '발로 뛰는 마케터를 위한 손에 잡히는 트렌드'다. 너무 길어서 표지에 적지는 못했다. 디지털 혁명은 다가온다. 고령화 사회도 되고 있다. 그 변화는 우리 삶으로 침투할 것이다. 그것은 말이나 관념만으로 파악할 수 있는 것이 아니다. 한남동 핫플레이스에 앉아서 주위를 둘러보라. "우리 딸이 여기가 요새 핫하다고 했어"라고 말하며 동창모임을 하는 나이 지긋해 보이는, 할머니라 불리기를 거부하는 한국 나이 65세 이상인 여성분들을 만나보고 고령화 사회를 논하자. 그들이 추억의 메뉴를 주문하는지, 씹기 편한 유동식을 주문하는지, 건강식을 주문하는지, 아니면 가장 핫하다고 추천받은 바로 그 메뉴를 주문하는지 지켜보자.

자사의 물건을 하나라도 더 팔려는 마케터는 있는 그대로의 트렌드를 읽을 준비가 되어 있다. 섣불리 자사의 결정이 성공적이었다고 과시하거나 정치적으로 올바른 교훈을 이끌어내려는 의도가 없기에 그들은 오히려 정직하다. 머릿속의 디지털 혁명과 고령화 사회는 잠시 접어두고 발로 뛸 준비가 된 마케터에게, 이 책은 최소 10곳의 방문 리스트를 제공할 것이다. 구체적인 장소에서 생생한 인사이트를 얻고자 하는 마케터에게 충실한 가이드가 되길 바란다.

2019 TREND NOTE
생 활 변 화 관 찰 기

식비는 줄여도 문화생활비는 줄일 수 없다

이 책의 저자들은 기업의 고민을 의뢰받아 빅데이터를 연구하고 보고서로 답하는 일을 하고 있다. 기업의 고민은 소비자의 변화에서 비롯된다. 소비자가 예전만큼 내 브랜드를 사랑하지 않거나, 저 브랜드에 더 큰 관심을 보이거나, 예상치 못한 행동을 할 때 기업은 소비자를 연구한다. 2018년에는 특히 밀레니얼 세대에 대한 고민과 문의가 많았다. 그 세대가 아니면서 밀레니얼 세대를 이해하는 것은 가능할까? 아마도 진심으로 이해하기는 어려울 것이다. 이해되지 않을 때는 무조건 외우는 것도 좋은 방법이다. '밀레니얼 세대는 효율을 중시한다', '적성보다 연봉이다', '식비는 줄여도 문화생활비는 줄일 수 없다.' 아무리 외워도 도저히 이해할 수 없다면, 다음 페이지에 정리한 이 책의 구성표를 보고 필요한 부분을 찾아보기 바란다.

1부 '세태의 변화'에서는 밀레니얼 세대의 특징을 살펴본다. 밀레니얼 세대의 등장으로 일터가 변화했다. 주52시간 근무제, '워라밸'을 책임지겠다는 노동부의 포스터는 장년층의 목소리를 반영한 정책이나 구호가 아니라 사회초년생들의 가치관과 요구에 따른 것이

〈표로 정리한 이 책의 구성〉

	책의 구성	핵심 키워드	관련 산업/부서	
	밀레니얼 세대의 등장	밀레니얼 세대의 등장	HR(신입사원)	
세태의 변화	퇴근시간의 변화	퇴근, 주52시간, 2교시	HR(부장급 이상)	
	매체의 변화	유튜브, 라이브, 광고	광고 기획/ 매체 집행부	
	먹고 사는 것의 변화	먹다, 마켓컬리	식품	
집의 변화	주거공간의 변화	집, 테이블	건설, 인테리어	마케터
	가족 구성원의 변화	싱글처럼 살고 싶은 기혼	생활용품	
	노는 방식의 변화	셀카, 티, 요트	유통, 여행	
소비의 변화	브랜드의 변화	브랜드 없음, 브랜드 철학	화장품, 유통	
	로망을 실현하는 방법의 변화	다이슨과 차이슨	가전	

다. 자존감이 높고, 효율을 추구하며, '적성보다 연봉'이라고 당당히 말하는 밀레니얼 세대의 목소리를 들어본다.

야근은 부당하다고 외치는 신입사원이 있는가 하면 야근이 불법이어서 회사에 남고 싶어도 남을 수 없는 부장님이 있다. 그들은 퇴근 후 어디에 가게 될까? 집으로, PC방으로, 동호회로, 맛집으로, 아니면 두 번째 직장으로? 일터의 변화는 우리 사회에 어떤 파장을 만들어낼까? 사회학적 연구보다는 비즈니스 기회를 찾는 관점에서, 그 비즈니스를 같이할 동료를 이해하기 위해 일터의 변화를 탐구해본다.

일터의 변화와 더불어 1부에서 중요하게 다루는 것이 매체의 변화다. 유튜브 라이브로 대표되는 실시간 소통매체는 경험해보지 않은 사람이라면 상상하기 어려운 매체 소비방식이다. 새로운 세대의 새로운 매체 소비방식은 이전 세대에게 전파되지 않을 수도 있다. 하지만 기존의 매체 집행방식은 변화하지 않을 수 없을 것이다.

2부, '집의 변화'의 핵심은 '엄마의 변화'다. 2018년 우리네 집에는 전통적 의미의 엄마가 없다. 김치를 담그고, 집들이 요리를 해내고, 아침마다 밥을 차리는 엄마를 머리로는 알고 있지만 그런 엄마는 실제로 존재하지 않는다. 앞으로도 존재하지 않을 것이다.

엄마처럼 할 수는 없는데 엄마의 역할은 안다. 그 현실과 인식의 간극을 새로운 상품과 서비스가 메우고 있다. 소비자는 전통적인 엄마가 아니지만 묘수를 써서 잘 먹고 잘 살고 있음을 보여주고자 한다. 내가 행복하게 잘 살고 있음을 증명하는 방법으로 그럴듯한 요리와 플레이팅이 활용된다.

나는 전통적인 엄마가 아니다, 따라서 나는 엄마와 다른 레시피로 엄마와 다른 요리를 해야 한다. 나는 묘수를 쓴다, 따라서 나는 누구나 아는 쇼핑 장소를 택하지 않고 나에게만 오는 비밀 쿠폰을 사용하며, 큰 힘 안 들이고 그럴듯한 결과를 연출한다. 말이 필요 없는 사진 한 컷으로 나의 행복이 증명되어야 한다. 바삭하게 구운 사워도우 빵 한 조각에 아보카도 퓨레를 넉넉히 바르고 그 위에 수란을 올린 완벽한 브런치 메뉴[1]를 플레이팅할 수 있는 테이블, 그런 테이블이 어울리는 집을 원한다.

비단 혼자 사는 사람만의 이야기가 아니다. 오히려 싱글같이 살고 싶은 기혼이 우리의 타깃이다.

3부 '소비의 변화'에서는 양극단을 달리는 소비자의 이중성을 보게 될 것이다. 프리미엄을 외치면서 100원짜리 프로모션에 웃고 우는 소비자, 한편의 저렴이와 다른 한편의 고렴이, 다이소의 가성비와 벤츠의 가성비, 다이슨과 차이슨. 전혀 다른 두 소비자 집단이 있는 것이 아니라 한 소비자 안에서 전혀 다른 소비방식이 동시에 일어난다. 왜일까? 의무를 위한 소비와 로망을 위한 소비가 철저히 분리되어 있기 때문이다. 의무적 소비는 최대한 저렴하게, 한 푼도

---

1 '마켓컬리'의 아보카도 퓨레 상품설명 중 일부.

더 쓰지 않는 방식으로 이루어진다. 반면 로망을 위한 소비는 내 심장을 뛰게 한다면 가격이 얼마가 되어도 상관없다. 고급 자동차의 가성비는 친구들의 부러워하는 시선에서 충족되고, 내 눈을 즐겁게 해주는 예쁜 것은 설사 쓰레기여도 구입한다. "식비는 줄여도 문화생활비는 줄일 수 없다", 이 말을 이해하지 못한다면 9장 '로망을 실현하는 방법의 변화'부터 읽을 것을 권한다.

생활은 변한다. 내가 이해하지 못한다 하더라도, 내가 지금의 생활을 바꾸지 않는다 하더라도, 사람들은 변화한다. 생활 변화 기록은 그 자체로 재미있고 흥미로운 이야기다. 이 책이 당신과 당신 비즈니스에 도움이 되기를 바라지만, 무엇보다 '이야기' 자체로 즐겁게 소비되기를 바란다. 무거운 회의실보다는 가벼운 티타임의 이야깃거리이기를 바란다. 이 책이 설파하는 것은 결국 이 시대의 가치가 무거움보다 가벼움, 토론보다 수다에 있다는 것이므로.

2020 TREND NOTE
혼 자 만 의 시 공 간

깨지는 관습: 새로운 기준인가, 다양성의 추가인가?

　정책은 생활을 바꾼다. 2004년부터 본격 시행된 주5일제는 '불금'을 만들었다. '불금'은 금요일 저녁부터 주말까지는 개인에게 속한 시간이므로 업무 등으로 방해해서는 안 된다는 '개인 시간' 개념을 가져왔다. 산업에도 영향을 미쳤다. 금요일 밤의 즐거운 놀이문화, 주말의 캠핑이나 여행 등의 여가문화, 금요일 밤의 예능 프로그램 등을 탄생시키거나 발전시켰다. 2018년 시행된 카페 내 일회용 컵 규제는 '텀블러'를 유행시켰다. 텀블러는 스타벅스의 굿즈로 시작했고 여전히 그런 경향이 강하지만 일회용 컵 규제 이후에 텀블러는 환경을 생각하는 개념 있는 사람들이 쓰는 제품, 장식장에 진열하는 상품이 아니라 가방에 넣어 다니며 매일 쓰는 일상용품이 되었다. 플라스틱 컵, 보온병이라 불리던 것들도 모두 텀블러라고 통칭되었다.

　2018년부터 시범 시행된 주52시간 근무제는 어떤 변화를 가져왔을까? 결론적으로 말하면 '원데이클래스' 열풍을 가져왔다. 저녁시간의 자유를 획득한 사람들은 마카롱 만들기, 나무숟가락 파기, 가죽지갑 만들기, 꽃꽂이 등 다양한 취미활동을 경험할 수 있는 2~3

시간짜리 수업을 듣기 시작했다.

흥미로운 점은 이 수업을 '원데이클래스'라고 부르는 것이다. 취미나 놀이가 아니라 클래스(수업)라 칭하는 것은 그것을 듣는 사람들의 마음가짐과 관련이 있다. 이 수업을 듣는 사람들은 이런 생각을 갖고 있다. '다양한 활동들을 하다 보면 지금까지 발견하지 못한 나의 새로운 재능을 발견할 수 있지 않을까? 그래서 그 재능으로 지금 다니는 회사를 그만두고 개인 인스타그램 계정이나 유튜브 채널을 열 수 있지 않을까? 재미도 있으면서 소소하게 돈을 벌다가 1만, 10만 팔로어가 생겨서 광고만으로 돈을 벌거나 엄청난 영향력자가 될 수 있지 않을까?' 이런 반신반의의 미래를 설계하고 있다. 원데이클래스가 미래 자산이 될지는 모르겠지만 원데이클래스 열풍이 미래에 대한 불안을 드러내고 있다는 것은 확실하다.

《2019 트렌드 노트》에서 예상했던 주52시간 근무제의 영향은 '부장님의 퇴근 후 2교시'라고 표현했던 아저씨들의 변화였다. 회사인간이라 불리는 40대 이상, 직급으로는 대략 부장님 이상의 분들은 일찍 퇴근하고 어떻게 여가시간을 보낼까? 그 변화는 산업에 어떤 영향을 미칠까? 패션이 바뀔까? 당구장, PC방 같은 오락시설이 성행할까? 애정을 줄 대상을 찾아 반려동물산업이 흥할까?

다양한 가설이 있었지만 하나도 실현된 것이 없다. 시간은 주어졌지만 경제적 자원이 배분되지 않았기 때문이다. 퇴근시간은 변했지만 용돈은 변하지 않았다. 무엇보다도 자신을 위해 돈과 시간, 노력을 쓰지 않았던 사람이 쉽게 바뀌지 않은 탓이다. 회사 이외의 공동체에서 모르는 사람들과 새로운 관계를 맺는 데 익숙하지 않은 성향도 한몫했다. 주52시간 근무제 시행 후 1년. 1년은 아저씨들의 생활을 변화시키기에는 충분하지 않은 시간이었다.

바뀔 것으로 기대했던 부장님의 퇴근 후 2교시는 없었지만 기존 가치관은 여지없이 무너졌다. 기존의 관습을 부정하는 것은 오히려 거대한 물결이 되어 단시간에 새로운 관습이 되었다.

'비혼이 일류다', '평생직장은 없다', '명절에는 여행 간다', '남자가 화장한다', '시니어가 인생 4막을 시작한다.'

이제 비혼인 사람에게 왜 결혼 안 하냐고 묻는 사람은 드물다. 그런 사람이 아직 있다면 설령 고모, 이모 같은 친척이라 하더라도 무례한 사람으로 취급된다. 비혼의 이유를 묻지 않아야 한다는 것은 그만큼 학습이 되었다. 그런데 다른 물음이 생겨났다. 결혼하는 사람에게 "왜 결혼해?"라고 묻기 시작한 것이다. 명절에 여행 가는 사람에게는 '왜'라고 묻지 않고, 엄마가 더 이상 시댁에 가지 않겠다고 해도 따져 묻지 않지만 전통적인 제사를 지내고 있다면 '아직도?'라는 물음이 따라온다.

기존과 다른 삶의 방식을 모색하는 것은 삶의 다양성을 높이는 동시에 기득권의 아성을 무너뜨린다는 점에서 긍정적이지만, 기득권의 본질을 폄하하는 또 다른 차별은 아닌지 의심해볼 일이다. 기존의 가치관과 다른 것이 또 다른 정답이 되고 있는 것은 아닌가 말이다. 새롭게 등장한 라이프스타일이 또 다른 정답이 되기보다, 부디 기존에 더해진 또 다른 선택지이기를 바란다.

〈'혼ㅇ' 키워드〉

혼커 혼떡 혼피 혼밥
혼여 혼스시 혼스벅
새끼 혼카페 혼쇼핑
혼놀 혼맥 혼마구 혼삼겹 혼콘
혼고기
혼행 혼길 혼치 혼영
혼쏘 혼초밥

출처 | 생활변화관측소, 2016.01.01~2019.08.31

이 책을 본격적으로 읽기 전에 알아두면 좋은 팁

《2019 트렌드 노트》에 썼지만 다시 등장하는 내용들

(키워드: 혼자, 밀레니얼, 취향)

지난 책에서 말했던 '혼자만의 즐거움', '1인용 삶에 대한 로망'에 대한 예찬은 2020년에도 계속된다. 여기에 덧붙여 혼자만의 시공간을 윤택하게 만드는 방법이 어떻게 진화하고 있는지 이번 책에서 확인할 수 있다.

밀레니얼 세대가 바꾼 세태는 지난 책의 중요한 주제 중 하나였다. 밀레니얼 세대에 대한 이야기는 이번 책에서도 중요한 주제다. 다만 이번에는 엄마아빠가 된 밀레니얼 부모의 모습을 본격적으로 살펴본다.

개인의 취향이 중요하고, 취향이 다양해지고 취향을 만족시키는 제품에 기꺼이 돈을 지불하는 취향소비는 여전히 계속된다. 이번 책에서는 이렇게 취향이 중요한 사회에 여전히 국민템이 존재하고 트렌드를 중요하게 생각하는 이유에 대해 고찰했다.

《2020 트렌드 노트》에 쓰려고 했지만 등장하지 않은 내용들

(키워드: 주52시간, 셰어하우스)

앞서 언급한 것처럼 주52시간 근무제는 회사인간을 취미인간으로 바꿔놓지 못했다. 기대했던 것은 강남, 여의도, 을지로 인근에서 목격되는 새롭게 변한 아저씨들의 모습과 이들이 산업에 미치는

영향을 논하는 것이었는데 이들의 변화는 아직 포착되지 않았다. 이 주제는 일단 보류한다.

셰어하우스, 셰어오피스 등 셰어(공유) 공간의 증가와 이에 따른 사고방식의 변화도 뚜렷한 경향성이 보이지 않는다. 모르는 사람들과의 계약적 공간 공유가 공유에 대한 개념을 바꾸고 인간관계에도 영향을 미칠 것으로 기대했지만, 셰어오피스가 늘어나는 것에 비해 사고의 변화는 관측되지 않는다. 특히 셰어하우스는 산업에서의 기대감이 큰 데 비해 막상 거기에 살아야 할 사람들의 니즈는 포착되지 않고 있다.

《2020 트렌드 노트》에 예상치 못하게 등장한 내용들
(키워드: 공동체, 사생활)

사람들이 혼자를 원하고, 1인용 삶을 로망한다고 하면 관계는 소홀히 할 것같이 보인다. 하지만 어느 때보다 활발히 새로운 관계를 추구하고 있다. 기존의 불편한 사회성을 제거한, 관심사를 중심으로 모인 새로운 공동체를 찾아 나서는 적극적인 여정이 2020 트렌드로 포착되었다. '셰어하우스'에 대한 니즈는 포착되지 않는데 '공동체'에 대한 니즈는 증가한다는 것이 일견 상충하는 것처럼 보일 수도 있다. '공동체'라는 단어에서 '사적 공간 공유'라는 의미를 자동으로 떠올리지 않았는지 돌아보자. 사적 공간을 공유한다는 것과 관심사를 공유한다는 것은 전혀 다른 의미다. 따로 살면서도 함께 할 수 있고, 함께 살면서도 전혀 다른 세계에 속해 있을 수 있다.

인공지능과 기계의 시대에 가장 인간적인 사생활이 중요해지고 있다. 기업이나 브랜드에 요구하는 것도 세계 최초, 최강이 아니라 솔직한 인간성이다. 내부자가 속사정을 폭로하고, 소비자의 분노 지점을 예측할 수 없고, 이 모두가 플랫폼을 통해 빠르게 공유되는 세상에서 가장 필요한 것은 인간의 예민한 감수성이다.

혼자 라이프의 공동체, 취향사회의 국민템, 인공지능 시대의 사생활이라는 키워드를 기억하면서 본격적으로 책 속으로 들어가 보자.

2021 TREND NOTE

공통의 경험, 새로운 합의

누가 시간의 주인인가?

벌써 다섯 번째 《트렌드 노트》다. 무슨 할 말이 그리 많다고 다섯 번이나 책을 내는가 싶지만 올해는 꼭 전하고 싶은 말이 있다. "누가 시간의 주인인가?"

'시간' 관련 주제는 코로나 이전부터 생활변화관측소의 주요 관심분야였다. 주52시간 근무제는 직장인의 저녁시간에만 영향을 미친 것이 아니라 새로운 예의범절을 만들어냈다(오전 9시 이전이나 오후 6시 이후에 전화하는 것은 대단히 실례라는 에티켓 등). 건조기, 식기세척기, 로봇청소기는 필수가전이라 불리는데 그 공통점은 사용자에게 시간적 여유를 선사한다는 것이다. 이 제품들은 전문성을 더하기보다는 내 할 일을 대신해준다는 특성이 있다. 사람들은 의무에 해당하는 일은 돈으로 해결하고 취향에 맞는 활동에 시간을 투자한다. 그만큼 시간은 중요한 자원이 되었다.

그 밖에도 생활변화관측소에서 발간하는 〈생활변화관측지〉의 많은 내용이 시간과 관련돼 있다는 사실을 발견했는데, 그중 가장 핵심적인 키워드는 'ㅇㅇ루틴'이다. 규칙적으로 하는 일의 순서와 방법을 의미하는 '루틴'(routine)이 지속적으로 증가하고 있으며, 영역도 확장돼 스킨케어나 건강뿐 아니라 일상과 휴식의 순간에도 루틴을 만들고 있다. 루틴은 거창한 이벤트가 아니다. 본인에게 주어진 시간을 어떻게 보낼 것인지 선언하고 스스로 지켜가는 것이다. 예를 들면 아침 루틴은 아침 조깅 후 스타벅스 아메리카노, 주말 루틴은 주말 아침의 넷플릭스 시청, 일요일 카페에서 책 읽기 등이다. 자기만의 시간을 확보했기에 가능하고, 스스로 시간을 통제할 능력이 있다고 믿기에 가능한 현상이다. 기업은 소비자를 독립적인 시간의 주체로 인식해야 하고, 자사 제품이나 브랜드가 소비자의 일상 루틴 속에 자리 잡게 하기 위해 루틴을 눈여겨보아야 한다.

코로나19 이후 루틴은 더욱 중요해졌다. 바이러스는 공간을 제약하고, 시간은 확장했다. 불필요한 관계 행위를 안 해도 되기 때문에 시간은 더 많아졌다. 스스로 시간을 정해서 일(공부)하고 쉬고 밥 먹고 다시 일(공부)하고 쉬는 것, 즉 자신의 시간을 스스로 관리하는 것이 쉬운 일은 아니다. 하지만 힘들다고 해서 내 시간의 자율운영권을 외부에 돌려주지는 않을 것이다. 자기만의 방법을 개발하고, 프로그램과 기기의 도움을 받아서 스스로 시간운영 노하우를 쌓아갈 것이다.

국내뿐 아니라 해외도 마찬가지다. 미국의 한 일러스트레이터가 가상의 코로나 잡지 커버를 만들었는데, 잡지 제목은 격리를 뜻하는 'quarantine'과 '루틴'을 합쳐서 만든 신조어 '쿼루틴'(Quaroutine) 이다. 여기에서도 집 안 활동들을 스케줄에 따라 규칙적으로 이어갈 것을, 다시 말해 루틴을 강조한다. 2호에서는 창의적이고 생산적인 취미를 표지의 주제로 잡았는데, 국내에서 코로나 이후 '취미'가 상승하고 있는 현상과 일맥상통한다. 해외에서는 이 시대의 취미를 '#quarantinehobby'(격리시대의 취미)라 부른다. 격리시대의 취미는 이전과 달라야 하는데, 집에서 이루어져야 하고, 나의 손과 근육을 움직이는 것이어야 하며, 매일 꾸준히 반복할 수 있어야 한다. 배태된 결과물은 시간이 지남에 따라 개선돼 나의 성장을 증명해야 한다.

독립적인 시간의 주인으로서 개인은 시간을 흘려보내기보다는 채우려 한다. '채운다'에서 알 수 있듯 사람들은 '생산성'을 놓치지 않는다. 인간은 누가 시키지 않아도 자신의 손과 근육을 이용해 무언가를 생산해내고자 한다. 그렇게 자신의 존재이유를 증명하고 자신의 세계를 구축한다.

코로나19 이후 급상승한 3가지 키워드도 '시간'과 연결돼 있다. 이를 통해 오늘날 시간의 중요성과 시간 개념의 변화를 살펴볼 수 있다.

쿠팡: 코로나 이후 증가폭이 가장 큰 고유명사

코로나 발생 전후 2개월을 비교할 때 가장 급증한 키워드는 다음 도표에서 보는 바와 같이 '마스크'다. 그다음이 '쿠팡', '받다', '정보', '추천', '확진자' 순이다. 증가폭이 가장 큰 40개 키워드 가운데 고유명사라 할 수 있는 것은 '대구', '쿠팡' 그리고 쿠팡의 서비스네임인 '로켓배송'뿐이다. 브랜드로는 쿠팡이 유일하다. '넷플릭스'나 '유튜

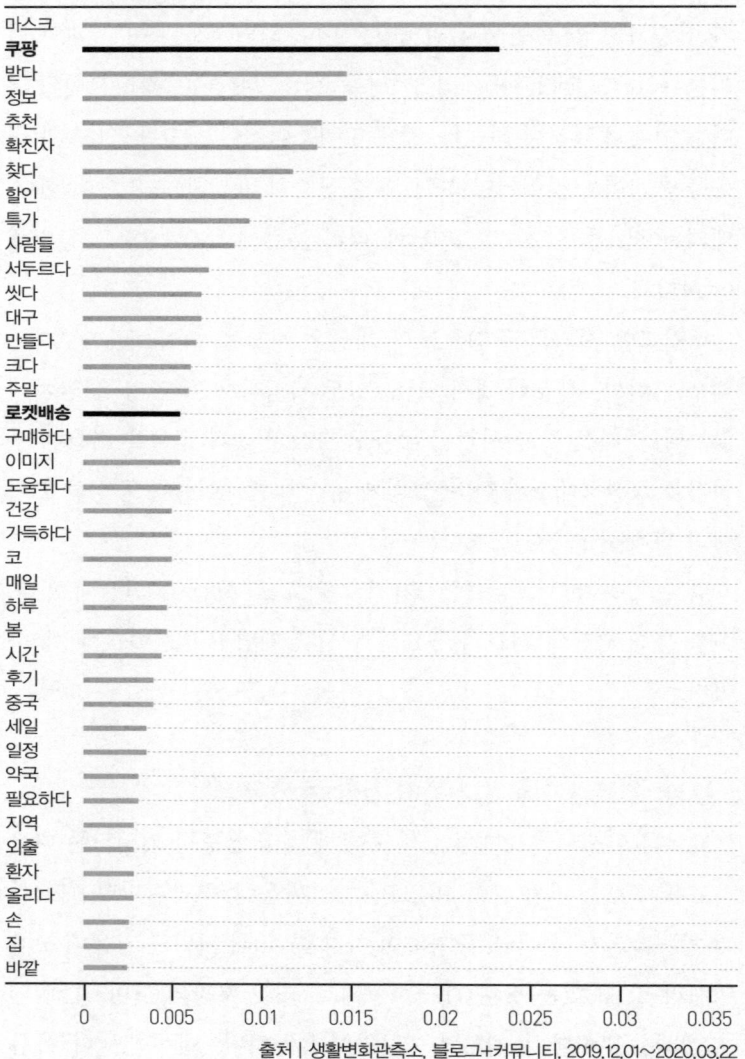

⟨코로나19 발생 후 급상승한 키워드⟩

키워드
마스크
쿠팡
받다
정보
추천
확진자
찾다
할인
특가
사람들
서두르다
씻다
대구
만들다
크다
주말
로켓배송
구매하다
이미지
도움되다
건강
가득하다
코
매일
하루
봄
시간
후기
중국
세일
일정
약국
필요하다
지역
외출
환자
올리다
손
집
바깥

0   0.005   0.01   0.015   0.02   0.025   0.03   0.035

출처 | 생활변화관측소, 블로그+커뮤니티, 2019.12.01~2020.03.22

브'도 많이 언급됐지만 원래 상위 키워드에 있었기 때문에 증가폭은 상위 40위 안에 들지 않았다. 일반적으로는 고유명사보다 일반명사가 많이 언급되기 마련인데 코로나19 이후 쿠팡이라는 고유명사가 '온라인 쇼핑', '배송' 등의 일반명사를 앞질러 상승한 것이다.

쿠팡은 어떤 브랜드였을까? 2019년 4월에 발행한 〈생활변화관측지〉에 따르면, 코로나와 무관하게 쿠팡은 2018년 1분기에 다른 오픈마켓 브랜드를 역전하고 1등이 되었다. 1등 브랜드가 아니었던 2017년까지 쿠팡은 '배송비', '최저가' 등 가격 연관도가 높았다. 하지만 1인자가 된 쿠팡은 '시간'을 이야기했다. '배송시간', '새벽배송' 그리고 '시간보장'이다. 비교경쟁에서 이기기 위한 최저가가 아니라 충성고객을 유지하는 시간의 확실성으로 신뢰를 쌓았던 것이다. 쿠팡은 이미 준비돼 있었다. 1년 전부터 사람들은 쿠팡의 시간보장을 믿고 있었다. 코로나19라는 비상사태가 발생했을 때 사람들은 이미 알고 있던 신뢰의 쿠팡을 찾은 것이다.

코로나를 계기로 우리가 몰랐던 것을 갑자기 찾게 되는 것이 아니다. 우리가 알고 있던 것, 하던 것이 더 강화되거나 저변이 넓어지는 것이다. 쿠팡은 한국의 사재기를 막는 데도 크게 기여했다. 사재기를 하지 말자는 백번의 말보다 확실한 것은 사재기할 필요가 없다는 확신이다. 코로나19 사태가 벌어져도 다음 날 어김없이 물품이 배송되는 것을 직접 보고 겪은 사람들은 사재기 필요성이 없음을 알게 된다.

종일: '아침', '점심', '저녁'이라는 분절된 시간을 대신하다

주52시간 근무제, 스스로를 소중히 여기는 밀레니얼 시대정신은 다른 사람의 시간을 함부로 침범할 수 없다는 새로운 예절을 만들어냈다. 이에 따라 개인 차원에서 활용할 수 있는 시간의 양이 늘어났고, 여기에 바이러스로 인한 '집콕' 상황이 예상 밖의 더 긴 시간을 부여했다. 사람들은 생각지도 못한 하루 '종일'이라는 시간을 만났다.[2] 반대로 코로나 이후 줄어든 시간 관련 키워드는 '아침', '점심', '저녁'이다. 그동안 우리는 분절된 시간 단위로 생각하고 있었다. 아침에 집을 나서고, 점심 먹고, 저녁에 돌아오는 식이다. 그런데 코로나 이후 학교도 회사도 안 가면서 하루 종일이라는 긴 시간을 맞이하게 되었다.

긴 시간을 자율적으로 운영하는 것은 한편으로는 어렵고, 한편으로는 즐겁다. 가게 운영을 내 마음대로 하는 사람도 사장이고, 가장 고민하는 사람도 사장이다. 아르바이트생 마인드가 아니라 내 삶의 주인으로서 스스로 운영하는 권한과 책임을 함께 지게 된 것이다. 긴 시간은 게임과 유튜브 시청만으로 채울 수 없다. 무엇보다 시각적 콘텐츠 소비만으로는 생산적인 일을 했다는 뿌듯함을 얻을 수가 없다. 누구에게 보여주든 아니든 우리는 생산적으로 시간을 보냈다는 자기만족이 필요하다. 달고나 커피는 그런 면에서 의미가

---

2 2019년 4월부터 2020년 1월까지 '(하루)종일'이라는 키워드는 주 평균 5022건 언급되었다. 코로나19가 발생한 2020년 1월 마지막 주부터 '종일'은 주 평균 6971건으로 1.4배 증가했고, 3월 이후에는 주당 8000건 이상 언급되며 급상승하는 양상을 보였다.

있다. 기계를 돌려 만든 달고나 커피는 의미가 없다. 내 근육을 움직여서, 내 시간을 투여해서, 내가 만든 생산물이기 때문에 달고나 커피가 시간의 주인들에게 각광받은 것이다.

처음: 바이러스를 계기로 '처음' 경험한 것, '처음' 생각한 것

바이러스와 함께하는 삶을 살면서 사람들은 무언가를 처음 맞닥뜨리기도 하고 처음 시도해보기도 했다. '처음'을 언급하는 문서량은 1월 20일 첫 확진자가 발생한 이후 꾸준히 증가했는데, 코로나 이전에는 매월 7만 5000건 정도였던 언급량이 코로나 이후 3월에 8만 5000건까지 치솟았다. 코로나가 심각해지던 2월보다 적응하기 시작한 3월에 언급량이 더 증가했는데, '처음' 겪게 되는 수동적인 일들에 '처음' 시도해보는 적극적인 의지가 추가되었기 때문이다.

사람들은 코로나를 계기로 무엇을 처음 해보았을까? 첫 확진자가 발생한 1월 20일 전후의 '처음' 연관 키워드를 비교해보면 상승폭이 가장 큰 것은 로켓배송, 쿠팡, 달고나 커피, 넷플릭스, 유튜버, 에어팟, 에어프라이어 등이다. 카테고리 별로 분류해보면 건강, 온라인 배송, 요리, 집 근처 일상, 온라인 업무, 집안일, 취미생활 순이다. '온라인 배송을 처음 시켜보는 사람이 있다고?' 하며 놀랄 수도 있을 텐데 정말로 온라인 쇼핑을 처음 해본 사람도 있고, 기존에 이용하던 서비스가 아니라 마켓컬리 같은 새로운 서비스를 처음 써본 사람도 있고, 온라인으로는 공산품만 주문하다가 처음으로 당근, 호박을 시켜본 사람도 있다.

"결혼 후 15년 동안 매주 이마트를 다녔다. 한 주의 찬거리를 사서 핸드카트에 싣고 와서 우리 집 냉장고에 차곡차곡 채워 두었다. 마켓컬리, 쿠팡, 이마트몰 몰랐던 것도 아니고 이용하지 않은 것도 아니다. 장은 이렇게 봐야 한다는… 모르겠다… 습관이랄까? 코로나 덕분에 처음으로 쿠팡을 이용해봤다. 아침에 문앞에 와 있었다. 박스를 뜯어 냉장고에 넣으면서 한편으로는 놀랍고 한편으로는 기가 막혔다. 나는 지금까지 무엇을 한 것일까?"

코로나19 이후 증가한 '처음'이라는 키워드를 보면서 습관이란 정말로 무섭다는 생각을 한다. 생각보다 '처음'이라고 말하는 사람이 많았다. 몰라서가 아니라 습관 때문에 하던 방식대로 하는 사람이 많았던 것이다. 그러다 바이러스를 계기로 온라인은 모두의 공통 경험이 되었다. 원래 쓰던 사람, 알지만 안 쓰던 사람, 써보았다가 하던 것으로 돌아간 사람, 알지도 못했고 써보지도 않은 사람 모두가 온라인 서비스 이용영역에 들어오게 되었다. 모두가 함께 경험하고 나니 온라인 서비스에 대한 새로운 합의가 도출된다. '나도 할 수 있네', '써보니 괜찮네', '더 편하네', '이런 점만 개선되면 더 좋겠네', '이런 서비스 중에서는 이 브랜드가 제일 낫네'라는 식으로 서비스 이용 여부를 훌쩍 뛰어넘어 서비스 이용을 전제로 한 서비스 선택기준으로 담론이 진일보한다.

기술의 발전은 천재 과학자가 주도하는 것이 아니라 사용자들의 합의에 의해 촉발된다. 자율주행은 기술 발전의 문제가 아니라 기계가 운전하도록 허용할 것인가의 문제다. 한번 합의하고 나면 무서운 속도로 확산되고 사람들의 습관으로 자리 잡는다. 다시 이전 방식으로 돌아가기는 어렵다. 은행에서 ATM으로, 컴퓨터에서 휴대폰으로, 은행 플랫폼에서 메신저 플랫폼으로 은행일을 보게 된 것처럼 온라인 서비스 이용에 모두가 합의하기에 이르렀고, 코로나19는 그 합의시점을 예정보다 앞당겼다. 모두가 함께 경험하니 과대포장 이슈도 더 눈에 띈다. '이렇게 큰 박스에, 이렇게 많은 상자가 오는 거였어?'라고 놀라는 사람은 온라인 쇼핑에 익숙한 사람이 아니다. 최근 포장에 대한 새로운 합의가 만들어지는 것은 환경의식이 높아졌기 때문이 아니라 많은 사람이 그 포장지를 접했기 때문이라고 봐야 한다. 공통의 경험은 새로운 합의를 이끌어내는 법이다.

이 글을 쓰면서 5년 전 성석제 작가의 말을 찾아보게 된다. 2015년 오피니언마이닝워크숍에서 그는 일전에 연사로 초청된 행사에서 군수, 국회의원, 무슨 의원들로 줄줄이 이어지는 '귀빈 인사' 때문에 본인의 차례가 한없이 지연된 이야기와, 한일 교수들의 교류 행사가 예정보다 1분, 2분씩 지연돼 급기야 저녁식사가 1시간 이상 늦어지자 미안함과 당혹감에 눈물을 흘린 일본 교수 이야기를 들려주었다. 그리고는 다음과 같이 강연을 마무리했다. "여기도 한 가지 교훈이 있습니다. 누가 시간의 주인인가 하는 겁니다. 보잘것없는 소설가인 저도 이 우주에 한 번도 없었습니다. 혼자 단독자로 여기에 있고, 여러분도 마찬가지입니다. 그 권리를 누구에게 양보할 수 있겠습니까?"[3]

시간과 관련하여 우리가 바라보아야 할 핵심은 '자유시간이 주어졌다, 많아졌다'가 아니고, '다른 사람의 시간을 함부로 침범할 수 없게 되었다'는 것이다. 교장 선생님의 훈화 말씀, 사장님의 조회, 근무 외 시간의 회식, 모두 사라질 것이다. 온라인 강의에서 중요한 것은 무엇보다 시간을 지키는 것이다. 본인에게 주어진 시간을 넘기거나 준비한 부분을 하다 말고 '시간 다 됐으니 여기까지 하지요'라는 식은 온라인 강의에서 통하지 않는다. 그야말로 마이크가 꺼진다. 마이크를 잡을 수 있는 주인공이 다른 사람의 시간을 한없이 침범하는 마이크 독점 시대는 끝났다. 시간 개념이 바뀔 것이다. 2021년, 우리 모두가 시간의 주인이다.

《2021 트렌드 노트》에는 다음과 같은 이야기가 담긴다.

시공간: 종교는 가고 리추얼은 남았다. 사람들은 자신에게 주어진 시간을 의미 있고 반복 가능한 활동으로 채우고 기록하여 콘텐츠로 만들고 있다. 브랜드는 이 사람들의 리추얼 속에 들어가야 한다. 이 시대의 가장 중요한 자원은 시간이다. 이와 함께 코로나19 이후 주목받고 있는 '집'과 '로컬'(지역, 현지)을 다룬다. 공간의 규모는 다르지만 집과 로컬의 공통점은 고유한 색깔이 필요하다는 것

---

3 성석제 작가의 강연 내용은 www.omw.or.kr/10th_result 에서 스크롤을 약간 내리고 성석제 작가를 클릭하면 전문을 볼 수 있다. "누가 시간의 주인인가?"는 당시의 강연 제목이 아니고 강연 일부를 요약한 부분의 제목이다.

이다. 우리 브랜드의 색은 무엇인지 생각하면서, 서울의 색과 제주의 색의 차이를 알아보자.

관계: 꼭 필요한 관계는 수평적으로 진화하고, 그렇지 않은 관계는 포기한다. 코로나19 이후 더욱 강화된 끈끈하고 수평적인 가족관계, 새로운 방법으로 신뢰를 쌓아가는 역시나 수평적인 소비자와 브랜드의 관계를 다룬다. 가족관계에서 수평적이라 함은 수직적인 것의 반대말이다. 반면 소비자와 브랜드의 수평성은 정보 비대칭성의 반대말이다. 광고라서 문제되는 것이 아니다. 광고라고 밝히지 않은 것이 문제가 된다.

코드: 디지털이 바꾼 사고방식에 관한 내용으로, 결과가 아니라 구조와 방법을 다룬다는 점에서 '메타'에 관한 파트다. 디지털 세계의 소비자 특성, 사고방식, 언어를 다룬다. 디지털의 문법에 대해 당신은 얼마나 알고 있는가? 우리 회사 매출이 여전히 오프라인에서 50% 이상 나온다 하더라도 온라인의 문법을 알아야 한다. 당신이 게임하지 않는 것을 자랑으로 여기더라도 게임의 문법은 알아야 한다. 왜냐하면 그 문법이 새로운 세대의 사고방식을 지배하기 때문이다.

2022 TREND NOTE

라이프스타일의 시대에서 신념의 시대로

와인으로 대표되는 우리 사회의 변화

식(食)은 생활의 대변자다. 사람들이 어디서, 무엇을, 어떻게 먹고 있는지 관측하는 것은 우리 생활의 변화를 이해하기 가장 좋은 출발점이다. 사람들이 카페에서 3000~4000원 하는 아메리카노를 테이크아웃해서 먹는 것은 우리 사회가 일상의 여유를 중시하기 시작했다는 신호탄이었다. 퇴근 후, 자신이 좋아하는 콘텐츠를 즐기며 맥주 한 캔을 마시는 혼술의 장면은 모든 세대의 로망이 된 '자기만의 시간'의 증거다.

2010년부터 소셜 빅데이터를 분석한 이래 한국의 주종은 맥주, 소주, 와인, 막걸리 순이었다. 한 번도 그 순서가 역전된 적이 없다. 하지만 2020년, 우리 모두 잊지 못할 이 해부터 와인이 급상승했고 몇몇 장면에서는 맥주, 소주를 역전했다. 맥주, 소주보다 와인이 높게 나타나는 장면은 다음과 같다.

첫째, 재난지원금 소비처로서. 재난지원금 사용처는 약간의 여윳돈이 생겼을 때 사람들이 어떤 소비를 하는지 보여주었다. 소고기, 이국적 과일과 디저트, 와인 등 약간만 무리하면 언제든 구매할 수 있지만 우선순위에서 밀렸던 항목들이 공돈이 생기자 기분 좋게 지르는 소비 품목으로 등장했다. 이렇듯 와인은 알고 있으나 선뜻 손이 가지 않던 주종으로, 고기로 치자면 소고기, 과일로 치자면 애플망고 같은 존재다. [4]

둘째, 파인다이닝 짝꿍으로. 어렵게만 느껴졌던 파인다이닝에 입문하는 사람들이 늘고 있다. 익숙한 한식을 와인과 페어링해서 코스 요리 형태로 즐기고, 셰프의 이름을 찾아 레스토랑에 방문한다. 호캉스에 이어 '누림의 대중화' 흐름을 보여주는 파인다이닝, 이때 등장하는 술 역시 소주, 맥주가 아닌 단연 와인이다. [5]

셋째, 연말 파티에서. 한 해를 마무리하며 회사 동료들과 회식을 하고, 오랜만에 친구들과 만나 송년회를 하던 연말의 모습이 2020년 코로나를 기점으로 확연하게 바뀌었다. 핫플 맛집이나 근사한 레스토랑을 예약해 모이던 모습은 배달음식 및 직접 만든 요리를 올린 홈파티로 대체되었다. 삼겹살에 소맥을 말아먹던 모습은 각자 집에서 제철음식(방어, 딸기 등)과 와인을 곁들이는 것으로 변화했다. 예전에도 와인은 연말에 상승하는 술이었지만, 집에서 제철음식과 함께 소비되는 와인은 2020년에 새롭게 등장한 이래 꾸준히 지속되고 있는 새로운 장면이다. [6]

넷째, 술상스타그램에서. 코로나로 단절된 만남, 줄어든 술자리

---

4 "재난지원금, 어디에 썼나요?", 생활변화관측지 Vol.17.
5 "누림의 대중화, 파인다이닝", 생활변화관측지 Vol.23.
6 "코로나와 함께한 연말", 생활변화관측지 Vol.24.

는 어떤 방법으로 해소되고 있을까? 최근 4년간 우위를 차지하던 '술자리'가 2020년 코로나 이후 '술상'에 역전되었다. '술상' 언급량은 전년도의 2.1배가 되었다. '술상'의 연관어로 소주, 맥주는 감소하고 막걸리, 와인은 증가한다. 많은 사람이 같은 안주와 같은 술을 먹는 상황이 아니라, 소수가 매일 다른 음식으로 플레이팅할 때는 다양한 색과 다양한 맛을 지닌 와인이 유리하다.[7]

와인이 소주, 맥주를 역전한 장면은 우리 사회의 변화를 담고 있다. 크게 두 가지다.

줄어드는 무리의 숫자

다수가 취하기 위해 모일 때는 방바닥, 자기 스스로 굽는, 몇 번이고 추가 주문하는 '고깃집'이라는 플랫폼이 최적이다. 하지만 모이는 사람이 줄고 취하는 게 목적이 아닐 때는 만남의 시간도 짧아지고, 음식도 고급화되어 각자의 취향을 세심하게 배려할 수 있다. 설령 회식이라 해도 참여 인원이 4인 이하라면 채식을 시작한 사원을 배려하여 회식 장소로 한남동 시금치 피자 맛집을 선택하고, 바로 앞 와인숍에서 시금치 피자에 어울리는 스파클링 와인을 구매해 콜키지 서비스를 받을 수 있다. 인원이 10명만 넘어가도 이런 선택은 불가능하다.

---

7 "'술자리'를 역전한 '술상'", 생활변화관측지 Vol.26.

와인은 어떤 음식과 함께하는지의 조합이 가장 중요하다. 모이는 무리의 숫자가 줄어들 때 구성원 각자의 취향을 물을 수 있고, 그 취향에 맞게 술을 고를 수 있다. 와인은 개개인의 취향과 상황에 맞출 수 있는 술이자, 개개인의 취향을 주장하는 우리 사회 분위기를 반영한 술이다.

쉽고 거대한 정보 공동체

와인은 전형적으로 공부하는 술이다. 와인은 입문하는 술이고, 계속 알아가는 술이고, 알아도 알아도 끝이 없는 술이다. 와인에 관해서는 품종, 색깔, 산미, 원산지를 따진다. 그에 따라 가격대가 천차만별이고, 어울리는 음식 및 선물 가능 여부가 결정된다. 한마디로 알아야 할 것이 많은 술이다. 그렇다고 해서 접근성이 낮은 술은 아니다. 개개인의 지식은 부족할지라도 간단한 검색만으로 오늘 식사 자리에 적합한 와인을 쉽게 찾을 수 있다. 와인은 활발하게 추천하고 추천받는 술이다.

개인이 물리적으로 만나는 사람의 숫자는 줄었지만 정보를 주고받는 사람의 숫자는 훨씬 더 크다. 개개인이 100명의 공동체 속에 묻히는 것이 아니라, 100만 명이 모인 플랫폼에서 개개인이 살아 있는 형태로 움직인다. 무엇이 뜨겠는가? 와인처럼 파도 파도 끝이 없는 영역, '뉴비'와 고수가 함께 정보를 주고받을 수 있는 거대 플랫폼이 뜬다. 그 대표주자가 와인이다.

코로나가 끝나면 달라질까? 다시 많은 인원이 모이고, 지속적으로 공부하기보다 짧게 체험하는 영역이 뜰까? 뉴비와 고수가 함께 정보를 공유하기보다 폐쇄적인 그들만의 리그를 만들까? 코로나가 쉽게 끝날 것 같지도 않지만 섬세함은 뭉툭함으로 돌아갈 수 없다. 무리의 숫자는 계속 줄어들고, 정보 공동체는 더 쉽고 더 거대해질 것이다. 타깃은 좁게, 호흡은 길게, 방법은 개방적으로 접근해야 한다.

《2022 트렌드 노트》는 다음과 같은 내용을 담고 있다.

긴 머리말이자 이 책의 요약과도 같은 1장은 우리 생활변화의 축을 제시한다. 생활변화를 관통하는 7개의 키워드를 통해 한 주에도 몇 개씩 쏟아져 나오는 신조어, 새로운 상품, 새로운 콜라보, 새로운 매체, 새로운 콘텐츠 속에서 생활변화를 포기하지 않고 관측할 수 있는 구심점을 주고자 했다.

1부에서는 모순을 다룬다.

6만 원짜리 무제한 요금제가 아까워서 알뜰요금제로 갈아타지만 6만 4000원짜리 신라호텔 망고빙수는 웨이팅을 해서라도 먹는 사람들, 내가 살 집은 없다고 자조적으로 말하지만 누구보다 열심히 1억을 모으는 사람들, 누구보다 돈과 재테크에 진심인 20대의 모습을 확인할 수 있다. 같은 맥락에서 하이퍼리얼리즘과 판타지적 가상월드가 어떻게 공존할 수 있는지도 이해해보자.

〈생활변화를 관통하는 7개의 키워드〉

키워드	현상	함의
시간	#꾸미기 #와인 #향수 #주식	• 개인의 시간이 증가했다는 것이 핵심이다. • 시간을 들여 꾸준히 함으로써 레벨을 높일 수 있는 것들이 뜬다. • 의무가 아닌 자발성에 기반한 취미적 공부가 뜬다.
기록	#블로그의 부활 #인스타그램 스토리 #기록성 챌린지	• 정보 전달이 아니라 일상 기록매체로서 '블로그'가 뜬다. • '기록'으로 남은 나의 '일상'이 콘텐츠가 된다. • 연출된 미장센이 아니라 날것 그대로가 주목받는다.
남자	#무시무시 무신사 #래플과 드로우	• 남자들에게 새로운 롤모델이 필요하다. • 새로운 롤모델의 핵심가치는 '공평함'과 '경쟁'이다. • 권위를 가진 자가 다 가지는 것이 아니라, 규칙에 맞게 경쟁하고 정당하게 얻어가야 한다.
현실	#하이퍼리얼리즘 #가상현실, 가상모델 #이 둘의 공존	• 하이퍼리얼리즘과 판타지적 가상을 동시에 수용한다. • 가상현실의 핵심은 참여자가 들러리가 되지 않는 것. 참여하여 커뮤니티성을 획득하는 것이다. • 현실과 가상의 구분이 아니라, 공감할 수 있는 세계관으로 완결되느냐가 중요하다.
연대	#잘 가꾸어진 정원 vs 자연발생적 이끼군락 #팬덤의 트위터 #Challenge accepted	• 동질감을 느끼는 방식이 소속감에서 연대감으로 변한다. • 테두리와 위계질서가 있는 조직성이 아니라 개인이 서로 팔을 거는 이합집산을 추구한다. • 나의 메시지를 전달하기 위해, 내 메시지를 받아들일 수 있는 사람들과 팔을 걸고 있어야 한다. 이것이 팬덤이다.
열정	#respect #생리얼 #갓생	• Z세대를 보는 이유는 그들의 성향이 우리 사회가 가고 있는 방향이기 때문이다. • 이것만 기억하자. 개성, 생리얼, 열심히 • 반대말은 이러하다. 조직, 미장센, 여유
과금	#웹소설 #편당 100원 #플랫폼에서 돈을 받아가는 소비자	• 웹소설 플랫폼의 거래방식을 배우자. #기다무 : 기다리면 다음화 무료. 돈을 내지 않아도 얻을 것이 있다. #편당 100원 : 돈을 내는 최소 단위가 매우 작다. 가랑비에 옷 젖는다. #독자=작가 : 플랫폼을 통해 소비자가 돈을 벌 수 있다.

2부에서는 자아를 말한다.

점점 자아에 대한 생각이 많아진다. 불안하기 때문이다. 그래서 코로나 시대에는 몸뿐 아니라 마음도 자가격리가 필요하다. 나에게 집중된 생각으로 모인 마음들은 하나의 흐름을 만드는데, 이를 '시대감성'이라 부른다. 완벽함보다는 노력형, 여성스러움보다는 건강함, 예쁨보다는 멋짐으로 대변되는 시대감성과 특별할 것 없는 일상을 콘텐츠로 승화하는 많은 자아들의 이야기를 들을 수 있다.

3부는 소통방식의 변화에 대해 살펴본다.

요즘 사람들의 디지털 라이프에 대해 다룬다. '멤버십', '뉴스레터', '라이브 방송'이 담고 있는 소통방식의 함의를 이야기한다. 주가가 오르고 내리듯 시세와 차트를 만드는 디지털 유전자, 밈에 대해서도 정의부터 예시, 성공과 실패 사례까지 두루 살펴본다. 또한 무엇이든 잊히기 쉬운 시대에 브랜드가 기억되는 방법을 직접적으로 다루고 있다. 선택보다 포기가 중요한 '시그너처' 플레이, 공감을 불러일으키는 플레이리스트의 '화법', 콘텐츠가 되는 브랜드의 '과거'를 사례와 함께 이야기한다.

2023 TREND NOTE
새 로 운   소 비 주 체 의   등 장

혼자, 오래 살 것을 기대하는 사람들의 선택지

미래의 핵심은 '혼자 산다', '오래 산다'로 요약된다.

1인가구, 고령화와 일맥상통하지만 꼭 같은 말은 아니다. 과거에도 혼자 사는 사람, 오래 사는 사람은 있었다. 달라진 점은 자신이 혼자 살고 오래 살 것을 예상한다는 것이다. 혼자 살고 있지만 언젠가 누군가와 함께 살리라 기대하는 사람과, 앞으로도 죽 혼자 살 것이라 예상하는 사람의 선택지는 다르다.

예를 들어 현재 31세 직장인 A씨의 정해진 미래가 39세에 누군가와 함께 사는 거라고 하자. 만일 내년이라도 당장 결혼할지 모른다고 생각하면 A씨는 큰 사이즈의 침대 사기를 보류한다. 세탁기, 냉장고와 같은 대형 가전도 최선의 선택보다는 임시의 선택을 하고, 전세보다는 월세를 선호한다. 반대로 앞으로도 계속 혼자 살 거라 예상한다면 A씨는 더 큰 사이즈의 침대와 로봇청소기를 미루지 않고 지금 구입한다. 브랜드 하나도 임시방편으로 선택하지 않고 심사숙고한다. 조금 멀리 가더라도 전세를 고려해본다.

생활변화관측소는 이미 코로나19 이전에 싱글의 방에서 침대가

커지는 현상을 관측한 바 있다.[8] 싱글의 방에서 증가하는 제품으로
는 쾌적한 환경을 유지해주는 가전(공기청정기, 로봇청소기, 가습기),
콘텐츠를 즐기는 데 도움 되는 가전(프로젝터, 아이패드, 오디오, 스피
커, 모니터), 그 밖에 함께 살아가는 식물, 토이 등이 있다. 반면 옷장,
서랍장 등의 가구는 줄어들었는데, 덩치 큰 가구로 방을 채우기보
다는 침대를 중심으로 내 여가를 즐기기 위한 제품들을 들여놓은
결과다. 자기만의 콘텐츠를 즐기기 위해 꾸며진 방 같은 집, 그 집
을 꾸미는 데 선택된 브랜드들, 눈높이 높은 사람들의 좁은 방에 선
택된 최소한의 삶. 식 분야에 밀키트가 있다면 삶 전반에 걸쳐 삶키
트가 중요해질 것이다. 코로나 이후 이 추세는 더욱 가속화되었다.
프로젝터, 아이패드, 스피커, 모니터는 코로나 이후 언급량이 가장
많이 증가한 전자제품이다. 식물에 대한 관심 또한 코로나 이후 더
욱 가속화되었다.

코로나가 끝났으니 달라지지 않을까? 그렇지 않다. 코로나는 끝
나지 않았을 뿐 아니라 코로나는 혼자, 오래 살게 될 거라는 기대치
를 남겼다. 오래 살 거라고 예상하기에 건강함이 중요하고, 혼자 살
것이기에 간편함이 중요하다. 하여 미래에도 지지 않을 가치는 바
로 건강함과 간편함이다. 둘 중 하나의 선택이 아니라 둘이 같이 간
다. 건강하면서도 간편해야 한다. 한 알의 영양제처럼.

그 밖에도 혼자 있는 인간이 선택한 것들이 있다. 앞으로도 이 선

---

8 "점점 커지는 싱글의 침대, 거의 모든 것의 내 방", 생활변화관측지 Vol.7.

택지는 계속 중요하게 남을 것이다.

실내에서 자연을 즐기다

코로나 이후 발견한 사실 하나. 혼자 있는 인간은 자연을 찾았다. 집에 커다란 식물이 들어오고, 자연을 근간으로 하는 아웃도어 취미인 등산, 골프, 테니스가 뜨고, 자연을 찾아 떠나는 캠핑이 사랑받았다. 공간에서는 개방감이 중요해졌다. 개방감을 구성하는 요소는 '나무', '햇빛', '창가'다. 차 안에서 차창을 통해 캠핑지의 자연을 느끼고, 카페 안에서 창을 통해 햇살을 받고, 폴딩도어를 설치해 집 안의 개방감을 더한다. 공통점은 실내에서 바깥의 자연을 충분히 느낀다는 것. 미래의 핵심 요소 중 하나는 자연이다. 외부의 자연을 안으로 들인 공간, 외부 자연을 충분히 즐길 수 있도록 연결한 공간, 자연과 조화를 구현한 공간이 미래의 공간이 될 것이다.

기기가 애착과 반려의 대상이 되다

〈생활변화관측지〉 1호는 반려의 상승을 다루었다. 2019년 1월의 일이다. 그때 가장 많이 증가하던 것은 '반려식물'이었다.[9] 이제 반려식물은 일반화되었다. 코로나 이후 오늘날 가장 큰 폭의 상승을 보이는 것은 '반려기기'다. 특히 많이 언급되는 것이 오디오 기기다. 나와 가장 가까이 있고 쉼 없이 플레이되는 무선이어폰, 케이스도

---

9 "주종이 아닌 반려, '나는 초코(반려견)와 살고 있는 반려인입니다'", 생활변화관측지 Vol.1.

내 방식으로 꾸미고, 오로지 내 것으로 존재한다. 무선이어폰이 없으면 집을 나설 수 없다. 심지어 선풍기도 선에서 해방되고 디자인이 예뻐지면서 반려기기로 진화했다.[10] 로봇과 연관해서도 서빙로봇에 이어 반려로봇에 대한 관심이 증가하고 있다.[11] 혼자, 오래 살 것을 기대하는 인간은 '애착'의 대상을 찾는다. 애착의 대상이 동물, 식물에 이어 사물로 확장되고 있다. 전자제품도 예외는 아니다. 충분히 반려의 대상이 될 수 있다. 그러기 위해서는 무엇보다 '내 것'이 되어야 한다.

독립된 경제주체의 새로운 경제관념

혼자 사는 상태가 임시가 아니라 앞으로도 지속될 기본값이라 여기는 개인은 경제적 자립을 도모한다. 누군가와 함께 살면서 공인인증서까지 넘기게 되리라는 생각 대신 처음부터 끝까지 내가 벌어서 내가 쓰는 경제주체가 된다고 생각하면 돈을 대하는 태도가 달라진다. 통신비, 전기료 등의 비용은 최소화하고 디저트, 호텔비는 나를 위해 과감히 투자한다. 이 시대 1인가구는 소비 요정이자 가치 트렌드의 리더다. 이들을 4인가구 대척점으로서의 1인가구가 아니라 1인분의 몫을 해내는 독립된, 온전한 정체성을 가진 개인으로 바라보자. 그 개인이 모여 가족을 이루고, 개인들의 선택이 모여 트렌드가 된다.

---

10 "선으로부터 해방된 선풍기, 개인 공간으로 침투하다", 생활변화관측지 Vol.31.
11 "로봇의 미래, 지식의 대체보다 노동과 감성의 대체", 생활변화관측지 Vol.34.

본문은 다음과 같은 내용으로 구성되어 있다.

총론 성격의 1장에서는 우리 시대의 가치관을 크게 3가지로 요약했다. 트렌드가 기대와 현실 사이의 갭을 메우는 것이라면, 이 시대의 기대를 알 필요가 있다. 단순하게 표현하면 이 시대의 기대는 '효율적으로 성취에 도달하기', '간편하게 건강 챙기기', '자아를 돌보며 독립을 완성하기'다. 정신없이 변화하는 것처럼 보이는 트렌드 현상들의 맥을 짚고자 했다. 시대 흐름을 생각하면서 본문을 펼쳐 곱씹어보자. 《2022 트렌드 노트》에서 제시했던 7가지 생활변화의 축이 1년 뒤 어떻게 진화했는지도 간략히 분석했다.

1부에서는 '정체성'을 다룬다.

가장 많이 논의되었지만 누구도 자기 이야기로 여기지 않았던 MZ세대 담론에 종지부를 찍고자 한다. 'MZ세대'는 누구인가? 트렌드 리더? 취준생? 사회초년생? 주택 복지 대상인 청년? 사실 'MZ세대'도, '청년'도 미디어와 소비시장이 만들어낸 허구의 대상일지 모른다. MZ세대, 이제 그만. 청년도 이제 그만. 온전한 독립체로서 1인의 삶을 들여다보자. 자신을 무엇이라 생각하는지 살펴보다 보면 '1인'이라는 정체성을 발견할 수 있다. 정신건강에 대한 관심이 높아지는 현상도 1부에서 다룬다.

2부에서는 젊은 세대의 새로운 경제감각에 대해 다룬다.

새롭게 등장한 경제활동의 원천은 아카이브다. 자신을 쌓는 아카이빙은 궁극적으로 아카이브라는 자산이 된다. 한편 오늘날의 소비는 50만 원을 쓰고도 비싸지 않다고 말하는 동경의 소비, 소비하면서 행복을 논하는 사랑의 소비, 1만 원 미만의 금액도 아깝다고 표현하는 필요의 소비로 구분된다. 그에 따라 달라지는 결제수단 등 소비주체가 만들 소비의 미래를 엿본다. 그런가 하면 소비를 통해 얻고자 하는 새로운 감각도 있다. 관습을 따져 묻고 습관을 형성하는 '민감'(敏感), 손해를 보더라도 경험치를 획득하면 만족하는 '쾌감'(快感), 새로운 관계이자 새로운 소비문화를 대표하는 팬덤에서 얻어지는 '교감'(交感)… 자본주의 소비문화의 절정에서 소비자가 놓치지 않으려는 감감감(感感感)이다.

3부는 새로운 소유방식을 다룬다.

더 많이 소유하게 된 디지털 기기, 일견 덜 소유하는 것처럼 보이는 구독 서비스를 통해 사람들이 기기와 콘텐츠를 '내 것'으로 만들고자 한다는 것을 이해할 수 있다. 가족용 태블릿이 1인당 1태블릿이 되고, 다시 회의용, 게임용, 주식용으로 세분화되는 디지털 기기 소유의 진화 과정을 다룬다. 아울러 구독 서비스를 바라보는 관점도 챙겨야 한다. 사업자 입장이 아닌 소비자의 입장에서 구독 서비스를 바라보자. 구독 서비스는 새로운 소유의 방식, 즉 자신만의 유니버스를 소유하는 방식이다.

《2023 트렌드 노트》에는 소비 이야기가 유독 많다. 그만큼 트렌드의 변화가 소비로 발현되었다고 할 수 있다. 돈을 어디에 쓸 것인가? 어떤 방법으로 지불할 것인가? 소유할 것인가, 공유할 것인가? 돈과 관련한 개념의 변화, 돈 지불방식과 돈을 내는 창구의 변화가 우리 생활의 변화를 이끌 것이다. 자, 이제 본문을 펼쳐 소비감각과 가치관의 변화를 직접 확인해보자.

2024 TREND NOTE
라이프－스타일, 마침내 분화

라이프-스타일, 마침내 분화

대한민국 성인 대부분은 2010~11년에 스마트폰을 손에 쥐었다. 새로운 정보를 만들고 볼 준비를 갖춘 것이다. 2013~15년에 오늘의집, 마켓컬리를 비롯해 새로운 라이프스타일을 선보이는 플랫폼들이 론칭했다. 이러한 플랫폼들을 통해 사람들은 새로운 그림, 다시 말해 새로운 라이프스타일을 엿보았다. 새로운 맛집과 카페가 오프라인에 이러한 인테리어를 구현하기 시작했지만, 아직 우리 집에 이 라이프스타일이 들어오기는 일렀다. 2016~17년을 거치며 '직구'라는 방법론이 소개되면서 정보에 머물렀던 북유럽 스타일이 비로소 우리 집으로 들어올 수 있었다. 루이스폴센 조명 직구 방법과 가격, 설치 영상과 비포-애프터 사진이 공유되었다. 인테리어 플랫폼 기업의 이름이자 사람들이 자기 집 사진을 올릴 때 사용하는 해시태그인 '오늘의집'이라는 키워드는 2016년부터 주목받기 시작해 2019년 정점을 찍었다.

이런 역사를 거쳐 인테리어 분야에 '취향'이 들어왔다. 체리색 몰딩, 형광등 조명, 형형색색의 소품들로 채워진 집이 아니라 하얀색 배경에 마찬가지로 하얀색 원형 테이블, 프리츠한센 앤트체어, 루이스폴센 펜던트 조명, 이파리가 큰 초록 식물과 알파벳 글자가 크게 써 있는 액자가 한 켠에 놓인 이른바 북유럽 스타일의 집을 '취향의 집'이라 불렀다. 여기서 말하는 취향은 여러 갈래로 갈라지는 것이 아니라 다른 차원으로 옮겨가는 것이다. 사람들의 취향이 나노 단위로 나뉘어 있다면 어떻게 모두가 루이스폴센 펜던트 조명을 좋아할 수 있겠는가? 어떻게 모두가 하얀색 테이블과 앤트체어, 알파벳 액자—그것도 A가 크게 써 있는 액자—를 선호할 수 있겠는가?

2010년대 중반만의 일이 아니다. 지금도 모두가 같은 맛집에 줄을 서고, 카페를 비롯해 많은 곳이 천장 마감을 하지 않고 골조를 드러내고 있다. 정보가 공유될수록 쏠림 현상은 심화된다. 선택지가 많아진 것은 사실이다. 그럼에도 대세는 있다. 특히 인테리어처럼 계속 성숙해가는 시장은 대세가 중요하다. 이 경우 취향이 나뉜다고 보기보다 새로운 라이프스타일이 제안되고, 소비자가 그 새로움을 적극적으로 수용한다고 보아야 한다. 액션, 코미디, 스릴러물처럼 취향이 다양한 갈래로 나뉘는 경우가 있다. 하지만 인테리어, 패션, 식문화처럼 라이프스타일이라 불리는 영역에서 취향은 나뉘기보다 높아지고 깊어질 여지가 더 크다. 대한민국은 현재 눈높이는 높아지고 있고, 지식은 공부하고 있고, 취향은 탐색 중에 있다. 이는 여전히 현재진행형이다.

그럼에도 서로 다른 '삶의 환경'과 '가치관'이라는 변수가 개입하면 선택지가 달라진다. 피부색이 웜톤인지 쿨톤인지에 따라 다르고, 1인가구와 다인가구의 삶이 다르고, 아이가 있는 집과 없는 집이 다르고, 유연근무를 시행하는 직장과 아닌 직장, 친환경 지향성의 강도에 따라 선택지가 달라진다. 마침내 취향의 분화가 이루어진다. 서로의 취향이 대단히 달라서라기보다는 본인이 처한 환경이 다르기 때문이다. 코로나 이전만 해도 직장 선택에 유연성(flexibility)은 중요한 고려 요인이 아니었다. 직장마다 유연성의 정도가 크게 다르지 않았기 때문이다. 코로나를 겪으면서 회사마다 유연성을 대하는 정도에 차이가 나타났다. 이제 사람들은 이 회사가 유연근무제를 시행하는지, 재택근무가 자유로운지, 거점 오피스에서 근무할 수 있는지 등의 근로 환경 유연성을 따지기 시작한다. 유연한 근무제도가 가능한 직장을 선택한 사람의 라이프스타일은 달라진다. 역세권에서 한발 물러나더라도 창이 크고 뷰가 좋은 곳을 선택한다. 집에서 일할 수 있도록 큰 테이블을 들이고 편한 의자를 구입한다. 편히 쉬면서 책을 읽기 위한 1인용 소파가 아니라 장시간 앉아서 근무할 수 있는 오피스 의자가 집에 들어온다. 둘 다 취향은 높아졌지만 라이프스타일에 따라 홈오피스에 집중하느냐, 홈카페에 집중하느냐가 달라진다.

가치관도 라이프스타일의 차이를 불러온다. 코로나 이전에 비건, 지속가능성, 친환경은 해외에서 체험하는 색다른 문화였다. 지금은? 삶의 가치관이자 지향점이 되었다. 일상생활에서 꽤 진지하게 이를 실천하고 바꿔나가는 사람들의 라이프는 예전과 달라졌다. 온라인 택배나 배달 포장 쓰레기를 최소화하기 위해 시장이나 마트를 직접 방문하고 음식은 식당에서 먹고 오거나 집에서 만들어 먹는다. 소비를 줄이고 가능하면 재활용 가능한 것들을 구입한다. 디자인이 고급스러운 샴푸통이 아니라 고체 샴푸바를 선택한다. 취향의 눈높이를 낮추지 않으면서 집 안의 풍경이 전과는 달라진다.

'라이프스타일'이라는 말이 유행하기 시작한 것은 2010년대 중반이다. 기업에서는 '소비자의 라이프스타일을 이해해야 한다', '소비자의 라이프스타일에 맞는 상품을 제안해야 한다', '소비자의 라이프스타일을 업그레이드해야 한다'는 것을 미션으로 삼았다. 이때의 라이프스타일은 예전과는 다른 스타일리시한 삶의 방식이란 뜻이었다. 단순한 필요가 아니라 취향과 디테일이 살아 있는 것, 그냥 커피가 아니라 플랫화이트, 그냥 주전자가 아니라 티팟세트, 그냥 의자가 아니라 앤트체어가 각광받았다.

필자가 라이프-스타일이라고 띄어 쓴 것은 삶에 스타일이 더해진 시대를 넘어서 삶의 스타일이 나뉘는 시대로 가고 있음을 강조하기 위해서다. 1인가구의 증가와 함께 찾아온 1인용 삶, 코로나를 계기로 경험해본 유연한 근무방식, 코로나가 각성시킨 환경과 건강의 중요성은 2024년뿐 아니라 지속적으로 우리 생활의 변화에 영향을 미칠 요인이다. 이러한 요인들이 높아진 취향과 맞물리면서 다양한 갈래를 만들어낸다. 이 책에서는 갈래가 어떻게 나뉘고 어떤 갈래가 부상하는지 일상, 경험, 가치관의 영역으로 나누어 삶의 변화를 보여줄 것이다.

총론 성격의 1장은 이 책의 구성 안내서이자 트렌드를 바라보는 관점을 제시한다. 앞서 말한 것처럼 트렌드는 지금 유행하는 것이 아니다. 삶의 방식의 변화이고 우리 사회가 가고 있는 방향성이다. 트렌드는 마음먹고 찾아가는 핫플레이스에서만 나타나는 것이 아니라 매일 마시는 커피 한잔에도 나타난다. 이 시대 소비 트렌드를 습관(習), 경험(感), 지성(知)으로 나누어 설명하고 이 영역들을 어떻게 결합해 오래 남는 트렌드가 될 것인지 제안했다. 《2023 트렌드 노트》에서 제시했던 우리 시대 가치관이 1년이 지난 지금 어떻게 진화했는지도 뒷부분에 같이 실었다.

1부 '習, 일상의 변화'에서 주로 다룰 주제는 일과 서울이다.

새로운 제너레이션이 등장했다. 이들은 직장인이 아닌 직업인으로 실력을 쌓길 바라며 자신의 시간을 소중히 하는 방식으로 칼퇴근을 한다. 일하는 시간과 공간에 대한 결정과 선택을 통해 삶의 주도권을 획득하고자 한다. 새로운 일하기 방식으로서 유연근무제와 워케이션(workcation)을, 그리고 주도적이고 밀도 있는 삶을 살고자 하는 세대의 로망과 염원을 살펴본다. 새로운 세대가 새로운 눈으로 바라본 서울의 변화도 1부에서 다룬다.

2부 '感, 경험의 변화'에서는 브랜드가 활용할 도구이며 목적지인 콘텐츠와 팬덤을 다룬다.

〈'서울 여행' 언급 추이〉

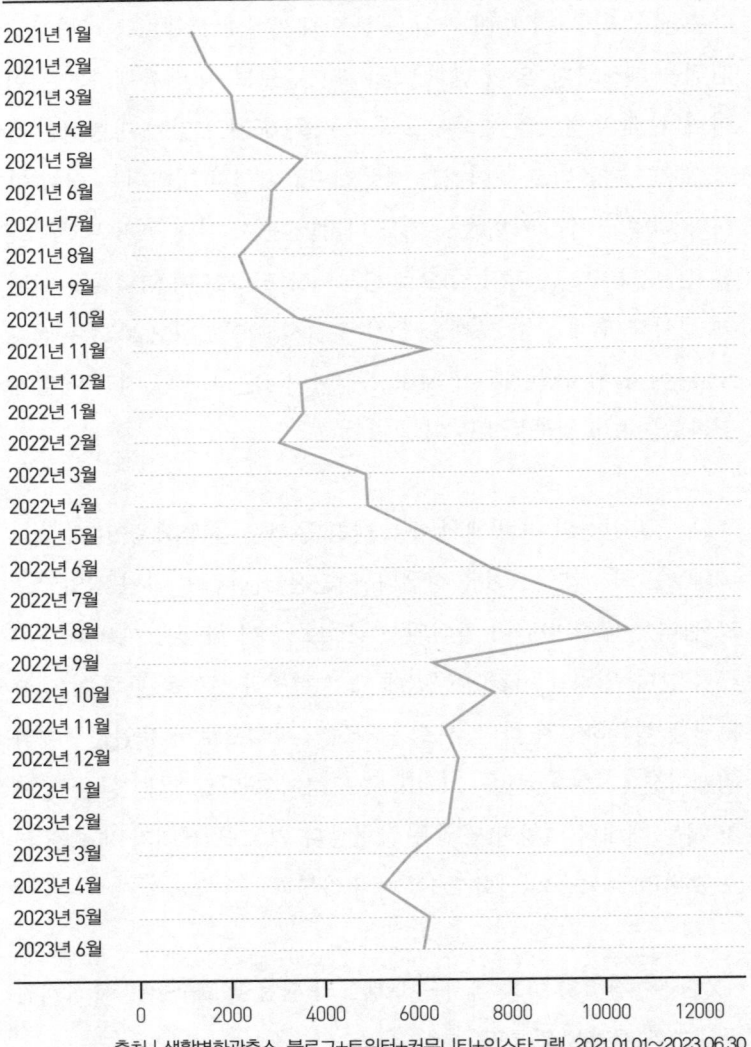

	2021년 1월
	2021년 2월
	2021년 3월
	2021년 4월
	2021년 5월
	2021년 6월
	2021년 7월
	2021년 8월
	2021년 9월
	2021년 10월
	2021년 11월
	2021년 12월
	2022년 1월
	2022년 2월
	2022년 3월
	2022년 4월
	2022년 5월
	2022년 6월
	2022년 7월
	2022년 8월
	2022년 9월
	2022년 10월
	2022년 11월
	2022년 12월
	2023년 1월
	2023년 2월
	2023년 3월
	2023년 4월
	2023년 5월
	2023년 6월

출처 | 생활변화관측소, 블로그+트위터+커뮤니티+인스타그램, 2021.01.01~2023.06.30

4장에서는 서브컬처와 주류의 차이, 더 큰 주류로 확장되는 서브의 특성, 서브와 주류를 잇는 존재인 커뮤니케이터를 중심으로 이 시대 콘텐츠가 지닌 속성에 대해 이야기한다. 5장에서는 세대를 넘어 공감받는 서사와 세계관의 특성을 살핀다. 6장에서는 모델의 팬덤을 브랜드의 팬덤으로 만들기 위한 관계 설정과 활용법을 제안한다.

　3부 '知, 가치의 변화'에서는 이 시대의 욕구와 당위의 가치를 '해방감'과 '감수성'이란 키워드로 살펴본다.

　시대의 언어는 시대의 욕구를 반영한다. 식문화를 시작으로 최근 일상에서 많이 보이는 '제로'와 '프리'를 통해 본 이 시대의 욕구는 '해방감'이다. 전통적 경계를 무력화하는 해방의 욕구가 어디까지 확장되는지 7장에서 확인할 수 있다. 욕구의 가치관이 있는가 하면 당위의 가치관이 있다. ESG에 이은 DEI(다양성, 형평성, 포용성) 담론을 일상생활 속 사람들의 자발적 언어로 관찰했다. 이 시대 감수성 관련 논의와 언어들을 데이터로 모아본 관찰기를 8장에서 공유한다.

2025 TREND NOTE

일상의 여가화, 여가의 레벨업

누구와 성장하고 어떤 정보를
받아들이며 어디에 돈을 쓸 것인가

트렌드는 3가지 분야에서 나타난다. '이 신조어 알아?', '요새 유행하는 거기 가봤어?', '먹어봤어?'와 같은 단발성 유행이 아니라 생활변화의 경향성을 뜻하는 트렌드는 일상, 여가, 가치관 3가지 분야로 나뉜다. 큰 흐름을 개괄하면 다음과 같다.

[일상: 일상의 여가화] 1년에 두 번의 방학, 8월 첫주의 여름휴가, 14박 15일 유럽 배낭여행처럼 1년에 한두 번, 평생에 한두 번이 아니라 매일매일의 일상에 여행과 여가성이 들어왔다. 평일 점심 산책 코스, 가족과 저녁 데이트, 주말의 성수동 팝업스토어 투어, 상수동 맛집 투어처럼 평일 또는 반복되는 점심·저녁에, 서울 아는 동네에서 '코스'와 '투어'라는 여행적 행위가 이루어진다. 매일을 참고 견디다 단 한 번 폭발적으로 여가를 즐기는 게 아니라 매일의 평범한 일상에서 여가를 즐긴다. 일상이 중요해지고 루틴이 중요해진다. 일상적 변주가 중요하다고 말하는 이유가 이것이고, '불금'이라는 말이 사라진 맥락도 이와 같다. 금요일만 불태울 필요도 없고, 금요일이라고 번아웃되도록 불태울 필요도 없다. 브랜드 확장을 기획한다면 특별한 날이 아니라 평일을 잡아야 한다.

[여가: 레벨업 여가] 일상이 여가화된다면 여가는 어떻게 될까? 여가는 깊어진다. 여가는 단발성 체험에 머물지 않고 반복하면서 레벨을 올리는 취미가 된다. 프리다이빙 강습을 받으며 양평 수영장에서 동해, 강릉, 속초, 완도로 범위를 넓히고 마침내 필리핀, 인도네시아, 몰디브 등 해외 프리다이빙 명소로 여행을 기획한다면 프리다이빙은 취미인가, 여가인가, 여행인가, 그의 인생인가? 가족, 일, 그 사이에서 알게 된 사람들이 중요하지 않다는 것은 아니지만 그 외에 나만의 그 무엇, 평생에 걸쳐 지속하고 싶은 그 무엇을 여가에서 찾을 가능성이 커진다.

[가치관: 효율과 낭만] 트렌드를 길항이라 할 때, 길항은 가치관에서 목격된다. 산이 떴으니 다음에는 바다가 뜬다는 식의 길항보다는, 철저한 계획과 계산적 사고의 효율이 뜨면 반대급부로서 무계획과 무지성의 낭만이 뜨는 식이다. 길항적 가치관은 순차적이기보다는 동시적이다. 어디를 가든 내비게이션으로 최적의 동선을 찾고, 한 군데를 가도 코스를 짜서 일석이조를 얻고, 1분 1초의 낭비도 용납하지 않는 '효율'을 내면화한 사람이 어떤 장면에서는 '낭만'을 추구한다. 실시간으로 변하는 야구장 하늘에서, 응원하는 스포츠팀의 승패에 울고 웃고, 가장 비효율적인 '굳이여행'(굳이 갈 필요 없는데, 굳이 이거 하나 보러 간다는 비효율을 표방하는 여행)을 떠난다. 효율파와 낭만파가 따로 있을 수 있지만 그보다는 한 사람이 자기 안에 효율과 낭만의 씬을 따로 갖고 있다. 그러므로 효율을 돕는다고 표방하는 브랜드라도 낭만적 캠페인을 기획할 필요가 있다.

2025년 마케팅 기획자라면 낭만적 씬의 대표주자인 야구장과 노포 활용 기획을 검토해보자.

트렌드 분야는 크게 변하지 않았지만 트렌드 분야에 등장한 특수 상황이 있다.

[트렌드의 새로운 분야: 일의 변화] 일의 변화는 트렌드에서 반드시 다루는 영역은 아니었다. 오히려 다룰 필요가 적다고 할 수 있다. 하지만 일과 관련한 제도의 변화는 생활의 변화에 큰 영향을 미친다. 주5일제, 주52시간 근무제, 코로나 팬데믹 때 실시한 유연근무제 등, 모두 강제로 시행돼 사람들에게 공통의 경험을 남겼다. 굵직한 제도의 변화와 구성원의 변화는 일을 대하는 태도의 변화를 가져왔고, 직장인의 상을 바꿔놓았다. 기술 발전이 추동한 산업의 변화, 제도와 환경에 의한 일터의 변화, 조직을 위해 희생하기보다는 개인의 성장을 중시하는 구성원의 변화가 일어나고 있다. '유연성', '성장', '피드백'이라는 키워드를 안고 일의 변화를 지속적으로 지켜보자.

[트렌드의 새로운 독자: 교장 선생님] 트렌드의 고전적 독자는 마케터다. 확장하면 기업이나 기관에서 일하는 사람들이 신규 기획을 하거나 기존의 브랜드를 시대에 맞게 현행화하기 위해 트렌드를 읽는다. 여기에 최근 새로운 독자가 등장했다. '교장 선생님'으로 대표되는 조직의 리더로, 똑똑하고 성실하며 열심히 살아온 사람들, 설명을 들으면 이해되지 않는 게 없다고 생각했는데 어느 순

간 트렌드와 너무 멀어졌다고 느끼는 사람들, 트렌드가 'MZ세대'의 전유물인 것처럼 이야기되는 바람에 트렌드에 동참하기도 애매해진 사람들, 약자라고 생각해본 적 없는데 트렌드 담론에서만큼은 소외감과 억울함을 느끼는 사람들이다. 이런 분들에게 데이터를 기반으로 트렌드 강의를 하면 트렌드를 이해하게 됨은 물론이요 예상치 못한 위로를 받았다는 고백을 듣곤 한다. 반면 트렌드의 고전적 독자인 마케터는 데이터를 근거로 조직을 설득할 수 있게 되어 자신감을 얻었다고 한다. 요약하면 데이터를 통한 트렌드는 리더가 된 과거의 일꾼을 위로하고 지금의 일꾼에게는 무기가 된다. 교장 선생님을 설득하고자 하는 일잘러, 일잘러를 이해하고자 하는 교장 선생님 모두 두 팔 벌려 환영한다.

[트렌드의 톤앤매너: 3줄 요약] 트렌드는 줄임말이라고 생각하는 사람들이 있다. 몇 가지 언어의 앞글자를 따서 삼행시를 짓듯이 말을 만들어낸다는 것이다. 트렌드를 기억하기 좋게 하려는 의도였을 텐데, 내용은 사라지고 형식에 대한 비판만 남았다.

데이터로 트렌드를 설명할 때는 N행시를 읊는 대신 만연체로 줄줄이 설명했다. 데이터도 읽어야 하고 현상도 설명해야 하고 의미도 담아야 하니 상대적으로 할 말이 많았다. 그러나 최근의 트렌드 설명은 점점 과외 선생님의 3줄 요약이 되어간다. 현상을 하나하나 설명하며 결론에 이르기보다 오늘 무슨 이야기를 할지 요약하고 꼭지별로 분절하여 결론을 내린다. 짧고 굵게 정보를 전달하는 유튜브 매체의 영향도 있고, 우리 모두가 경험한 주입식 교육의 영향도 있을 것이다. 필자가 참여하고 있는 SERICEO 동영상 강의도 최대 7분 50초, 8분을 넘지 않아야 한다. 초 단위로 분량을 정하고 조금이라도 길어지는 말은 들으려 하지 않는다. 그럼에도 어떤 것들은 긴 호흡으로 이해하고 갈 필요가 있다. 책은 그런 면에서 기초를 다지는 용도다. 짧고 굵게 요약해서 전달하고자 해도 책은 읽어내기 위해 여전히 긴 시간을 요구한다. 2025년 한 해 수없이 전해질 트렌드 현상을 받아들이기 전에 한 번만, 한 번은 긴 호흡으로 책을 읽을 것을 추천한다.

이 책은 다음과 같이 구성되어 있다.

1부는 '관계'에 대한 이야기다. 한 줄로 요약하면 '나를 돌보고 키우는 것은 가족이 아니라 다른 관계들'이다. 과거 대비 무엇이 바뀌었나? 돌봄을 받고 성장하는 시기가 변화했다. 어릴 때만 배우고 성장하는 것이 아니라 평생에 걸쳐 배우고 성장한다. 성장에 자극을 주는 사람들도 달라졌다. 가족이나 동료처럼 주어진 관계가 아니라 내가 선택한 관계, 즉 서비스 구매행위로 이어진 관계나 자발적 커뮤니티 구성원이다. 여기에서 케어의 아웃소싱, 레벨업 여가, 가족관의 변화가 도출된다. 성장과 케어의 관점에서 관계의 변화를 살펴보자.

2부의 키워드는 '모순'이다. 연애를 하지 않는 시대에 연애 프로그램이 잘나가고, 개인은 성공이 아니라 실패를 자랑한다. 인간이 기계에 문법을 가르치는 것이 아니라 인간이 기계의 문법을 배워야 한다고 주장한다. 이 모순들이 시대의 정서다. 정서, 호불호, 취향은 대단히 개인적인 것 같지만 사실은 대단히 시대적인 것이다. 서로의 감정과 취향을 계속 엿보고 지속적으로 영향을 주고받는다. 그래서 우유크림이 듬뿍 든 빵이 맛있다가, 바질페스토 베이글이 맛있다가, 말캉말캉한 푸딩이 맛있다고 느끼게 되는 것이다, 그것도 모두 다같이.

3부는 새로운 소비 형태를 관찰한다.《트렌드 노트》시리즈는 꾸준히 소비의 관점에서 트렌드를 보아왔다.《2023 트렌드 노트》의 '동경의 소비, 사랑의 소비, 필요의 소비'는 지금도 지속되는 트렌드다. 명품으로 대표되는 동경의 소비, 애정과 인정을 표현하기 위한 사랑의 소비, 5000원도 아까워 그 이상은 결코 쓸 수 없다고 말하는 필요의 소비는 해당 브랜드에 얼마까지 쓸 수 있는가를 결정하는 중요한 잣대다.《2024 트렌드 노트》의 '습관의 소비, 경험의 소비, 지성의 소비' 역시 지속되는 트렌드다. 우리 브랜드의 한계와 과제를 파악하는 데 습(習), 경(經), 지(知)는 여전히 유효한 기준이다.《2025 트렌드 노트》소비 파트에서는 '돈을 어디에 왜 쓰는지' 의미를 부여하는 주체의 중요성을 다룬다. 만렙 소비자는 본인의 소비에 기준과 의미를 스스로 부여한다. 빈티지를 사고 못난이 농산물을 구매하는 것은 허리띠를 졸라매는 불황형 소비가 아니다. 내 삶을 스스로 꾸려 나가는 자긍심과 애착으로서 B급 소비를 살펴본다. 한편 3부에서는 1인가구의 소비에 대해서도 다루는데, 여기에 주목해야 하는 이유는 이들의 선택이 한정된 자원과 무한한 정보력

사이에서 치열하게 고민한 결과이기 때문이다. 1인가구가 몇 명이고, 얼마나 돈을 쓰는지가 아니라 어떤 고민 끝에 무엇을 선택했는지에 주목해보자.

현대인을 이해하기 위해 딱 3개의 질문만 해야 한다면, '누구와 함께 있는가?', '무엇을 보고 있는가?', '어디에 돈을 쓰는가?'를 물어볼 것이다. 성장을 꿈꾸는 개인이 선택한 관계는 무엇인가? 원한다면 24시간 온갖 콘텐츠를 즐길 수 있는데, 사람들은 과연 무엇을 플레이했는가? 사고 싶은 것은 많은데 돈이 없다고 말하는 개인은 어디에, 왜 돈을 쓰는가? '관계', '정보', '소비처'는 경기불황, 고물가, AI라는 키워드보다 인간 트렌드를 이해하는 데 적합한 앵글이다.

2026 트렌드 노트
제일 사랑하고 싶은 것은 '나'

2025년 9월 30일 초판 1쇄 발행

지은이 박현영, 유지현, 조연희, 김채윤, 김종민, 한다솜, 이원희

펴낸이 김은경
편집 권정희, 한지원, 한혜인
마케팅 김사룡, 김예은
디자인 황주미
경영지원 이연정

펴낸곳 ㈜북스톤
주소 서울시 성동구 왕십리로6길 4-5
대표전화 02-6463-7000
팩스 02-6499-1706
이메일 info@book-stone.co.kr
출판등록 2015년 1월 2일 제2018-000078호
ⓒ 박현영·유지현·조연희·김채윤·김종민·한다솜·이원희
(저작권자와 맺은 특약에 따라 검인을 생략합니다)
ISBN 979-11-7523-012-5 (03320)

북스톤은 세상에 오래 남는 책을 만들고자 합니다. 이에 동참을 원하는 독자 여러분의 아이디어와 원고를 기다리고 있습니다. 책으로 엮기를 원하는 기획이나 원고가 있으신 분은 연락처와 함께 이메일 info@book-stone.co.kr로 보내주세요. 돌에 새기듯, 오래 남는 지혜를 전하는 데 힘쓰겠습니다.